Heribert Prantl
HIMMEL, HÖLLE, FEGEFEUER

Umschlag, Innengestaltung
und Satz: Sibylle Schug
Umschlagmotiv: Jürgen Bauer
Druck und Binden:
Friedrich Pustet GmbH & Co. KG, Regensburg
Printed in Germany
ISBN: 978-3-7844-3610-4
www.langenmueller.de

Heribert Prantl

Himmel, Hölle, Fegefeuer

Eine politische Pfadfinderei
in unsicheren Zeiten

LMV

Für Anna, Nina und Antonia.
Und für Simon Daniel Alexander.

Inhalt

Der ökologische Umbau der
Gesellschaft ist nicht einfach
nur die Befriedigung eines
volatilen Zeitgeistes. Es geht
um das Prinzip Verantwortung.

Vorwort:
Geist und Gegenwart

Eine neue Ethik für die technologische und digitale Zivilisation

Die Probleme sind global, sie sind universal, und sie sind kolossal schwierig. Es geht nicht nur um das kleine Karo des Wer-mit-wem-Regierens in Deutschland, sondern um das Überleben angesichts weltweiter Großrisiken. Es geht darum, wie der Mensch in einer Welt der Unordnung, in einer chaotischen Welt, in einer sich aufheizenden Welt Leben und Ordnung finden kann. Es geht um die Schöpfung. Schöpfung ist nicht einfach ein anderes Wort für Natur. Schöpfung ist Chaosbewältigung, immer und immer wieder. Dazu braucht es kreative Kraft. Im Christentum heißt diese Kraft »Heiliger Geist«. Wenn man diese Kraft säkularisiert, ist sie der schöpferische Geist. Dieser Geist ist kein Zeitgeist, er ist die Geistesgegenwart, die das Tohuwabohu beendet.

Vom Leben in einer chaotischen Welt

Mit dem Tohuwabohu beginnt schon die Bibel. Sie fängt ja nicht bei Adam und Eva an; sie beginnt vielmehr so: Im Anfang schuf Gott Himmel und Erde, und die Erde war »tohû wa vohû«; »wüst und leer« hat Luther das aus dem Hebräi-

9

schen übersetzt. War sie also ein Nichts, ein völlig leerer Raum, den Gott dann mit seinem Schöpfungswerk möbliert hat? Das meinen die Kreationisten, die dies irrtümlich für ein Protokoll über die Erdentstehung halten.

Es ist dies aber ein Mythos darüber, wie der Mensch in einer Welt der Unordnung, in einer chaotischen Welt Leben und Ordnung finden kann. Wüst und leer heißt präziser: verwüstet und entleert, chaotisch und lebensfeindlich. Das kann auch ein überfüllter Raum sein, angefüllt von Durcheinander. Mit »Irrsal und Wirrsal« hat Martin Buber das übersetzt und dabei schön die Lautspielerei der hebräischen Worte aufgenommen. Tohuwabohu ist Chaos, Verwüstung und nihilistische Ödnis; Tohuwabohu ist nicht eine ganz leere, sondern eine ganz verkehrte Welt. Tohuwabohu meint Verhältnisse, in denen man nicht leben kann.

Die Entwirrung der Wirrnis

In diese wirre Welt kommt dann, so sagt es die Schöpfungsgeschichte, Gottes Geist und sein Befehl: Es werde Licht! Man mag dies den Wahlspruch der Aufklärung in biblischer Lesart nennen. Es kommt Erleuchtung; Ordnung kommt in die Unordnung. Und zwar nicht am Nullpunkt der Zeit, sondern immer wieder und wieder. Das ist Schöpfung; sie ist nichts ewig Vergangenes, sondern etwas ewig Wiederkehrendes. Die Schöpfung beginnt nicht aus dem Nichts, sondern inmitten der Störung, der Unordnung, der Zerstörung und der Vernichtung. In dieser Geschichte am Anfang der Bibel taucht der Geist Gottes, der »Heilige Geist«, zum ersten Mal auf. Er ist die kreative Kraft, die im Chaos einen neuen Anfang setzt, er ist die Geistesgegenwart, die das Tohuwabohu beendet. Wir brauchen diese kreative Kraft, um die Klimakrise zu überleben. Wir brauchen sie, um den Menschen in Afghanistan zu helfen. Wir brauchen diese Kraft, um Frieden zu finden in einer Welt des Unfriedens.

Schöpfung ist also Chaosbewältigung. Die Schöpfungsgeschichte, die Ostergeschichte, die Pfingstgeschichte: Es geht immer darum, wieder aus der Destruktivität, aus der Todeszone zu kommen. In der Coronapandemie haben wir weltweite Unordnung erlebt, eine unzeitig-vorzeitige Begegnung mit dem Tod. Das Leben in der Coronazeit mit all ihren Beschränkungen war beschwerlich – es war Chaos für die einen, Ödnis für die anderen, bloße Störung der Normalität für die Dritten. Die Impfung brachte Hoffnung zurück, sie brachte und bringt die Menschen wieder aus der Gefahren- und Todeszone. Aber es ist noch viel kreativer Geist vonnöten, um das gestörte Zusammenleben neu zu ordnen.

Schöpfung ist Chaosbewältigung

Man würde sich wünschen, dass es auch eine Impfung gegen die Aggression in Afghanistan gäbe, auch eine Impfung gegen die Gewalt im Nahen Osten. Im Teufelskreis von Hass, Gewalt und Bedrohung gedeihen die Taliban und der IS, der Islamische Staat; in diesem Teufelskreis floriert die Hamas, in diesem Teufelskreis schärfen die jüdischen Israelis ihre nationale Identität, wächst der Fundamentalismus. Eine Waffenruhe im Nahen Osten ist da ein winziger Hoffnungsschimmer. Der Schriftsteller David Grossman hat den Teufelskreis dort in einem *SZ*-Interview so beschrieben: »Beide Seiten, die palästinensische wie die israelische, wenden einander ihre dunkelste Seite zu. In dieser Situation absoluter Finsternis ist es nahezu aussichtslos, für Frieden zu werben, für die Option eines normalen Lebens, das wir kaum mehr kennen. Und es ist ebenso schwierig, Akteure zu finden, die den Friedensprozess wiederbeleben könnten.«

Was Grossman formuliert, ist die exakte Beschreibung von Tohuwabohu. Und was er dann weiterschreibt, was er selbst versucht – das ist Heiliger Geist, das ist schöpferischer Geist: nämlich, für Frieden zu werben und Akteure zu finden, die den Friedensprozess wiederbeleben könnten; und sei es nur dadurch, als Künstler »zarte, feine, empfindliche Dinge zu tun in einer Welt, die krank, indifferent, gewalttätig wird«. Es geht um den Versuch, Irrsal und Wirrsal zu ordnen. Schöpfung ist Chaosbewältigung – im Nahen und Mittleren Osten, in Afghanistan, in einem Europa, in dem Flüchtlinge Aufnahme finden wollen und sollen. Chaosbewältigung: Wer sich traut, dazu das Seine beizutragen, der spürt die Kraft des Geistes.

Die Finsternisse

In der Bildsprache von Pfingsten zeigt sich der Geist in Feuerflammen, die die Finsternis zerreißen. Die Finsternisse sind zahlreich. Es gab die Finsternis in der Coronapandemie; es gibt die Dauerfinsternis im Nahen, Mittleren und Fernen Osten, es gibt sie im Mittelmeer, wo die Geflüchteten ertrinken, es gibt sie in den Flüchtlingslagern auf den griechischen Inseln. Der Versuch, diese Finsternisse zu erhellen und Geisteskraft zu entzünden, hat nichts, aber auch gar nichts von Lagerfeuergemütlichkeit. Es ist ein wahres Fegefeuer. Es verursacht Schmerzen, Verluste und Opfer; es braucht unendliche Geduld, und es ist alles andere als gemütlich und gemächlich. Vor diesem Hintergrund habe ich das Buch »Himmel, Hölle, Fegefeuer« genannt, weil diese Begriffe die existenziellen Dinge, die brennenden und kollektiven Überlebensfragen bezeichnen, die Themen, in denen es um Leben und Tod geht, weil sie für das große Gelingen, das große Scheitern und das große Mühen dazwischenstehen.

Wem der Zeitgeist Freund ist

Das Mühen in Deutschland beginnt mit einer neuen Bundesregierung, nach den 16 Regierungsjahren von Angela Merkel. Nicht unbedingt der Heilige Geist, wohl aber der Zeitgeist ist ein Gast, den jede Partei bei ihrem Parteitag am allerliebsten hat. Er hat keine Titel, er hat keinerlei offizielle Funktion. Er wird nicht eigens begrüßt, er hat nicht einmal einen Platz in der ersten Reihe. Er hat genau genommen gar keinen Sitzplatz – und trotzdem spürt man es sofort, wenn er da ist. Dann strotzt die Partei vor Selbstbewusstsein, dann weiß sie, wofür sie steht und wofür sie streitet. Bei der SPD ist es lange her, fünfzig Jahre, dass der Zeitgeist gern und lange bei ihr war. Es waren die großen Zeiten von Willy Brandt. Und dann kam 1998 der Zeitgeist noch einmal zu den Sozialdemokraten – als Helmut Kohl abgewählt und Gerhard Schröder Kanzler wurde. Der Zeitgeist war eine Zeit lang Genosse, bei der Bundestagswahl 2021 erinnerte er sich daran. Aber er ist parteipolitisch nicht treu und nicht monogam. Das hat die FDP erfahren, als sie in noch neoliberalen Zeiten bei der Bundestagswahl von 2013 an der Fünfprozenthürde scheiterte. Auch die Grünen kennen das: Viele Jahre lang waren sie sich ganz sicher, dass der kritisch-aufgeklärte, der ökologische Zeitgeist ihr Freund ist; aber ein braves Pferd, das einen problemlos ans Ziel trägt, ist er nicht. Im Bundestagswahlkampf von 2017 machte er sich auf einmal rar, kehrte aber dann Anfang 2021 kurzzeitig so triumphal zurück, dass die Partei eine Kanzlerkandidatin aufstellte; als die Partei diesen Fehler machte, schreckte sich der Zeitgeist und zog sich wieder zurück. Der erwartete grüne, vom Zeitgeist getragene Triumph bei der Bundestagswahl 2021 blieb daher aus.

»Wir müssen anders miteinander reden« – Von der Mediation in der Politik

Das Zukunftsweisende am Abend der Bundestagswahl war nicht der »Auftrag zur Regierungsbildung«, den die Kanzlerkandidaten sowohl von SPD als auch von CDU/CSU für sich reklamierten. Das Zukunftsweisende war eine Feststellung, die der Diplomat und FDP-Politiker Alexander Graf Lambsdorff in einer Fernsehdiskussion machte: »Wir müssen«, sagte er, »anders miteinander reden«. Das klang lapidar, ist es aber nicht. Das bezog sich auf die Kommunikation der Parteien untereinander, aber auch auf die Kommunikation dieser Parteien mit der Gesellschaft. Wenn es in Zukunft so ist (und es wird so sein), dass nicht mehr ein Duo, sondern ein Trio von Parteien die Regierung stellt, kann sich eine neue Dynamik (nicht nur) des koalitionären Suchens und Findens entwickeln. Aus Vorkoalitionsgesprächen der zwei kleineren Parteien miteinander kann sich eine Dynamik ergeben, die das von den jeweiligen Prozentzahlen beschriebene Kräfteverhältnis zur Kanzlerpartei verändert und vergrößert.

Die neuen Viel-Parteien-Konstellationen verlangen nach Fähigkeiten, wie man sie aus der Mediation kennt, also aus den Verfahren zur friedlichen Konfliktlösung. Bei einer Mediation wird – so sieht es das Mediationsgesetz aus dem Jahr 2012 vor – der klassische Kampf ums Recht abgelöst durch das gemeinsame Suchen der Parteien nach dem für alle Beteiligten einigermaßen Verträglichen. Am Ende eines solchen Prozesses steht dann nicht ein streitiges Urteil, dem sich die Parteien unterwerfen müssen, sondern eine gemeinsam ausgehandelte Vereinbarung. In

Scheidungs- und Familienkonflikten werden so gute Ergebnisse erzielt.

Der Mediationsgedanke spielt schon seit Jahrzehnten
in Tarifkonflikten und Arbeitskämpfen eine befriedende
Rolle: Ein Schlichter, oft ist es ein angesehener und er-
fahrener Alt-Politiker, versucht, verhärtete Positionen
aufzuweichen und zusammenzubringen. Heiner Geißler
hat als Schlichter bei Stuttgart 21 das Schlichtungsprin-
zip in die Politik getragen und in einer vorbürgerkriegs-
ähnlichen Situation aus Kriegern wieder Bürger, und aus
Feinden wieder Gegner gemacht. Stuttgart 21 war und
ist ein verkehrspolitisches Großprojekt. Die Schlichtung
zu Stuttgart 21 war ein demokratiepolitisches Lehr- und
Großprojekt.

Es braucht Mediation in und zwischen den Parteien; es
braucht auch Mediation in der Gesellschaft, um die Lösung
der anstehenden Großprobleme, um die ökologisch-soziale
Transformation voranzubringen. Mediation ist das Gegenteil von Machtspielen, und es ist dies auch etwas anderes
als das Aussitzen von Konflikten und das Resignieren vor
der Wirklichkeit; und es ist dies etwas anderes als ein sich
irgendwie Arrangieren mit dem Zeitgeist.

Entspektakelung des Spektakulären

Zum Erfolgsgeheimnis von Angela Merkel als CDU-Che-
fin und Kanzlerin gehörte, dass sie nach dem Zeitgeist
haschte wie Spitzwegs Schmetterlingsfänger nach den
bunten Faltern. Das gelang ihr meist ganz gut; das genügt aber künftig nicht mehr. Die Transformation der
Gesellschaft schafft man nicht mit Zeitgeisthascherei. In
der Ära Merkel mag das dem Publikum noch genügt und
gefallen haben, weil Merkel dabei so bescheiden wirkte,
nicht viel Gewese aus sich machte und gleichwohl mäch-

tiges Selbstbewusstsein ausstrahlte. Deshalb gelangen ihr auch spektakuläre Kurswechsel ziemlich unspektakulär – etwa in der Atompolitik und der Wehrpolitik, aber auch in gesellschaftspolitischen Fragen wie der Homo-Ehe. Sie entspektakelte das Spektakuläre. Das war ihre Stärke. In der Flüchtlingskrise gelang ihr das nicht besonders gut, in der Coronapandemie wieder eher. Sie beherrschte auf diese Weise das Kunststück, die Macht zu erhalten, noch besser als ihr SPD-Vorgänger Gerhard Schröder, der an seiner Agenda 2010 auch deshalb scheiterte, weil er sie spektakelhaft inszenierte.

Zappelnder Zeitgeist

Macht ist, wenn es einem nichts ausmacht, dass man Fehler gemacht hat. Diese Macht hatte Merkel viele Jahre lang. Sie hatte die Kraft, ihre Partei auf falsche Wege zu zwingen – das begann mit dem sehr neoliberalen Parteiprogramm, das sie 2003 auf dem CDU-Parteitag von Leipzig verkündete. Merkel ließ es damals zu, dass ein Norbert Blüm von der Bühne gepfiffen wurde. Aber dieses Programm verband sich nicht mit ihr; es war lange so, als ob die Politik, die sie propagiert, nicht an ihr haften bleibt; das änderte sich erst mit der Flüchtlings- und mit der Coronapolitik. Sie verstand es lange, Diskussionen zu unterbinden, wenn die Wege sich als Irrwege herausstellten. Sie hat Fehler über Fehler gemacht und sich trotzdem eisern Respekt verschaffen können. Sie hat all ihre Konkurrenten von einst, sie hat Stoiber, Koch und Merz bezwungen: Sie hat Ruhe bewahrt, bis sich die Konkurrenten in ihrem mitunter zappelnden Ehrgeiz verfangen und aufgehängt hatten – und der Zeitgeist wieder bei ihr einzog. Sie schaffte es so, zur Inkarnation machtbewusster Bescheidenheit zu werden.

Vor ihrer ersten Kanzlerschaft, im Wahlkampf von 2005, hat sie alles auf eine Karte gesetzt, auf ein neoliberales Bündnis mit der Westerwelle-FDP – und verloren. Sie wurde trotzdem Kanzlerin, aber die einer großen Koalition. Schon vor ihrer Kanzlerschaft hatte sie Wolfgang Schäuble düpiert und ihn vom Amt des Bundespräsidenten ferngehalten: Schäuble wurde trotzdem die große Stütze ihrer ersten drei Kabinette. Sie hat es geschafft, dass stets sie von den Regierungsbündnissen, sei es mit der SPD oder der FDP, profitierte – und ihr jeweiliger Koalitionspartner von den Wählern abgestraft wurde. Die größte Leistung dieser ersten großen Merkel-Koalition war es wohl, dass die Deutschen trotz der globalen Finanzkrise nicht in Krisenstimmung gerieten. In der Coronakrise gelang ihr das nicht mehr so gut.

Webgestützte Moderne

Am Krisenmanagement damals, in der Finanzkrise, hatte der damalige SPD-Finanzminister Peer Steinbrück wesentlichen Anteil. Aber belohnt von den Wählern wurde nur Merkel. Die Übertragung des guten Grundgefühls mit Merkel auf ihre Partei, die CDU, hätte nicht so gut funktioniert, wenn Merkel nicht die Kohl-CDU verändert hätte: Sie hat deren Frauen- und Familienpolitik entstaubt, den Konservativismus der Partei gereinigt und die Altväterlichkeit der Christdemokraten beendet. So hat sie die Partei für die Sympathisantinnen und Sympathisanten von SPD und Grünen wählbar gemacht. Das hat Zeit gebraucht – Zeit, die eine unstete öffentliche Stimmung ihren CDU-Nachfolgern nicht gibt. Die öffentliche Zustimmung zu Personen und Parteien, die Abneigung gegen Personen und Parteien wechseln schnell; das ist ein Kennzeichen der webgestützten politischen Moderne. Die Wählerinnen und

Wähler werden magnetisch angezogen vom Gewese, das um Themen, Parteien und Personen gemacht wird; sie sind aber auch bald wieder gelangweilt oder deren überdrüssig.

Das Thema, das nicht vergeht

Der Klimawandel freilich gehört nicht zu den Themen, die vergehen. Er wird das Megathema nach Corona sein und bleiben, sein und bleiben müssen. Er wird die Politik der kommenden Jahre und wohl Jahrzehnte prägen. Er ist ein Urthema der Grünen. Selbst das Bundesverfassungsgericht hat den Grünen am 24. März 2021 mit dem spektakulären Beschluss zum Klimaschutzgesetz Hilfe geleistet. Darin finden sich Sätze, mit denen man ein grünes Regierungsprogramm schreiben könnte. Das haben die Karlsruher Verfassungsrichter natürlich nicht gemacht, um der grünen Partei einen Gefallen zu tun. Sie haben es getan, weil es ein kollektives ökologisches Hintergrundbewusstsein gibt, das auch in der Verfassung und in der Verfassungsinterpretation seinen Ausdruck findet – die Sorge um den Schutz der natürlichen Lebensgrundlagen.

Der Green Deal der Europäischen Union ist der respektable Versuch, das Prinzip Verantwortung, das der Philosoph Hans Jonas schon vor Jahrzehnten propagiert hat, in praktische Politik zu übersetzen. Wie wichtig das ist, zeigt die Flutkatastrophe vom Juli 2021. Sie war nicht einfach Folge eines heftigen Unwetters, wie sie leider im Sommer immer wieder vorkommen. Auch diese Flutkatastrophe war unter anderem Folge des Klimawandels. Dagegen helfen keine Sandsäcke. Was hilft? Es hilft der ökologische Umbau der Gesellschaft; das ist nicht einfach nur die Befriedigung eines volatilen Zeitgeists – es geht um die nachhaltige Antwort auf eine globale und umfassende Bedrohung. Es geht um eine neue Ethik, es geht darum, diese neue Ethik gesetzgeberisch zu begleiten. Dieses Vorhaben der Europäischen Union ist gut und mutig und zukunftsweisend; aber es umzusetzen, wird »verdammt hart«, wie Frans Timmermans, der EU-Kommissar für Klimaschutz, prognostiziert hat, wahrscheinlich wohl wissend, dass einiges utopisch ist. Doch es geht darum, Unheil abzuwenden.

Es ist beileibe nicht so, dass es spektakuläre Initiativen nur in Brüssel gibt. Es gibt sie auch anderswo, in Lateinamerika zum Beispiel. Die obersten Gerichte dort haben in aufsehenerregenden Entscheidungen unter anderem dem Fluss Atrato und dem kolumbianischen Amazonasgebiet eine eigene Rechtspersönlichkeit zuerkannt. Die höchsten Richter in Kolumbien haben also die Natur, sie haben die Ökosysteme zum Rechtssubjekt erklärt. Könnten die Meere klagen, sie würden klagen über ihre Verschmutzung durch Plastikmüll, darüber, dass sie den Dreck nicht mehr schlucken können. Die Ökosysteme, die Natur als Rechtssubjekt. Es ist dies mehr als ein juristischer Kniff. Die neue Rechtsprechung von höchsten Richtern zeigt an, dass die herrschende Ethik im Begriff ist, sich zu wandeln.

Die Natur ist Subjekt mit eigenen Rechten

Die Natur ist da nicht mehr nur ein Objekt, das geschützt werden muss, sondern sie hat eigene Rechte, die sie – vertreten durch Menschen und Organisationen – einfordern kann. Das ist ein revolutionärer Ansatz, der das gewohnte Verfassungsdenken sprengt, in dem die Natur der rechtlichen Beherrschung durch die Rechtssubjekte und ihre Kapitalinteressen unterworfen ist. Die lateinamerikanische Rechtsprechung versucht, die Natur aus diesem Beherrschungsmechanismus zu befreien. Sie befreit die Natur aus der Einordnung als ein dem Menschen dienendes Objekt, sie macht sie zum Subjekt eigener Rechte. Darum geht es –

nicht darum, dass die Natur absolut nicht mehr den Menschen dient und dienen soll. Menschen sind als Menschen darauf angewiesen, die natürlichen Ressourcen zu nutzen und auch zu verbrauchen. Aber das hat spätestens dort seine Grenze, wo Ausbeutung und Schädigung beginnen. Das ist gemeint, wenn es im ersten Kapitel der Bibel heißt: »Seid fruchtbar und mehret euch und füllt die Erde und macht sie euch untertan ...« (Genesis 1,28). Dieser Satz aus Zeiten, in denen der Mensch die Beute von wilden Tieren und den Kräften der Natur wurde, erlaubte noch nie das rücksichtslose Zertrampeln von Lebensgrundlagen; heute, im Anthropozän, da der Mensch zur Bedrohung von Tier und Natur wird, erst recht nicht.

Eine politische Heimat für neues Denken und neues Tun

Es geht um neues Denken und neues Tun. Der Erhalt der natürlichen Lebensgrundlagen ist keine Frage von gut oder böse, von fair oder unfair. Es ist dies eine Frage der Selbsterhaltung. Dazu gehören auch ungewöhnliche, spektakuläre rechtliche Ideen. Der Schutz der natürlichen Lebensgrundlagen braucht eine juristische Promotion – und eine politische Heimat.

Die Grünen bieten sich seit jeher als diese Heimat an. Werden sie so, angesichts der gestiegenen und umfassend erkannten Relevanz des Themas, doch noch zur Volkspartei – trotz ihrer bei der Bundestagswahl 2021 gestutzten hohen Erwartungen? Anders als einst die FDP, die zur Bundestagswahl 2002 mit diesem Anspruch, mit einem Wahlziel von 18 Prozent der Stimmen und mit dem Parteichef Guido Westerwelle als Kanzlerkandidat antrat, kokettiert die grüne Partei nicht mit einem solchen Anspruch. Das ist auch besser so. Volkspartei – das wäre ein Rückgriff, kein Vorgriff. Volkspartei ist ein nostalgischer Begriff, ein Attribut aus der bundesrepublikanischen Vergangenheit, aus der Zeit der VW-Käfer. Gewiss: Die Volksparteien von einst, CDU, CSU und SPD, nutzen ihn wie einen Adelstitel. Aber der Adel ist abgeschafft. Die Gesellschaft der Wirtschaftswunderzeit gibt es nicht mehr. Es war eine Gesellschaft mit ausgeprägten Loyalitäten zu Gewerkschaften oder Kirchen, welche wiederum in enger Beziehung zur SPD oder zur Union standen. Diese Klassen- und Kirchenmilieus sind zerfallen. Die alten Bindungskräfte sind schwach geworden. Die SPD hat das schmerzhaft erfahren, die CDU erfährt es gerade. Und beide sind, wie die Grünen auch, zu akademisiert und in Leitungsfunktionen zu elitär.

Volksparteien heute

Das Parteiensystem, dem die alten Volksparteien entstammen, sah so aus wie die klassische Kleinfamilie: CDU/CSU und SPD waren quasi Vater und Mutter der Republik, für das Wohl und Wehe der Familie verantwortlich. Und die Kinder (also die FDP, später auch die Grünen, noch später die Linken) kümmerten sich um ihre Hobbys und um ihre Freundinnen und Freunde. Dieses Familienbild stimmt nicht mehr. Die einst kleineren Parteien sind mittlere Parteien geworden; zu ihnen ist noch die AfD gekommen. Das einstige Drei- und dann Vierparteienland Bundesrepublik hat sich in ein Sechsparteienland gewandelt; neue Parteien wie die der »Freien Wähler« versuchen noch dazuzustoßen; diese Partei schaffte es zuletzt nicht in den Bundestag, erzielte aber in Bayern immerhin 7,5 Prozent. Sie wirbt um »bürgerliche Wähler«, die eine Alternative zur Union und zur AfD suchen. »Bürgerlich« freilich ist als Begriff so antiquiert wie der der Volkspartei und hat an Zuordnungsgehalt verloren; Bürger sind auch die Wähler anderer Parteien; bürgerlich sind sowohl die, die beim Discounter, als auch die, die im Naturkostladen einkaufen. Die Grünen versuchen, »neue« Bürgerlichkeit für sich zu reklamieren, wenn sie nach Wahlsiegen sagen, sie hätten »in der bürgerlichen Mitte gewonnen«. Dieses neue grüne Modewort soll die letzten Ängste vor den Grünen nehmen. So versöhnlich es daherkommt, so nichtssagend ist es geworden.

Der Trend geht weg von den bisherigen Großparteien; er geht auch weg von den kleinen Parteien; er geht hin zu mittelgroßen Parteien – die Wählerinnen und Wähler in allen Schichten der Gesellschaft finden. Insofern könnte man heute jede Partei, die ausreichend Zuspruch findet, als Volkspartei bezeichnen. Der Begriff taugt aber nicht mehr; er hindert nur die Ex-Volksparteien daran, sich neu zu finden. Er ist nostalgischer Ballast. Der Zeitgeist hilft den Grünen; ob sie das machtpolitisch nutzen können, ist eine Frage des parteipolitischen Geschicks. Die Grünen sind eine Mittelpartei mit mehr als mittleren Chancen. Sie sind die Blutgruppe Null der Politik. Die Zukunft heißt Klima; das Klima ist schlecht, und das ist prinzipiell gut für die Grünen. Sie haben mit dem Klimaschutz ein an alle Parteien anschlussfähiges Ziel.

Die Demokratie als Ort der Mühsal

Himmel, Hölle, Fegefeuer. Die deutsche Politik steckt im Fegefeuer, das zu Unrecht einen schlechten Ruf hat. Gewiss: Es ist ein Ort der Mühsal und Qual. Es ist eine Intermediärzone, ein Zwischenzustand, der von langer Dauer sein kann. Das Fegefeuer war und ist ein Ort der Besserung und der Läuterung. Es ist der richtige Ort, das Notwendige, also das Notwendende zu tun. Im Mittelalter war dieser Ort im Jenseits nach dem Tod angesiedelt. Heute ist er nicht mehr im Jenseits, aber jenseits einer Wirklichkeit, die auf die Illusion des »weiter so« setzt. Heute ist er im Diesseits. Wir leben in einer Zeit, in der sich mit dem Klimawandel die Hölle auf Erden ankündigt; es kann aber auch gelingen, am Heilwerden der Welt zu arbeiten. Die deutsche Politik kann ihren Teil zum Heilwerden beitragen.

Die Demokratie ist eine anstrengende Angelegenheit, sie ist, wie das Fegefeuer, ein Ort der Mühsal. Sie ist das Fegefeuer als Staatsform. Deswegen hat auch sie zuweilen und leider zunehmend einen schlechten Ruf. Aber sie ist der Platz zwischen Utopie und Tyrannei, der Ort, um die Welt zu entchaotisieren. Das Prinzip Verantwortung bewährt sich im Fegefeuer. Es findet den Pfad, trotz aller Wendungen des Zeitgeists, zur neuen Ethik für die technologische und digitale Zivilisation. Diese neue Ethik erfordert eine neue Wachsamkeit, einen neuen Begriff von Heimat, ein neues Verständnis von Sicherheit. Sie prägt eine neue Politik, eine neue Gesellschaft, eine neue Arbeitswelt, ein neues Recht. Die Kirche hat das Fegefeuer jahrhundertelang gepredigt. Jetzt braucht sie das Fegefeuer selbst, die katholische Kirche zumal. Sie braucht Läuterung, sie braucht Erneuerung. Dieses Buch ist der Versuch einer Pfadfinderei. Es versucht, mit Kolumnen und Kommentaren einen Pfad zu markieren.

Heribert Prantl, im Sommer 2021

... und mit großem Dank an das wunderbare Textarchiv der Süddeutschen Zeitung.

EINE NEUE WACHSAMKEIT

Himmel, Hölle, Fegefeuer, Tod und Gericht – ihr wisst nicht, wann sie kommen; der jüngste Tag werde kommen wie ein Dieb in der Nacht, glaubte man einst und riet deshalb: Seid wachsam!

Heute heißt es dagegen: Seid achtsam! Die buddhistische Haltung der »Achtsamkeit« wurde von der Psychologie zur Linderung von Traumata, Angst und Schmerzen entdeckt. Sie lehrt, sich selbst und die Welt bewusst und freundlich wahrzunehmen, im Hier und Jetzt und ohne Wertung. Das ist gut. Seit Längerem ist die »Achtsamkeit« jedoch zum Allzwecktool geworden im Textbausteinkasten von politischen Redenschreibern, im Trainingsprogramm von Beratern und in der Werkzeugkiste jedwedes Seelenklempners. Zu ihr gesellt sich mit Vorliebe die »Nachhaltigkeit«. Jüngst ist eine Krimireihe auf den Bestsellerlisten, die den Achtsamkeitshype parodistisch aufnimmt und empfiehlt: Achtsam morden.

»Achtsamkeit« ist zum wabernden Wortschleim geworden, der aus dem Inneren kommt, sich warm anfühlt und die Debatten verbal verklebt. Es sind die Debatten über die Klimapolitik, über die notwendige Transformation des Rechts, der Wirtschaft und des alltäglichen Lebens als globale Überlebensstrategie. Es sind die Debatten über die Selbstbestimmung, über das eigene Leben bei Geburt, Krankheit und Tod. Hier sollte der Rat weiter heißen: Seid wachsam! Wachsamkeit, die sich zusammentut mit Respekt und Behutsamkeit, ist die innere Haltung, die uns guttun wird, wenn es darangeht, das Recht neu zu formulieren, die Wirtschaft ökologisch und sozialverträglich umzubauen und getrost leben und sterben zu können.

Der Himmel auf Erden ist
eine schöne Vision. Die Erde
im Himmel ist die Hölle.

Das All
gehört allen

Warum man dem Kapitalismus im Himmel und auf Erden entgegentreten muss

Es hat sehr lange gedauert, bis Justiz und Gesellschaft gelernt haben, dass rasende Prahlsucht ein Verbrechen sein kann. Diese Erkenntnis ist aber noch nicht sehr weit gediehen, sie beschränkt sich auf den Straßenverkehr. Für Wirtschaft und Politik gilt sie noch nicht – im Gegenteil, dort wird sie gepriesen. Wenn alte Männer, weil sie unendlich viel Geld haben, sich im Weltraum ein Raketenrennen liefern, werden sie gefeiert. Wenn junge Männer, weil sie unendlich viel Testosteron haben, sich ein Autorennen liefern, werden sie bestraft. Die einen gelten als Visionäre, die anderen als Deppen. Letztere werden als Mörder bestraft. Die anderen werden als Wirtschaftsgenies belobigt – obwohl (oder gerade weil) sie einen destruktiven Kapitalismus in den Weltraum tragen. Gefährliche Angeber sind sie aber alle.

Wenn junge Leute in ihren aufgemotzten Autos mit irrwitziger Geschwindigkeit über den Ku'damm oder den Isarring rasen, wenn sie rote Ampeln überfahren und Menschen dabei zu Tode kommen – dann ist das nicht einfach nur, wie das lange gesehen wurde, eine Fahrlässigkeit mit tödlichem Ausgang. Es ist Mord mit bedingtem Vorsatz.

Die Tatbestandsmerkmale sind niedrige Beweggründe und Heimtücke, und das rasende Auto ist dabei ein gefährliches Werkzeug. Die Berliner Strafrichter sagten in ihrem Urteil gegen die Ku'damm-Raser: selbstverliebt und rücksichtslos seien sie gewesen, ihre Fahrzeuge hätten sie förmlich vergöttert. Hochmütige Unvernunft, rasende Prahlerei, Hybris und Machtrausch: Diese Mischung ist tödlich, nicht nur auf dem Ku'damm.

Beihilfe zum Irrsinn

Wenn sich Jeff Bezos, Richard Branson und Elon Musk ins All schießen lassen, weil sie sich das als Milliardäre leisten können und sie auf diese Weise Werbung machen für galaktische Geschäftsideen aller Art, dann kann man in Wirtschaftsmagazinen lesen: Das sei nicht nur ein Kräftemessen der Milliardäre, das sei nicht nur ein Kick für Hochprivilegierte; das sei die »Zukunft der Ökonomie«. Solche Lobhudeleien sind Beihilfe zum Irrsinn. Es gilt auch hier und hier erst recht der Satz von Papst Franziskus: »Diese Wirtschaft tötet«. Sie macht den Weltraum zum Kolonisationsgebiet von Kommerzinteressen, sie bemächtigt sich des Himmels als Ressource. Der Großkapitalist Jeff Bezos will mit seinem Raumfahrtunternehmen Blue Origin den Mars kolonisieren und in weniger als zehn Jahren eine Million Menschen auf den Mars befördern. Die Menschheit soll dort, sagt er, eine gute Zukunft haben. Wäre es nicht gut, wenn die Menschheit erst einmal auf ihrem Planeten eine gute Zukunft hätte?

Die Ausbeutung des Weltraums

Elon Musk betreibt das Raumfahrtunternehmen SpaceX und schießt Hunderte von Satelliten in erdnahe Umlauf-

bahnen – bisher sind es neunhundert; insgesamt zwölf-
tausend Satelliten sind angeblich bis zum Jahr 2027 genehmigt, Anträge für weitere dreißigtausend Satelliten
sollen schon vorliegen. Die Ausbeutung der Erde und die
Zerstörung der Natur der Erde, die jetzt mit Klimaschutz-
abkommen und Green Deals gestoppt werden sollen, wird
von Musk und Co im Weltraum ungeniert fortgesetzt. Der
Himmel, der Ressource für die gesamte Menschheit sein
soll, wird kommerzialisiert, um weltweit Internetzugänge
anbieten zu können; 99 Euro soll der Anschluss pro Monat
kosten, plus einmalige Kosten von 499 Euro für das Star-
terset.

Die Satelliten, die dieses Geschäft ermöglichen, kann
man dann wie eine Lichterkette am Himmel bestaunen,
weil die Satelliten bei der Umrundung der Erde immer
wieder von der Sonne angestrahlt werden. Man wird in
Zukunft womöglich mehr Satelliten als Sterne am Nacht-
himmel sehen. Das ist der Triumph des orbitalen Kapitalismus. Die Lebensdauer der Satelliten ist nicht sehr hoch.
Die Erdumlaufbahn wird mit aktiven und mit ausgeglüh-
ten Satelliten vermüllt. Der Orbit als Müllhalde? Und:
Sollte der Himmel nicht Allgemeingut sein? Sollte das All
nicht allen gehören? Der Himmel auf Erden ist eine schöne
Vision. Die Erde im Himmel ist die Hölle.

Die Meere als Mülldeponie

Würde der Plastikmüll in den Ozeanen leuchten – Jeff
Bezos hätte ihn von oben, aus dem All, sehen können. Ob
er leuchtende Augen bekommen hätte? Er hätte sich fragen
können, wie hoch sein eigener Anteil ist, also der Anteil
von Amazon. Der Amazon-Gründer muss sich aber nicht
in den Weltraum schießen lassen, um die Antwort zu finden. Die Antwort steht, zum Beispiel, in den Berichten der

Meeresschutzorganisation Oceana: Der Plastikmüll allein aus den Verpackungen des Internethandels wiegt demnach, aufs Jahr zusammengerechnet, neunhundert Millionen Kilogramm. Der Anteil von Amazon macht, sagt Oceana, 211 Millionen Kilogramm jährlich aus. Jeff Bezos' Milliarden-Reichtum ist also mit einigen Millionen Tonnen Luftkissen, Folien und Schaumstoffchips gepolstert. Kurz vor seinem Weltraumflug konnte man lesen, Jeff Bezos sei der reichste Mann aller Zeiten: Er habe sein Privatvermögen an einem einzigen Tag im Juli 2021 um 8,4 Milliarden Dollar steigern können. In Interviews hat Jeff Bezos erklärt, im Weltraum und mit dem privaten Tourismus, für den er mit seinem Flug geworben hat, sehe er Lösungswege für die Probleme der Erde. Bezos hat sich freilich nicht näher darüber ausgelassen, wie zum Beispiel, die Lösung der Plastikprobleme aussehen könnte. Sein Amazon-Konzern kritisiert stattdessen die Zahlen und Berechnungsmethoden der Meeresschutzorganisation Oceana – und verweist beschwichtigend darauf, dass man doch das Gewicht der Versandpackungen »schon um mehr als ein Drittel reduziert« habe.

Neun Milliarden Tonnen Kunststoff

Jeff Bezos' Konkurrent um Weltraumruhm und kommerzielle Geschäfte im All ist der britische Milliardär Richard Branson. Er kam mit seinem Weltraumflug am 11. Juli 2021 dem Konkurrenten Bezos um ein paar Tage zuvor. Branson ist um einiges älter als Bezos, er ist 1950 geboren. In diese Zeit fällt der Anfang der Massenproduktion synthetischer Materialien. Die umfassende Verwendung von Plastik begann mit der Entdeckung, dass sich ein Abfallprodukt der chemischen Industrie für die Produktion des Kunststoffs PVC eignet. Seit Anfang der 1950er-Jahre wurden weltweit neun Milliarden Tonnen Kunststoff hergestellt; über

75 Prozent sind heute Müll. Die Heinrich-Böll-Stiftung fasst die Situation so zusammen: »Bis heute ist kein Weg gefunden, damit so umzugehen, dass er (der Müll) keine Probleme verursacht«. Pro Jahr werden weltweit vierhundert Millionen Tonnen Kunststoff produziert. Den größten Teil davon machen Einwegprodukte und Verpackungen aus. Viele Produkte des täglichen Bedarfs werden nur einmal und meist auch nur kurz genutzt, bevor sie auf dem Müll landen. Beinahe die Hälfte aller Erzeugnisse ist nach weniger als einem Monat Abfall.

Plastik ist die Pest der Meere

Pro Minute gelangt Plastik in der Größe einer Müllwagenladung ins Wasser. Die Meere sind zur globalen Deponie geworden. 2050 wird der Kunststoffmüll in den Ozeanen mehr wiegen als alle Fische zusammen. Nach Schätzungen der Umweltorganisation WWF kommen auf einen Quadratkilometer Meer bis zu 46 000 Teile Plastikmüll. Auf dem Boden der Nordsee wurden elf Kilo Müll pro Quadratkilometer ermittelt, hauptsächlich Plastik. Viele Kunststoffe enthalten gesundheitsschädliche Substanzen, die erst im Meer richtig freigesetzt werden. Eine Million Seevögel verenden pro Jahr, weil sie schwimmendes Plastik fressen. Hunderttausend Meeressäuger werden durch Plastik jährlich getötet. Die Tiere ersticken, erleiden tödliche Verstopfungen oder verhungern bei vollem Bauch. Es werden Wale gefunden, deren Mägen mit Plastik gefüllt sind. Plastik ist die Pest der Meere. Vor zwei Jahren hat die *SZ* der Plastikkrise das »Buch Zwei« gewidmet; dort findet sich eine Statistik darüber, wer am meisten Plastik exportiert: Es sind die USA, gefolgt von Deutschland.

Der junge Niederländer Boyan Slat hat ein Projekt namens The Ocean Cleanup ins Werk gesetzt; als 19-Jähriger brach er sein Raumfahrt-Ingenieurstudium ab, um die Meere vom Plastikmüll zu befreien. Damals hatte er einen Tauchurlaub gemacht, der ihm die Augen öffnete: Er sah unter Wasser keine schimmernden Fischschwärme und rosige Korallen, sondern tauchte durch vergammelte Flip-Flops und zerdrückte Cola-Flaschen. Auf der Crowdfunding-Plattform Kickstarter sammelte er Geld ein, ließ forschen, entwickelte zusammen mit der Technischen Universität Delft Müllsammelkonzepte: Fangarme und Treibnetze sollen eine künstliche Bucht bilden, wie riesige Filter arbeiten und Plastik einsammeln, aber Fische passieren lassen. Das von den Müllsaugern gesammelte Plastik soll wiederverwertet werden. Das erste Wiederverwertungsprodukt von The Ocean Cleanup sind Sonnenbrillen. Aber: Nicht alle Meeresschutzexperten und Meeresbiologen sind begeistert. Es lasse sich, heißt es, überhaupt nicht vermeiden, dass man auch große Mengen an Biomasse abschöpft, die eigentlich in die Flüsse und das Meer gehört.

Sea Cleaners

Aber was tun? Gar nichts, weil ohnehin wenig auszurichten ist? Im *Spiegel* war im August 2020 von einer ernüchternden Hochrechnung eines Forscherteams zu lesen: Selbst wenn zweihundert Müllsammler à la Ocean Cleanup hundertdreißig Jahre lang rund um die Uhr auf den Weltmeeren unterwegs wären, könnten sie nur rund 45 000 Tonnen Müll von der Wasseroberfläche abschöpfen – fünf Prozent der Mengen, die auf den Weltmeeren zirkulieren. Effizienter, sagen diese Forscher, wäre es da, den Müll schon in den Flüssen abzufangen, bevor er ins Meer gelangt. Auch daran arbeitet Ocean Cleanup. Das Unternehmen hat ein Reinigungssys-

tem für Fließgewässer entwickelt; Interceptor heißt eine
in Flüssen verankerbare Sammelanlage, eine Art schwimmendes Fließband. Nach Angaben von The Ocean Cleanup sind tausend Flüsse, also etwa ein Prozent aller Flüsse,
für etwa achtzig Prozent des Plastikeintrags verantwortlich – und sollen innerhalb von fünf Jahren mit Intercep-
tors ausgestattet werden. Derzeit arbeiten neunzig Mitarbeiter für die Non-Profit-Organisation, die meisten am
Hauptsitz Rotterdam. Ein anderes Meeresrettungspro-
jekt ist das des Extremseglers Yvan Bourgnon; er gründete 2016 die Umweltschutzorganisation The SeaCleaners.
Ihr großes Projekt ist der »Manta«: ein 56 Meter langes
und 26 Meter breites Segelschiff von der Anmutung eines
Rochens, das nahezu emissionsfrei über das Wasser glei-
ten und Plastikmüll herausfischen soll. Der »Manta« wird
den Müll nicht nur sammeln, sondern gewinnt direkt an
Bord Energie, die wiederum das Schiff antreiben wird.

Was mehr bringt

Wenn man von Bezos, Branson und Musk Rettung dieser
Art und umfangreiche Non-Profit-Projekte erwartet, kann
man wahrscheinlich lange warten. Die Namen stehen für
das Problem und nicht für die Lösung. Bevor man sich der
Illusion hingibt, die drei reichen Weltraumsurfer könnten
ihr weiches Herz für die Meere entdecken und ihre Welt-
raumanzüge gegen Spendierhosen austauschen, konzentriert man sich besser auf den Mikroeinfluss der vielen
Einzelnen. Das bringt mehr gegen die Verseuchung mit
Mikroplastik, und das verlangt: Müll vermeiden; politischen Druck machen, um den Müllexport zu unterbinden;
informieren, informieren, informieren – und das Ganze
dann noch mal von vorn und nicht aufhören damit. Die
künftige Bundesregierung kann ja damit anfangen.

Fast zeitgleich mit den Meldungen über die Raketen-
flüge von Richard Branson und Jeff Bezos wurde im Juli
2021 der neue Welternährungsbericht veröffentlicht; er
fand nicht besonders viel Aufmerksamkeit. 811 Millionen Menschen hungern, sagt diese Statistik, es sind dies
161 Millionen mehr als im Jahr zuvor, im Jahr 2019.
811 Millionen Menschen sind unterernährt, also etwa ein
Zehntel der globalen Weltbevölkerung; allein die sechs
Nullen der Zahl stehen für Hunderttausende Menschen.
Es hungern 811 Millionen und, wie man so sagt, ein paar
Zerquetschte; es hungert ein Zehntel aller Menschen. Ein
Zehntel: Eins, zwei, drei, vier, fünf, sechs, sieben, acht,
neun – und du bist die Zehn, du musst vergeh'n. In Afrika
hat der Hunger am meisten zugenommen, die Unterernäh-
rungsquote dort liegt bei 21 Prozent und damit doppelt so
hoch wie überall sonst. Wie kann das sein in einer Welt,
in der es mehr als genug Nahrung gibt? Akut ist auch und
vor allem Corona schuld. Die Pandemie raubt den Ärmsten
ihre Jobs und verteuert die Lebensmittel.

Der Kapitalismus krallt sich den Himmel

Vom UN-Ziel der Agenda 2030, bis zu diesem Jahr den
Hunger weltweit zu besiegen, ist die Realität immer weiter weg. Die Kollegin Christiane Grefe von der *Zeit,* eine
kluge Expertin für Ökologie und Globalisierung, nennt
zur Bekämpfung des Hungers drei Prioritäten. Erstens
müssen die Wohlhabenden aufhören zu essen, als gäbe
es kein Morgen. Zweitens müssen die Hilfsorganisationen mithilfe fester Budgets gestärkt werden; sie sollen
nicht bei jeder Krise betteln müssen. Und drittens muss
Schluss damit sein, weltweit den unterschiedlichen Land-
schaften und Kulturen die immer gleichen Gewächse und
industriellen Methoden zu diktieren; es braucht eine neue

Vielfalt an Getreiden, Früchten und Bäumen; diese Vielfalt kann auch dem Klimawandel besser trotzen. Und viertens, so füge ich hinzu, muss es verhindert werden, dass ein destruktiver und tödlicher Kapitalismus sich auch noch in den Himmel krallt.

Sechs Milliarden Dollar

David Beasley, der Direktor des Welternährungsprogramms, hat Ende Juni 2021 einen Tweet verbreitet, in dem er zum wiederholten Male die Milliardäre dazu aufrief, sich zu melden, um die sechs Milliarden US-Dollar aufzubringen, die in diesem Jahr zusätzlich benötigt werden, um der Hungersnot entgegenzuwirken und weitere Hungertote zu vermeiden. Er schrieb an Branson, Musk und Bezos: »Ich bin so gespannt zu sehen, wer es zuerst in den Weltraum schafft! Aber ich würde lieber sehen, dass Sie sich zusammenschließen, um die 41 Millionen Menschen zu retten, die dieses Jahr auf der Erde verhungern werden! Es braucht dafür nur sechs Milliarden Dollar. Wir können das schnell lösen.«

Von sechs Milliarden war bei der Flutkatastrophe im Juli 2021 auch die Rede, um alle Schäden zu beseitigen. Es geht natürlich nicht einfach nur darum, dass die ganz Reichen jetzt ganz große Spenden machen. Es geht darum, mit einer fundamentalen Umverteilungspolitik zu beginnen. Die Klimapolitik gehört dazu; sie ist, wenn es gut geht, der Treiber einer klugen Umverteilungspolitik. Nicht die Satelliten von Herrn Musk gehören in die Umlaufbahn. In die Umlaufbahn gehört eine Politik, die Natur und Lebensgrundlagen achtet und die Armut bekämpft.

Die Ökosysteme haben einen
juristischen Anspruch auf Pflege,
Erholung und Regeneration.

Die Natur als Rechtsperson

Warum die Grundrechte auch für die Ökosysteme gelten sollten

Es war bei der ersten juristischen Staatsprüfung, mündlicher Teil. Prüfer war Professor Karl Firsching – ein schlaksiger alter Herr, Koryphäe des Internationalen Privatrechts, ehemaliger Handballspieler, wie man sich erzählte; und das war durchaus glaubhaft, weil er den »Schönfelder«, also das krass dicke und elend schwere Gesetzbuch, so am langen Arm schwang, als wolle er daraus nicht in der Vorlesung zitieren, sondern damit eine neue Wurftechnik ausprobieren. Dieser Herr also warf dem Prüfling zum Auftakt der Staatsprüfung eine scheinbar ganz leichte Frage zu: »Stellen Sie sich vor, Herr Prantl, Sie stehen auf einem hohen Turm und schauen runter. Was sehen Sie da?«

Die Ordnung der Welt

Mit der in der Juristerei immer richtigen Antwort »Das kommt darauf an ...« gab er sich nicht zufrieden, auch nicht mit der Ergänzung »... wo der Turm steht«. Er schüttelte bei jedweder malerischen Beschreibung von Stadt und Landschaft unzufrieden den Kopf. »Juristen«, so sagte er dann,

»malen nicht, sondern sie ordnen die Welt, sie teilen sie ein.« Diese grundlegende Einteilung war das Ziel seiner Frage. Juristisch betrachtet sehen sie nämlich, von wo immer sie auch herunterschauen, stets dies: »Rechtssubjekte und Rechtsobjekte«. Nun ist es allerdings so, dass man nicht alle Rechtssubjekte sehen kann: Sie sind nämlich nicht nur die natürlichen Personen, also die Menschen; Rechtssubjekte sind auch die juristischen Personen und Gesellschaften, Vermögens- und Kapitalmassen, die nicht auf zwei Beinen durch die Gegend laufen. Aber nur sie, die natürlichen und die juristischen Personen, sind Rechtssubjekte, nur sie können Träger von Rechten und Pflichten sein. Sie herrschen über alles andere, also über die Rechtsobjekte. Die Rechtsobjekte sind die Güter, die der rechtlichen Beherrschung durch die Rechtssubjekte unterworfen sind: Häuser und Hunde, Autos und Straßen, Shoppingmalls, Baumärkte und Fabriken, Wiese, Wald und Wild, Flüsse und Fußgängerzonen. Die Rechtssubjekte sind also die Spieler der Rechtsordnung. Rechtsobjekte sind die Gegenstände, mit denen die Spieler spielen und handeln, die sie nutzen und benutzen, die sie vermieten, verkaufen und erwerben – mit denen sie also Geschäfte machen.

Den Amazonas befreien, den Rhein auch

Rechtssubjekte und Rechtsobjekte – mit dieser Einteilung beginnt das Einmaleins des Rechts. Eine spektakuläre von Gerichten in Lateinamerika entwickelte Rechtsprechung verändert dieses Einmaleins. Diese revolutionäre Rechtsprechung will die Natur, sie will das Ökosystem aus diesem Beherrschungsmechanismus befreien. Die höchsten Richter in Kolumbien haben daher dem Fluss Atrato und dem Amazonasgebiet eine eigene Rechtspersönlichkeit zuerkannt. Die Natur ist also nicht mehr ein Objekt, das geschützt werden muss, sondern sie hat eigene Rechte, die sie, vertreten durch Menschen und Organisationen, vor Gericht oder durch das Gericht einfordern kann. Die Natur wird zum klageberechtigten Subjekt. Sie wird aus der Einordnung als ein dem Menschen dienendes Objekt befreit. Sie hat einen Anspruch auf Regeneration, Pflege und Erhaltung. Die Böden in den Flutgebieten des Rheins könnten dann gegen ihre Versiegelung klagen und die Wälder gegen ihre Abholzung. Das erinnert an den letzten Marsch der Ents in »Herr der Ringe«, das klingt schwärmerisch, das klingt esoterisch. Ist das der Einzug der verwelkenden blauen Blume der Romantik in die Juristerei? Also, in Abwandlung des alten Wandervogellieds »Wir wollen zu Land ausfahren«: ... Es rauschen die Bäume, es klaget der Fluss?

Das ökologische Existenzminimum

Ob der Kandidat damals mit solchen Darlegungen die Staatsprüfung bestanden hätte, ist wenig wahrscheinlich. Es hätte da wohl auch der Hinweis darauf wenig geholfen, dass so ein neuer juristischer Blick in Lateinamerika auch dem Schutz der indigenen Minderheiten dient, die traditionell in enger Verbundenheit mit der Natur leben. Gleichwohl: Angesichts der handgreiflichen und in der Flutkatastrophe im Sommer 2021 tödlichen Auswirkungen des Klimawandels ist es Zeit, den Natur-, Umwelt- und den Klimaschutz neu zu denken. Womöglich reicht ja da der Green Deal hinten und vorne nicht, den soeben EU-Kommissionspräsidentin Ursula von der Leyen in Brüssel vorgestellt hat, vielleicht formuliert er nicht mehr als das ökologische Existenzminimum. Wie wäre es mit einer Grundgesetzformulierung, die der Natur ein Recht auf Existenz gibt und so lautet: »Die Grundrechte gelten auch für die Natur, soweit sie ihrem Wesen nach auf diese anwendbar sind.«? Wäre das die fulminante Fortschreibung des fulminanten Klimabeschlusses des Bundesverfassungsgerichts? Ein Eigenrecht der Natur!

Ein neues Naturrecht

Gegenwärtig ist es in Deutschland und der EU so, dass Klimaklagen, auch von Verbänden, nur dann Aussicht auf Erfolg haben, wenn ein rechtswidriger Eingriff in Rechte der Rechtssubjekte, also in ihr Recht auf Leben, auf körperliche Unversehrtheit oder ihr Eigentum, nachzuweisen ist. Die Klagebefugnis scheint, so sagt es eine neue Ausarbeitung der Konrad-Adenauer-Stiftung über die »Natur als Rechtssubjekt«, nach wie vor »an die schädlichen Auswirkungen von Umweltbeeinträchtigungen auf den Menschen geknüpft zu sein«. Ist das aber nicht viel zu eng, zumal dieser Nachweis oft nur sehr schwer zu führen ist? Als 1986 eine Giftwelle, die vom Pharmakonzern Sandoz ausging, den Rhein hinunterschwamm und Millionen Fische starben, wurden nur die Schäden ersetzt, die »einem Anderen«, also einem geschädigten Rechtssubjekt, entstanden waren. Soll das so bleiben?

Nennen wir das Werben für ein »Eigenrecht der Natur« einen geschickten juristischen Perspektivwechsel, der die Natur davon befreit, den Kapitalinteressen zu dienen. Darum geht es – nicht darum, dass die Natur absolut nicht mehr den Menschen dient und dienen soll. Menschen sind als Menschen darauf angewiesen, die natürlichen Ressourcen zu nutzen. Aber das hat spätestens dort seine Grenze, wo Ausbeutung und Schädigung beginnen. Der Schutz der natürlichen Lebensgrundlagen ist erst spät ins Grundgesetz aufgenommen worden, er war ein Ergebnis der Beratungen in der Gemeinsamen Verfassungskommission von

Bund und Ländern nach der Deutschen Einheit. Dieser Schutz ist noch unvollkommen geregelt. Er braucht eine juristische Promotion. Das ist das neue Naturrecht.

Die Lust am katastrophischen Denken ist gefährlich. Die grassierende Schwarzseherei führt zu Depression und Aggression.

Hoffnung lässt die Welt nicht zum Teufel geh'n

Wie das Leben vom Eis befreit werden muss

Das berühmteste Frühlingsgedicht hat Goethe geschrieben. Es heißt Osterspaziergang, es beginnt mit der Zeile »Vom Eise befreit«; und es handelt vom erwachenden Leben, vom bunten Getümmel in der Natur und vom grünenden Hoffnungsglück. Es ist dies ein Gefühl, das sich weder an Ostern 2020 noch an Ostern 2021 einstellen mochte. Der Lockdown war wie ein immerwährender Winter, und die Warnungen davor, dass es noch kälter werden und noch schlimmer kommen könnte, lagen wie Eis auf dem Leben. Das Ostergefühl nach einem Jahr Corona war eine Mischung aus Müdigkeit, Gereiztheit und Ungeduld. Daran war und ist nicht einfach nur das Virus schuld, sondern auch der Umgang damit. Es gibt eine Lust am katastrophischen Denken; sie ist gefährlich, weil sie die Hoffnung zerstört, die nötig ist, um die Krise zu bewältigen. Der politisch-virologisch-publizistische Corona-Verstärkerkreislauf braucht daher einen Umkehrschub. Nach einer langen Coronazeit brauchen die Menschen nicht nur Biontech und Moderna, AstraZeneca und Curevac; sie brauchen auch Hoffnung. Stillstand ist kein Lebensprinzip.

Angela Merkel hat die »Osterruhe«, die sie zum Auftakt der Karwoche 2021 zusammen mit der Ministerpräsidentenkonferenz dem Land verordnet hatte, alsbald wieder zurückgenommen. Sie hat für die Verwirrung, die angerichtet wurde, um Verzeihung gebeten. Die Bitte um Entschuldigung, vor der man Respekt haben konnte, war ein Anlass, auf Hoffnung zu hoffen und darauf, dass Freiheit und Selbstverantwortung, bei aller Vorsicht, wieder den Wert erhalten, der ihnen gebührt. »Das Grundgesetz brauchen wir auch in der nächsten Krise noch, wenn Covid-19 hoffentlich schon längst wieder einfach nur ein Virus ist«: So hat das der Regensburger Gesundheitsrechtler Thorsten Kingreen formuliert. Es war und ist dies eine Werbung dafür, die Grundrechte in Krisenzeiten nicht schwach, sondern stark zu machen – und so gewappnet zu bleiben.

Es gibt eine Egozentrik der Hoffnungslosigkeit

Die Impfstoffe und die Impfungen sind trotz aller Probleme ein Anlass zur Hoffnung. Und selbst wenn es keinen Anlass zur Hoffnung gäbe, so gäbe es doch einen Grund dafür: Da, wo man jede Hoffnung fahren lässt, wird die Welt zur Hölle. »Lasst, die ihr hier eingeht, alle Hoffnung fahren«: Das steht, so beschreibt es Dante in seiner »Göttlichen Komödie«, in dunkler Farbe auf der Pforte zur Hölle. Dante nennt die Pforte zum Inferno den »Eingang zum verlor'nen Volke«. Hoffnung lässt die Welt nicht zum Teufel gehen.

Das ist aber nun kein Plädoyer dafür, Gefahren schönzureden, und auch nicht dafür, Covid-19 zu bagatellisieren. Die Kraft der Hoffnung steckt nicht in einem blinden Optimismus. Die Kraft der Hoffnung sieht die Gefahr; sie verweigert aber Unglück und Unheil den totalen Zugriff. Vielleicht rührte und rührt die grassierende Katastrophenverliebtheit aus der Tatsache, dass sie Quote bringt. Vielleicht folgt sie auch dem Motto: Wer sich keine Hoffnungen macht, wird auch nicht enttäuscht. Es gibt eine Egozentrik der Hoffnungslosigkeit, die fixiert ist auf das eigene Schlamassel, und die Optimismus fast als Beleidigung empfindet. Man könnte sich darüber freuen, dass – bei allen Mängeln, die es gibt – Tests mehr Sicherheit bringen und dass schon viele alte Menschen geimpft sind; aber es werden die Bilder aus Bergamo vom Frühjahr 2020 gezeigt und beschworen. Es gibt eine Schwarzseherei, die jede Zuversicht lächerlich macht. Man kann Zukunftslosigkeit so finster beschreiben, dass die Zukunft vor einem wegläuft. Man kann die Leiden der Zeit immerzu und in allen Facetten betonen und die Indizien des drohenden Untergangs präsentieren. »Greueln« nannte einst der Publizist und Historiker Sebastian Haffner ein solches Schwelgen in den Furchtbarkeiten der Zeit; er beschrieb es drastisch als einen masochistischen und moralischen Selbstmord. Das Katastrophalisieren führt zu Depression und Aggression.

Wie Noah in der Arche

Vielleicht hilft es, sich an den Mythos der Urkatastrophe und den Archetyp der Hoffnung zu erinnern: Noah in der Arche. Die Arche wird in Bilderbüchern oft als buntes Schiff mit allerlei lustigen Tieren gemalt, das auf den Wellenkämmen tanzt – als wäre es eine archaische Kreuzfahrt, gewürzt mit einer Prise Abenteuer. Aber man muss sich die Arche ganz anders vorstellen: als Kasten aus rohem Holz, in dessen dunklem Bauch die Insassen von den Fluten hin und her geworfen werden. Aus heiterem Himmel bricht die Katastrophe herein. Noah und die Seinen überleben, ja.

Aber werden sie je wieder festen Boden unter die Füße bekommen? Warten. Ausharren.

Hundertfünfzig Tage im finsteren Bauch der Arche,
und das Wasser schwillt an. Hundertfünfzig Tage – das
ist eine biblische Zahl, die nicht messen, sondern die Un-
ermesslichkeit des Schreckens ausdrücken will. Sie will
sagen: Eine halbe Ewigkeit sind sie in dieser Zwischen-
welt zwischen Tod und Leben. Und dann kommt der Tag,
an dem der Regen aufhört. Man merkt es ja nicht sofort,
wenn man so gefangen ist in der Gefahr. Noch einmal vierzig Tage dauert es, und dann ist der Augenblick da, dass
Noah eine Luke öffnet und Ausschau hält. Aber noch ragen
nur die Berggipfel aus dem Wasser. Da lässt Noah einen
Raben hinaus, der fliegt aus und ein, denn er findet nichts,
worauf er sich niederlassen kann. Und Noah lässt dann
ebenso vergeblich eine Taube fliegen. Nach weiteren sieben Tagen noch einmal. Und als sie nun zurückkommt, hat
sie einen Olivenzweig im Schnabel – das Leben ist wieder
da. Diese Geschichte lehrt: Manchmal fühlt man sich ver-
schluckt wie im Bauch der Arche. Man kann dann erwar-
tungslos werden, resignieren, verstummen. Noah öffnet irgendwann die Luke der Arche und lässt eine Taube fliegen.
Sie kommt mit der Hoffnung zurück.

Die Lehre aus der Flutkatastrophe lautet: Die Erhaltung der natürlichen Lebensgrundlagen ist keine Frage von fair oder unfair; es ist dies eine Frage der Selbsterhaltung.

Der braune und der grüne Deal

Vom Handel mit der Gerechtigkeit und der Natur

Ein Urteil des Landgerichts Erfurt aus dem Juli 2021 treibt mich um. Es ist ein Urteil, das vom Gericht mit den Angeklagten regelrecht ausgehandelt worden ist; so einen Handel nennt man Deal. So ein Deal ist nichts Neues mehr im Strafprozess, dort wird seit vier Jahrzehnten gedealt: Der Angeklagte gesteht, wenigstens teilweise, und erhält dafür die vereinbarte milde Strafe. Wirtschaftsstraftaten werden seit Langem so verhandelt, mittlerweile auch viele kleine Alltags- und Verkehrssachen. Das geht dann so: »Wenn das Fahrverbot wegfällt, gibt mein Mandant die Geschwindigkeitsüberschreitung zu«, erklärt der Anwalt. Der Richter akzeptiert das und erspart sich viele Stunden Beweisaufnahme. Wenn so in großen Wirtschaftsstrafprozessen verfahren wird, und dort ist das fast die Regel, erspart sich das Gericht Monate, vielleicht Jahre.

Die Risiken des Deals

Mir hat so ein Handel mit der Gerechtigkeit nie gefallen, weil ein Strafgericht kein Handelsgericht ist. Aber das Bundesverfassungsgericht hat diese Dealerei im Gerichts-

saal mit höchsten Weihen versehen – und der Gesetzgeber hat den Deal ins Gesetz geschrieben. Es darf also
gefeilscht, gekungelt und gepokert, es dürfen das (Teil-)
Geständnis und der Deal vom Gericht, vom Staatsanwalt,
dem Verteidiger und dem Angeklagten ausgetüftelt werden. Nur die Opfer sind da nicht beteiligt.

So war es auch bei dem Erfurter Urteil, das mich quält.
Das Gericht in Erfurt hat freilich nicht irgendeinen Null-
achtfünfzehn-Deal ausgehandelt, sondern mit angeklagten Neonazis – mit einer Truppe von gewaltbereiten und
gewalttätigen Rechtsextremisten, die ein Dorf in Thüringen eingeschüchtert und terrorisiert und die dort, in
Ballstädt, das war der Vorwurf, eine Kirmesgesellschaft
überfallen haben. Darf der Staat mit Neonazis dealen?
Durfte er die Angeklagten als Belohnung für zuvor ausgehandelte Teilgeständnisse, trotz der gezeigten Brutalität, mit Bewährungsstrafen davonkommen lassen – auch
den Hauptangeklagten, trotz seiner einschlägigen Vor-
strafen? Bewährungsstrafen für ein, wie das Gericht in
der Urteilsbegründung feststellte, »überfallartiges Roll-
kommando«? Ist so ein brauner Deal ein guter Deal? Das
Gericht reklamiert das Urteil als Erfolg für den Rechtsstaat. Einige der Angeklagten hätten sonst, ohne das Teil-
geständnis, wegen Beweisschwierigkeiten freigesprochen
werden müssen.

Wäre das, wenn es denn wirklich so ist, nicht die sau-
berere Lösung? Darf man, im Namen des Volkes, im Namen des Rechtsstaats, im Namen der Demokratie mit den
Leuten Geschäfte, Rechtsgeschäfte machen, die diesen
Rechtsstaat mit Füßen treten und mit Fäusten schlagen?
Darf sich der Staat auf diese Weise gemein machen mit
roher brauner Gewalt? Ich meine: Nein. Deswegen quält
mich das Erfurter Urteil. Die Vorsitzende Richterin hat in
dem Überfall der rechtsextremen Schläger keine politisch

motivierte Tat erkannt. Gehört diese Blindheit auf dem rechten Auge auch zum Deal? Das erinnert mich an einen Satz, den einst in Zeiten der Weimarer Republik Gustav Radbruch, der große Rechtsphilosoph, gesagt hat. Die Einfalt der Strafjustiz hat ihn damals wie folgt auf den Plan gerufen: »Manchmal will es scheinen, als gebiete die Methode der juristischen Auslegung, sich als reiner Tor zu gebärden oder, vulgär gesprochen, sich dumm zu stellen.«

Die Flutkatastrophe

Auf die Nachrichten über den braunen Deal in Thüringen folgten aber dann die Nachrichten über einen ganz anderen, einen zukunftsträchtigen und zukunftsmächtigen, einen grünen Deal in Brüssel: Ursula von der Leyen, die Präsidentin der EU-Kommission, verkündete einen Green Deal, mit dem die Natur geschützt und die Klimakatastrophe verhindert werden soll.

Der »Deal« sieht unter anderem vor, von 2035 an keine Benzin- und Dieselautos mehr zuzulassen. Von der Leyen hatte sich mit der Idee und dem Plan eines solchen grünen Deals 2019 schon erfolgreich um das Amt der Kommissionspräsidentin beworben. Jetzt legte sie ihn vor. Es ist dies ein großes und wichtiges Konzept.

Und vielleicht hatte es nur mit dem Unbehagen über den braunen Deal von Erfurt zu tun, dass ich mich an dem Namen »Deal« für ein Zukunftskonzept gestoßen habe. Es geht hier nicht um ein gegenseitiges Nachgeben, es geht nicht um einen Handel, nicht um ein Aushandeln, bei dem jede Seite mehr oder weniger nachgibt. Die Natur gibt nicht nach. Das wurde, kurz nach der Bekanntgabe des Green Deals in Brüssel, auf erschreckende und furchtbare Weise klar. Die Flutkatastrophe in Rheinland-Pfalz und in Nordrhein-Westfalen machte und macht klar, dass es nicht um einen »Deal« gehen kann und gehen darf, nicht um Feilschen und Pokern mit der Natur.

Der erschütterte Glaube an die Unerschütterlichkeit

Die Katastrophe von Ahrweiler und Erftstadt ist eine Klimakatastrophe: Schlamm, Schutt, Zerstörung. Weggerissene Häuser. Unterspülte Straßen. Tote, so viele Tote. Leichen im Schlamm. Leichen in den Häusern. Es starben Menschen, die sich nicht mehr in Sicherheit bringen konnten. Es starben Menschen, die helfen wollten. Das Wasser kam so schnell, es stieg binnen Minuten. Es stieg bis zur Decke. Es riss alles mit – die Autos, die Möbel, das Leben, das Gefühl der Sicherheit. Es zerstörte die Infrastruktur und den Glauben daran, dass die technologische und die digitale Zivilisation unerschütterlich ist. Sie ist längst erschüttert, und sie braucht eine neue Ethik und ein neues Recht.

Vor fünfhundert Jahren war es die katholische Kirche, die einen Deal praktizierte. Sie brauchte Geld und verkaufte dafür Ablässe: Wenn das Geld im Kasten klang, die Seele in den Himmel sprang – angeblich. Die Gläubigen konnten sich zu festen Tarifen ganz oder teilweise Sündenvergebung erkaufen. Die Sache funktionierte ökonomisch hervorragend; aber es zerbrach daran der Glaube an die Kirche. Fünfhundert Jahre später ist dieses System ins Strafrecht übertragen worden. Das dient einer effektiven Rechtspflege – angeblich. An diesem neuen Deal, dem Deal im Strafprozess, kann aber der Glaube an das Recht zerbrechen.

An einem Deal für das Klima darf nicht die Natur leiden. Er muss ein Schutzvertrag für die Natur sein. Die Lehre von Ahrweiler und Erftstadt lautet: Die Erhaltung der natürlichen Lebensgrundlagen ist keine Frage von gut und böse, von fair oder unfair; es ist dies eine Frage der Selbsterhaltung.

In Deutschland fehlt es an
Ernsthaftigkeit im Umgang mit
der Armut. Es gibt viel zu tun.

Die Lotterie des Lebens

Den Kampf um die richtigen
Weichen fürs Leben kann man schon
im Kindergarten verlieren.

L eben ist eine Glückssache; Überleben auch. Kann, darf, soll das so sein? Der Pharmakonzern Novartis hat solche Fragen provoziert, als er unlängst das Angebot machte, ein lebensrettendes Medikament an todkranke Kinder zu verlosen. Das Medikament kann Muskelschwund stoppen. Eine Spritze kostet regulär zwei Millionen Dollar. Weltweit sollten sich die todkranken Kinder und ihre Eltern um das lebensrettende Medikament bewerben, daraus hundert nach dem Zufallsprinzip ausgewählt und ihnen die Spritzen kostenlos zur Verfügung gestellt werden. Für mehr Kinder und mehr Spenden, so der Konzern, würden die Kapazitäten nicht ausreichen. Das Unternehmen wurde heftig kritisiert: Zynismus wurde ihm nachgesagt; von einer menschenverachtenden Werbekampagne war die Rede, die vor allem dazu diene, das Medikament bekannt zu machen, seinen Preis zu rechtfertigen und den Marktwert des Unternehmens zu steigern.

Vielleicht muss man dem Unternehmen dankbar sein für die ehrliche Brutalität der mittlerweile abgeblasenen Aktion. Sie öffnet den Blick für die Ungerechtigkeiten des Lebens – und dafür, wie ein Sozialstaat damit umgehen sollte. Auch der Staat argumentiert ja, dass seine Mittel begrenzt seien; und er müsse sich zunächst um den Marktwert des Landes, um dessen Attraktivität als Wirtschaftsstandort kümmern – um sodann für Bedürftige sorgen zu können.

Das große Los und die Nieten

Es ist jedenfalls so, und das macht der Fall Novartis unbarmherzig klar: Das Leben hat die Willkür einer Lotterie; es beginnt ungerecht, es endet ungerecht, und dazwischen ist es oft nicht viel besser. Der eine zieht bei der Lotterie der Natur das große Los, der andere die Niete. Der eine erbt den Gendefekt und ein schwaches Herz, der andere Stärke und Durchsetzungskraft. Die Natur ist ein Gerechtigkeitsrisiko.

Bei der einen folgt der behüteten Kindheit eine erfolgreiche Karriere; den anderen führt sein Weg aus dem Drecksviertel direkt ins Gefängnis. Der eine wird mit dem silbernen Löffel im Mund geboren, die andere kriegt nichts zu essen, weil die Mutter auf Droge ist. Den Kampf um die Zertifikate, die die Lebensweichen stellen, hat sie schon im Kindergarten verloren. Den einen schicken die betuchten Eltern auf Privatschulen, der andere verlässt die Mittelschule als Analphabet. Die einen wachsen auf mit Eltern, für die die Kosten des Schulausflugs ein Klacks sind; die anderen müssen beim Sozialamt anklopfen, wenn der Ausflug ansteht.

Bildungseinrichtungen haben sich in Selektionsagenturen verwandelt. Die Mittelschulen sind Orte geworden, die Exklusion verwalten, ohne dass darüber größere Empörung herrscht. Die Bildungsoffensive der Siebzigerjahre, als Kinder aus der unteren Mittelschicht und von noch weiter unten zu Hunderttausenden auf der Strickleiter, die

ihnen das Bundesausbildungsförderungsgesetz knüpfte,
nach oben kletterten, ist zu Ende; das Projekt sozialer Aufstieg
funktioniert nicht mehr gut. Das System ist semipermeabel
geworden, durchlässig nur noch in eine Richtung:
nach unten.

Agenda 2010 und Hartz IV

Schuld daran ist nicht nur, aber auch eine Politik, die aus
Deutschland ein Niedriglohnland gemacht hat. Dies war
kein Unfall der Politik, sondern erklärtes Ziel der »Erneuerung
des Sozialstaates« – um Jobs zu schaffen, wie es
hieß. Agenda 2010 und Hartz IV haben die Arbeitslosenhilfe
als Lohnersatzleistung abgeschafft und ersetzt durch
eine Fürsorgeleistung, das Arbeitslosengeld II. Es sanken
die Arbeitslosenzahlen. Warum? Mehr Menschen arbeiten
weniger. Das Arbeitsvolumen blieb über viele Jahre gleich,
aber selbst die mickrigsten Beschäftigungsverhältnisse
wurden nun als Erwerbstätigkeit mitgezählt. Der Staat
zahlt Niedriglöhnern Aufstockung, übernimmt die volkswirtschaftlichen
Kosten, die eigentlich von den Arbeitgebern
durch Löhne gedeckt werden müssten. Das reproduziert
die Ungleichheit in der Gesellschaft. Der Sozialstaat
ist kein Schicksalskorrektorat mehr, er ist der Blinddarm
der Marktwirtschaft.

Im Jahr 2010 hat dann das Bundesverfassungsgericht
eine gewaltige Anstrengung unternommen, das zu ändern.
Es erlegte in seinem ersten Hartz-IV-Urteil der Politik die
Pflicht auf, die Sozialleistungen völlig neu zu berechnen.
Das Gericht träumte von einem Sozialstaat, der die wachsende
Ungleichheit stoppt. Es war ein spektakuläres Urteil,
das ein modernes Bild vom Sozialstaat zeichnete: Er soll
dafür sorgen, dass Menschen in der Armut nicht nur auskommen,
sondern daraus fortkommen. Das Gericht schuf

daher ein Grundrecht auf ein menschenwürdiges Existenzminimum und verlangte, den Kindern die Förderung zu geben, die sie brauchen. Die Politik hat das Urteil missachtet. Die Richter hatten dem Gesetzgeber die fehlende Ernsthaftigkeit im Umgang mit der Armut austreiben wollen. Es ist nicht geglückt.

Es ist so viel versäumt worden seit diesem Urteil. Die Zahl der Tafeln, auf denen kostenlos Lebensmittel verteilt werden, ist Gradmesser dafür. Ihre Zahl ist auf 950 gewachsen. Jede Tafel ist eine Anklage. Die Zahl der Kinder, die prekär aufwachsen, bleibt seit Jahren gleich hoch. Das Starke-Familien-Gesetz von 2019 ist nicht stark genug. Die Politik hat das große Sozialstaatsurteil klein gemacht; sie betreibt noch immer Schicksalsverwaltung, nicht Schicksalsverbesserung. Was hilft? Plakativ und wirksam zugleich wäre die spürbare Erhöhung des Mindestlohns. Er wurde vor Jahren auf 8,50 Euro festgesetzt, er liegt seit 1. Juli 2021 bei 9,60 Euro. Anfang 2022 steigt er auf 9,82 Euro und wird bis 1. Juli 2022 in mehreren Schritten auf 10,45 Euro pro Stunde angehoben. Das ist zum Leben zu wenig und zum Sterben zu viel; er muss auf gut 12 Euro angehoben werden. Dann wird zugleich die Kaufkraft im Land gestärkt, was auch der Wirtschaft guttun wird. Der Welttag der sozialen Gerechtigkeit, der von den Vereinten Nationen eingeführt wurde und der am 20. Februar begangen wird, will sagen: Ein Sozialstaat muss versuchen, die Ungerechtigkeiten des Lebens zu minimieren.

Adalbert Stifter hat den ersten
ökologischen Roman geschrieben.
Von ihm kann man lernen, was
Stille ist. Man fände sie gern in
unseren lauten Tagen.

Therapeutische Entschleunigung

Tausend Seiten, auf denen nichts passiert

Adalbert Stifter ist der Erfinder der spannenden Langsamkeit. Adalbert Stifter ist der bedeutendste Autor des Biedermeier, manchen gilt er als der langweiligste aller langweiligen Dichter. Aber das ist ein grandioser Irrtum. Es ist richtig, dass in vielen seiner Erzählungen so gut wie nichts passiert. Der berühmte »Nachsommer«, ein Bildungsroman aus dem Jahr 1857: tausend Seiten; Heinrich Drendorf, die Hauptfigur, verliebt sich auf Seite vierhundert; keine Abgründe, keine überraschende Wende. Von einer befremdlichen Vorliebe für betont handlungsarme Passagen schreiben mäkelnde Kritiker. Andere halten ihn wegen seiner atemberaubenden Landschaftsbeschreibungen für einen Heimatschriftsteller.

Alles falsch. Stifter ist der Erfinder der spannenden Langsamkeit. Der Münchner Germanist Christian Begemann schreibt: »Im Zeitalter einer rasanten Beschleunigung aller Lebensvollzüge kann man den »Nachsommer« genießen als eine Art therapeutischen Entschleuniger, man kann ihn lesen als ... den ersten ökologischen Roman.« Das Vorbildhafte der kleinen Stifterwelt zeige sich nicht in bedeutenden Ereignissen und umfassenden Plänen, sondern gerade im schlichten, aber völlig durchgearbeiteten Alltäglichen; für Stifter sei es immer das Kleine, in dem sich das Richtige realisiert.

Wie eine versteinerte Träne

Ich habe einen Lehrer gehabt, über den wir Schüler auch deswegen gefeixt haben, weil er bei jeder Gelegenheit Stifter zitierte; am liebsten einen Satz aus dem Beginn der Erzählung »Hochwald«. Für die Schönheit dieser Sprache hatten wir damals keinen Sinn, aber so ein Satz, wenn er dem unverständigen Zehnjährigen in der vierten Volksschulklasse stetig wiederholt wird, geht einem ein Leben lang nach: »An der Mitternachtsseite des Ländchens Österreich zieht ein Wald an die dreißig Meilen lang seinen Dämmerstreifen westwärts.« So nämlich beginnt der »Hochwald«, so beschreibt Stifter das Gebiet um den Berg Blockenstein. Und am Fuß dieses »Granitgiebels« liegt ein See, der den Erzähler anblickte und der meinen Lehrer so faszinierte wie »ein unheimlich Naturauge« – »tiefschwarz, überragt von der Stirne und Braue der Felsen, gesäumt von der Wimper dunkler Tannen, drin das Wasser regungslos wie eine versteinerte Träne«.

Adalbert Stifter litt an Fresssucht, er hat sich schier totgefressen; das Essen war ihm die Belohnung für die Schreibarbeit, vielleicht litt er auch gar nicht daran, vielleicht war sie sein tägliches Fest. Einige überlieferte, »wahrhaft staunenswerte« Speisezettel (so der Germanist Begemann) belegen sechs Mahlzeiten täglich. Das zweite Frühstück konnte aus einem Schnitzel mit Erdäpfelsalat bestehen. Aber auch die Hauptmahlzeiten waren dreigängig üppig. Es wird berichtet, dass einmal die Vorspeise aus sechs Forellen und der Hauptgang aus einer ganzen gebra-

tenen Ente bestand. Aus einem gemütlichen Biedermeier-
jüngling wurde so ein Mann, der einem melancholischen
Fleischermeister glich. Die letzten Lebensjahre waren von
fortschreitender Krankheit und seelischer Verdüsterung
geprägt. In tiefer Depression beendete Stifter im Januar
1868, zweiundsechzigjährig, sein Leben.

Das tiefe Nichts

Der scharfzüngige Publizist und Satiriker Karl Kraus, einer
der bedeutendsten österreichischen Schriftsteller des be-
ginnenden 20. Jahrhunderts, verbeugte sich tief vor Adalbert Stifter – hielt dagegen die meisten Schreiber seiner
Zeit für völlig bedeutungslos; er forderte sie auf – sofern
sie noch »ein Quäntchen Menschenwürde und Ehrgefühl«
besäßen –, vor das Grab Adalbert Stifters zu ziehen. Sie
sollten dort »das stumme Andenken dieses Heiligen für ihr
lautes Dasein um Verzeihung bitten und hierauf einen solidarischen leiblichen Selbstmord auf dem angezündeten
Stoß ihrer schmutzigen Papiere und Federstiele unternehmen«. Was hat den bissigen Pedanten Kraus so fasziniert
an Stifter? Die Antwort gibt wohl eine schöne Beobachtung
des *FAZ* -Feuilletonisten Simon Strauß in einem Text über
»Das tiefe Nichts« des Böhmerwaldes: Bei Stifter sei nichts
zu klein, um von ihm nicht groß beschrieben zu werden.
Bei Stifter lernt man, was Stille ist: Es gibt eine Stille, in
der man meint, »man müsse die einzelnen Minuten hören,
wie sie in den Ozean der Ewigkeit hinuntertropfen«. Man
fände diese Stille gern in unseren lauten Tagen.

Was aus der Coronakrise für den Umgang mit dem Klimawandel zu lernen ist. Kommt die Rettung aus dem Bauhaus?

Anders leben, anders reisen, anders bauen

Du hast keine Chance?
Wie man daraus das »k« streicht

Corona ist an vielem, aber nicht an allem schuld. Corona ist schuld an einem gesellschaftlichen Reizklima, das immer gereizter wird. Corona ist aber nicht schuld daran, dass der Herbst 2020 einer der wärmsten Herbste seit Beginn der Aufzeichnungen war, seit 1881. Diese Meldung des Deutschen Wetterdienstes kann als Hinweis darauf dienen, dass es große Probleme gibt, die noch große Probleme sein werden, wenn die Pandemie schon wieder vergessen ist: Der Klimawandel führt in die Hölle auf Erden. Gegen diese Gefahr, die seit über dreißig Jahren wissenschaftlich fundiert beschrieben wird, gibt es keine Impfung. Es gibt nur den anstrengenden Versuch, den Anstieg der Erderwärmung zu stoppen, lang bevor er zwei Grad erreicht. Schon ein Grad mehr führt zum Anstieg der Meeresspiegel um gut zehn Meter. Das ist nicht Alarmismus, das ist die Zukunft, wenn nichts getan wird.

Eine globale Erwärmung von zwei Grad, Ozeane inbegriffen, bedeutet für die Kontinente dreieinhalb Grad. In Berlin, so rechnet es der Potsdamer Klimaforscher Hans Joachim Schellnhuber vor, wäre es dann vier Grad wärmer als heute, »da sind wir in Messina«. Schön warm? Nein, denn »man wäre in einem Zustand der Unangepasstheit«. Nicht nur die Wälder würden da ächzen.

Eine Leitplanke

Die Mahnungen der Klimaforscher und Umweltschützer erinnern an einen Satz, der zum geflügelten Wort geworden ist: »Du hast keine Chance, aber nutze sie.« Der Satz stammt aus der Schlussszene des Films »Die Atlantikschwimmer« von Herbert Achternbusch. Der Film von 1976 handelt von dem Versuch, den Ozean zu durchschwimmen. Das war die Zeit, in der der Club of Rome »Die Grenzen des Wachstums« publizierte und US-Präsident Carter die Studie »Global 2000« in Auftrag gab, die dann Anzeichen für Klimaveränderungen beschrieb. Es hat Jahrzehnte gedauert, bis die Klimakonferenz in Paris 2015 das Zwei-Grad-Ziel vereinbart, aber über die Wege dahin wenig gesagt hat. Die globale Erwärmung soll bis 2100 auf deutlich unter zwei Grad Celsius begrenzt werden, verglichen mit dem Niveau vor der Industrialisierung. Schellnhuber, der als ein Vater dieses Ziels gilt, ist unglücklich mit diesem Wort: »Ziel wäre es natürlich, die Erderwärmung auf null zu bringen.« Er nennt die zwei Grad eine »absolute Grenze«, eine »Leitplanke«.

Du hast keine Chance, aber nutze sie? Hier kommt nun doch Corona ins Spiel. Schellnhuber schöpft Hoffnung: Ist Covid-19 die erste Pandemie, die wir Menschen einigermaßen beherrschen? Wenn das so ist, lässt sich dann auch die Klimakrise kontrollieren? Vielleicht. Aus der Pandemie kann man lernen, dass der Staat zur Lösung existenzieller Bedrohungen in der Lage ist; er kann durchgreifen, muss sich nicht auf Compliance verlassen und findet dafür mehrheitlich Zustimmung.

Es gibt aber einen großen Unterschied zwischen Corona- und Klimakrise, der allen Bemühungen, die Erderwärmung zu stoppen, zu schaffen macht: Bei Corona fühlt jeder Mensch die Bedrohung; dafür sorgt schon die Gesichtsmaske. Er fühlt die Bedrohung an jeder Supermarktkasse, bei jeder Nachrichtensendung. Und, vor allem: Bei Corona realisiert sich die Gefahr in kurzer Zeit am eigenen Leib. Bei der Erderwärmung kommt die Katastrophe in achtzig Jahren, und die Gefahr realisiert sich erst an den Kindeskindern. Die Bewältigung der Klimakrise erfordert also ein weiteres Bewusstsein als Corona, eine nie da gewesene Solidarität. Es geht um die Umstellung des Lebens, nicht nur, wie bei Corona, für ein paar Monate, sondern für immer – aus Solidarität mit noch ungeborenen Menschen. Die Rückkehr zur Normalität wird es nicht geben können, weil die Normalität die Ursache der Klimakrise ist. Es braucht die Transformation aller Lebensbereiche, auch des wachstumsgetriebenen kapitalistischen Betriebssystems, um die Katastrophe abzuwenden. Das beginnt damit, den Verbrennungsmotor aufzugeben, setzt sich fort im anderen Heizen, anderen Reisen, anderen Essen. Dies verlangt Durchhaltevermögen und eine Imaginationskraft, wie sie, so befürchtet Schellnhuber, den Menschen nicht gegeben sind. Vor dreißig Jahren hat er das Potsdam-Institut für Klimafolgenforschung gegründet und aus einer von anderen Disziplinen belächelten Klitsche eine weltweit gerühmte Forschungsstätte gemacht. Du hast keine Chance, aber nutze sie! Jetzt geht Schellnhuber daran, unterstützt von Ursula von der Leyen und der EU, aus dem »keine« das »k« zu streichen.

Das Europäische Bauhaus

Es ist der Versuch, einen »bisher sträflich vernachlässigten« Faktor in die Klimagleichung einzubringen: die gebaute

Umwelt. Der Gebäudesektor, so Schellnhuber, verursache vierzig Prozent der CO_2-Emissionen. Würden alle Bauprojekte, die auf der Welt schon geplant sind, mit Stahlbeton umgesetzt, wäre »das Budget, das für die zwei Grad noch verblieben ist«, überzogen. Das neue Bauhaus, ein interdisziplinäres Projekt, will daher klimafreundliche Bauweisen entwickeln – aus Holz, Lehm, Binsen und Schilf. Es ist inspiriert vom Bauhaus in Weimar, das 2019 sein einhundertjähriges Bestehen feierte. Für Städte sollen neue Konzepte des Zusammenlebens ausgearbeitet und »Verirrungen wie frei stehende Einfamilienhäuser« vermieden werden. Es gab noch keine Epoche, so Schellnhuber, in der die Menschheit so scheußlich, so menschen- und klimafeindlich gehaust habe wie heute. Das will er ändern.

Das Europäische Bauhaus will Bauhäuser an verschiedenen Orten in der EU errichten: ein Bauhaus des Klimas, eines der Generationen, eines der Kunst. Es sollen Lehr- und Lernprojekte sein, wie Menschen in Zukunft besser bauen und leben können. Keine Chance? Der Schriftsteller Victor Hugo hat vor hundertfünfzig Jahren geschrieben, nichts auf der Welt sei so mächtig wie eine Idee, deren Zeit gekommen ist. Für das Klima ist es allerhöchste Zeit.

Teller statt Tonne? Das Bundesverfassungsgericht sagt: Wer Lebensmittel aus der Tonne fischt, ist ein Dieb.
Das ist Eigentumsfundamentalismus.
Es geht um achtsamen Umgang mit
der Nahrung.

Was man essen kann

Von der Lebensmittelverschwendung – und wie man sie verhindert

Manchmal kriegt das Wertlose, das Mickrige und eigentlich Nichtige besondere Bedeutung – dann nämlich, wenn daran ein Prinzip befestigt wird. Darin besteht die Bedeutung der Entscheidung des Bundesverfassungsgerichts über die Strafbarkeit des sogenannten Containerns. Die Karlsruher Richter reiten hier recht stur auf Prinzipien. Berge von Lebensmitteln werden in Deutschland weggeworfen. Wer das weggeworfene, unverkäufliche Zeug aus dem Müllcontainer holt, macht sich aber als Dieb strafbar, Wertlosigkeit hin oder her. So hat es Karlsruhe im Sommer 2020 entschieden. Eigentum sei nun mal Eigentum, sagen die höchsten Richter.

Soziale Gerechtigkeit

Die Richter tun so, als sei das Eigentum ein natürliches absolutes Recht. Das ist es aber nicht. Das Eigentumsrecht ist eine Rechtszuweisung, wie Karlsruhe früher einmal selbst festgestellt hat: »Inhalt und Schranken werden durch die Gesetze bestimmt«, heißt es nämlich im einschlägigen Artikel 14 Absatz 1 Grundgesetz. Und im Absatz 2 steht:

»Eigentum verpflichtet.« Karlsruhe hat sich aber in seiner Entscheidung über das Containern damit nicht beschäftigt. Karlsruhe hat nichts dazu sagen wollen, was zu tun ist, wenn Lebensmittel massenhaft weggeworfen werden. Karlsruhe entscheidet, als gäbe es keinen Sozialstaat. Karlsruhe ist eigentums-fundamentalistisch. Die Verfassungsrichterin Wiltraut Rupp-von Brünneck hat in einem Sondervotum 1973 das Karlsruher Gericht für seine Scheu gerügt, das Sozialstaatsprinzip der verfassungsrechtlichen Prüfung nutzbar zu machen. Sie mahnte an, stets zu fragen, ob ein zu prüfendes Gesetz den Anforderungen sozialer Gerechtigkeit genüge. Das gilt noch heute. Und daran fehlt es.

Quarkbecher in der Mülltonne

Der Eigentumsfundamentalismus ist im Bürgerlichen Gesetzbuch seit 1. Januar 1900 verankert: Der Eigentümer einer Sache »kann mit der Sache nach Belieben verfahren«. So steht es seit damals im BGB – »soweit nicht das Gesetz oder Rechte Dritter entgegenstehen«. Der Paragraf 903 hat das Ende der Monarchie überdauert, die Weimarer Republik, den Naziterror, auch den Beitritt der DDR mit ihrem Staatseigentum. Der Eigentümer kann im Prinzip machen, was er will. Er kann also die Sache wegsperren, er kann sie wegwerfen, er kann sie verschenken. Er kann sie kaputt machen, er kann sie mit Tupfen oder Streifen anmalen oder an die Wand nageln. Wenn die Sache ein Grundstück ist, kann er es mit Rosen oder mit Feldsalat bepflanzen, er kann dort Hasen oder Hühner züchten. Er kann das Haus, das auf dem Grundstück steht, verlottern lassen. Und wenn die Sache ein Gewerbebetrieb, wenn es ein Unternehmen ist, dann kann er den Laden zusperren. Das Eigentum ist »Mittel und Ausdruck der individuellen

Selbstverwirklichung«. So meint es das BGB, und so schreiben es Verfassungsrechtler in ihren Kommentaren: Eigentum sei die Verkörperung und das Resultat von Freiheit. Also kann der Eigentümer eben mit seiner Sache nach Belieben verfahren.

Das ist die Grundregel, das ist der Kern, das ist der Ausgangspunkt des Sachenrechts. Das ist die Basis, auf der Karlsruhe über das Containern entschieden hat. Das Eigentum ist und bleibt das goldene Kalb. Und der Paragraf 903 BGB ist die Anleitung zum Tanz ums goldene Kalb. Da spielt es auch keine Rolle, wenn das Kalb gar nicht golden, sondern aus zerbeultem Blech ist; da macht es nichts, wenn es sich gar nicht um ein Kalb, um ein Kraftfahrzeug oder um eine gewaltige Kapitalanlage handelt, sondern um eine Kartonage mit alten Quarkbechern in der Mülltonne.

Herrschaftsrecht am Weggeworfenen

Ist der Mensch wirklich nur dann Mensch, wenn und weil er Eigentümer ist, wie es konservative juristische Großkommentatoren nahelegen? Ist er nur dann frei, wenn er Eigentum hat? Muss deswegen das Herrschaftsrecht auch am Wertlosen und Weggeworfenen prinzipienreiterisch verteidigt werden? 120 Jahre Rechtsgeschichte haben dazu geführt, dass der zitierte Satz im BGB immer mehr Einschränkungen erfahren hat und dem »Belieben« immer mehr Gesetze entgegenstehen; der Gesetzgeber hat nämlich gelernt, dass es unzuträglich ist, wenn ein Eigentümer mit seinen Häusern oder seinen Unternehmen »nach Belieben« verfährt. Das unumschränkte Herrschaftsrecht des Eigentümers und das freie Spiel der Kräfte, wie es der reine Wirtschaftsliberalismus propagiert, produzieren nämlich, wenn man nicht reguliert, unannehmbare Ergebnisse. Deshalb gibt es, zum Beispiel, den Kündigungsschutz, den

Umweltschutz und den Arbeitnehmerschutz; deswegen gibt es das Kartellrecht und das Gesetz gegen den unlauteren Wettbewerb. Das Herrschaftsrecht des Eigentümers ist auf diese Weise eingeschränkt.

Das Wegwerfen von Lebensmitteln unter Strafe stellen

Das Bundesverfassungsgericht will gleichwohl, dass diejenigen als Diebe bestraft werden, die weggeworfenes Zeug aus dem Müll holen. Die Richter haben das hoffentlich mit schlechtem Gewissen so entschieden, denn der achtlose Umgang mit Lebensmitteln ist ein Skandal. Berge von Brot, Fleisch, Obst und Gemüse werden weggeworfen. Aber der Skandal verschwände nicht einfach dann, wenn das Containern ausdrücklich erlaubt würde. Es verlöre seinen Reiz und sein Protestpotenzial. Vielleicht käme gar die Meinung auf, dass die Armen sich doch bequem aus den Containern hinterm Supermarkt bedienen können, wenn sie nur wollen. Aber: Die Bestrafung des Containerns bestraft einen Protest, der eigentlich belohnt gehört. Die Belohnung dieses Protests bestünde darin, das Wegwerfen von Lebensmitteln unter Strafe zu stellen, wie das in Frankreich geschehen ist. Die Bilanz: Die Tafeln erhalten mehr Lebensmittel. Das verhindert nicht die Überproduktion und Verschwendung von Lebensmitteln, weist aber in die richtige Richtung. Für eine solche Regelung in Deutschland gibt es eine Basis im Grundgesetz: »Eigentum verpflichtet.« Es verpflichtet zum achtsamen Umgang mit Lebensmitteln.

Die Menschenwürde endet nicht,
wenn ein Mensch seinen letzten Atemzug getan hat. Vom Sinn des Trauerns.

Trauer ist Widerstand gegen das Verschwinden

Jeder soll bekommen, was ihm gebührt – die letzte Ehre

A m letzten Oktobertag 2019, dem Reformationstag, wurde in Schwäbisch Hall der Politiker Erhard Eppler beerdigt. Es war eine eindrucksvolle Trauerfeier für einen eindrucksvollen Politiker – in der Hallenkirche St. Michael, einem Gotteshaus, das hoch auf einem Bergsporn inmitten der alten Reichsstadt thront. Eppler war ein christlicher Freigeist. Es passte also irgendwie ganz gut, dass man zur Trauerfeier in dieser Kirche über eine grandiose Freitreppe gelangte.

Eppler war Protestant und demokratischer Sozialist, ein belesener und nachdenklicher bisweilen auch rebellischer Mensch. Er hat Programm-, Grundwerte- und Steuerreformkommissionen geleitet, dazu den Evangelischen Kirchentag. Er hat als SPD-Bundesminister unter Willy Brandt die deutsche Entwicklungshilfe neu konzipiert, SPD-Parteitage geprägt und die bundesdeutsche Politik mitgestaltet. Er hat als Bundespolitiker gearbeitet und als Landespolitiker in Baden-Württemberg, wo er ebenso unverdrossen wie aussichtslos um das Amt des Ministerpräsidenten gekämpft hat. Er tat das mit Klugheit, Fleiß, Bescheidenheit und einer Akribie, wie sie den Schwaben oft eigen ist.

Der ehemalige Bundeskanzler Gerhard Schröder nahm in St. Michael »Abschied von einem Visionär und Politiker, der für unser Land Vordenker und Wegweiser war«. Malu Dreyer, Ministerpräsidentin von Rheinland-Pfalz, rühmte die »Klar- und Weitsicht« des Mannes, der »die soziale und die ökologische Frage als zwei große Gerechtigkeitsfragen miteinander zu verbinden wusste«. Dreyer zitierte Eppler, wie er sich selbst einmal beschrieben hat: »Ich hatte eine Nase dafür, was kommt. Dafür war ich ein schlechter Taktiker.« Dreyer kommentierte dazu: »Ich glaube, dass wir an Taktikern in diesem Land keinen Mangel haben.« Es fehlten »Persönlichkeiten mit einem klaren Kompass«. Man fragt sich, wer einem Eppler nachfolgen kann.

Was man im Tod erkennt

Man nennt den Tod oft den großen Gleichmacher. Aber das ist Unfug. Gerade im Tod erkennt man die Einzigartigkeit, die Unverwechselbarkeit und auch die Unersetzbarkeit des Verstorbenen. Die Besonderheit des Toten wird in den Reden und Gesten der Trauerfeier, ob geistlich oder säkular, noch einmal lebendig. Sie wird festgehalten, bevor man ihn loslässt. Solche Gedanken, die einen bei Trauerfeiern umtreiben, passen zum grauen Monat November, der als Totenmonat gilt. Dieser Totenmonat beginnt mit Allerheiligen und Allerseelen der Katholiken und endet mit dem Totensonntag der Protestanten. Dazwischen liegt der Volkstrauertag, also der staatliche Gedenktag, der an die Toten von Krieg, Gewalt und Terror erinnert.

Trauertage – sie sind nicht einfach nur traurige Tage; sie sind mehr. Wer in den vergangenen Monaten einen lieben Menschen verloren hat, der spürt und weiß es: Trauern ist auch eine Art von Widerstand gegen das Verschwinden dieses lieben Menschen. Und zugleich ist es Ausdruck des schmerzhaften Wissens, dass der Tod zum Leben gehört. Die allgemeinen Totengedenktage des Monats November sind übrig geblieben aus der Zeit, in der das Leben fester gefügt war und es verbindliche Gewohnheiten dafür gab, wie zu trauern ist. An diesen Tagen hat sich ein Rest der alten Verbindlichkeiten bewahrt; viele Menschen fahren, oft Hunderte von Kilometern, »nach Hause«, schmücken ein Grab, stehen davor, hören den Gebeten zu. Es wird ja derzeit viel über Heimat geredet. Vielleicht ist Heimat auch und vor allem da, wo das Grab ist – das Grab der Eltern, das Grab der Menschen, die einem lieb waren und lieb sind. Das macht den Friedhof und den Friedwald zu einem heimatlichen Ort. Die Trauerrituale, die einst eine christlich-religiöse Basis hatten, schwinden; sie schwinden deswegen, weil die christlich-religiöse Basis schwindet. An ihre Stelle treten säkulare Abschiedsriten und vielfältige Bestattungsarten, oft aber auch Unsicherheit und Verdrängung im Umgang mit dem Tod, mit den Toten und mit der Trauer.

Ohne Brimborium? Sang- und klanglos?

Beim Abschied von Erhard Eppler wurden viele Worte über ihn gemacht, zu Herzen gehende, sachliche, aufrichtige, vielleicht auch einige falsche. Manche nennen solche Reden abfällig »Brimborium«. Angehörige sagen immer öfter, sie wollten keine Ansprachen, weder die eines Pfarrers noch eines Trauerredners; sie hätten den Verstorbenen schließlich gekannt, da solle man auf Gerede verzichten. Soll man das? Soll man den Toten buchstäblich sang- und klanglos in die Erde legen?

Wer sich das wirklich selbst so aussucht, dessen Wille muss man respektieren. Viele aber, Zehntausende sind es, suchen es sich nicht so aus. Ihnen wird die Trauerfeier versagt, auch Blumen, auch Schmuck, auch Musik, eben jegliches würdevolle »Brimborium«. Die Stadt Berlin verzeichnet jährlich an die dreitausend sogenannte ordnungsbehördliche Bestattungen von Menschen, die mittellos, obdachlos, vereinsamt oder verwahrlost gestorben sind und für deren Beerdigung niemand sorgt. Andere haben alle ihre Angehörigen überlebt – und haben womöglich für ihre letzten Lebensjahre im Altenheim alles Geld aufgebraucht. Der Staat kümmert sich dann darum, dass sie bestattet werden; und er will das möglichst kostengünstig tun.

Ein makabrer Tourismus nach dem Tod

Das geht dann zum Beispiel so: Der Bestatter holt den Toten aus dem Krankenhaus oder Altenheim ab, fährt ihn im Billigsarg zum Krematorium und lässt ihn einäschern. Der Verstorbene wollte aber nicht verbrannt werden? Pech gehabt. Das hätte er zu Lebzeiten ausdrücklich so verfügen müssen. Nach der Kremierung wird die Asche zum Friedhof gebracht. Wenn der städtische Angestellte genug Urnen gesammelt hat, hebt er ein Loch für das Gemeinschaftsgrab aus, legt die schmucklosen rohen Urnen hinein und schaufelt Erde drüber. Bestattungspflicht erfüllt. Wenn es gut geht, bekommt der tote Mensch ein Einzelgrab, wenn es noch besser geht, eines an dem Ort, wo er gelebt hat. Manche Kommunen schicken ihn aber nach dem Tod noch einmal auf die Reise, dorthin, wo die Gräber billiger sind. Es hat sich mittlerweile ein makabrer posthumer Tourismus entwickelt. Gefragt, ob es denn nicht viel zu teuer sei, die Urne Hunderte Kilometer durch die Lande zu fahren, feixt der Bestatter: »I wo«, die Überführung laufe doch »hoch auf dem gelben Wagen…« Ein Fortschritt sei, dass die Post mittlerweile »Urnenpakete« anbiete.

Gewiss: Die Bestattungsgesetze verlangen eine angemessene und würdige Beerdigung. Sie schreiben vor, dass Art und Ort der Bestattung sich nach dem Willen des Verstorbenen und nach dem Empfinden seiner Glaubensgemeinschaft richten sollen. Aber: Wer kontrolliert das schon? In manchen Kommunen ist eine Entsorgungsmentalität eingezogen, die sich damit entschuldigt, dass man ja das Geld von Steuerzahlern ausgebe. Die Kirchen feiern in vielen Städten »Gottesdienste für Unbedachte«. Da werden all die Namen der Verstorbenen genannt, die ohne Trauerfeier und Geleit beerdigt wurden, es wird ihrer gedacht und für sie gebetet. Und zum Glück gibt es viele Städte, die ein Empfinden dafür bewahrt oder wiedergewonnen haben, dass die Menschenwürde nicht mit dem letzten Atemzug endet. Jeder bekommt, was ihm gebührt, egal, wie sein Leben ausging: die letzte Ehre.

Eine schöne Leich

In Bayern wünschte man sich früher »eine schöne Leich«, also ein schönes Begräbnis; auch heute ist es tröstlich, wenn Leute da sind, Blumen, wenn nicht alles für einen guten Zweck gespendet werden muss, wenn Worte gesprochen und Lieder gesungen werden; und wenn die Leute etwas zum Essen und Trinken bekommen in einer warmen Stube, weil man immer so friert, wenn man traurig ist.

Meine Großmutter lud an Allerheiligen ihre fünfzehn Kinder samt Familien ins Elternhaus ein. Und dann gab es ein großes Verwandtschaftsessen mit einem speziell für diesen Tag hergestellten Gebäck aus Hefeteig, das sich »Allerheiligen-Spitzl« nannte und schön mit Zuckerguss überzogen war. Es war ein Gebäck, auf das wir Kinder uns das ganze Jahr freuten. Es lehrte uns, dass Trauern auch süß sein kann.

Das Alter und eine gute Pflege sind Zukunftsthemen wie das Klima: Das Leben darf nicht zur Hölle und das neue Sterbehilfegesetz keine Sterbe-einladungsschrift werden. Es darf aber auch niemand zum Weiterleben ge-zwungen werden, der das partout und in freier Entscheidung nicht mehr will.

Recht zum Leben, Recht zum Sterben

Von der Autonomie des Menschen und von höchstpersönlichen Entscheidungen

Das Sterben ist kein Spaziergang; und der Tod ist kein Urlaub vom Leben. Er ist unerbittlich endgültig; er beendet ein für alle Mal die menschliche Existenz. Deshalb war und ist das Urteil des Bundesverfassungsgerichts über die erlaubte Hilfe beim Sterben und zum Sterben existenziell. Es ist im Februar 2020 verkündet worden. Es wollte dem Menschen Gutes tun, es wollte seine Selbstbestimmung stärken. Das war wichtig und richtig und gut, weil bis dahin Todkranke in Deutschland kaum einen Arzt finden konnten, der ihnen beim Suizid half. Und es war unerträglich, dass der Palliativmediziner, der dem Schwerstkranken das Leben erträglich machte, das Strafrecht fürchten musste.

Zu viel Sterberecht, zu wenig Lebensrecht?

Das höchste Gericht hat dem Lebensrecht deshalb richtigerweise ein Sterberecht zur Seite gestellt; es hat dem Menschen ein Recht auf einen selbstbestimmten Tod gegeben. Es hat jedwede Beihilfe zum Suizid erlaubt, auch die bis dahin verbotene geschäftsmäßige Beihilfe durch sogenannte Sterbehilfevereine – weil es derzeit ansonsten kaum andere zumutbare Hilfe gibt. Geblieben ist es nur bei der Strafbarkeit der Tötung auf Verlangen, die dann vorliegt, wenn der Sterbehelfer nicht nur hilft, sondern als Täter das Geschehen dominiert; das wäre nicht Sterbehilfe, das wäre Überwältigung.

Das Karlsruher Urteil war ungeheuer wichtig. Aber: Das höchste Gericht war bei seinem Sterbehilfe-Urteil zu giftbecherfixiert. Es hat dem Sterberecht zu viel und dem Lebensrecht zu wenig Raum gegeben. Das Gericht ist von einem klinisch reinen, einem quasiheiligen Sterbewillen ausgegangen; und es anerkennt jeden Beweggrund – also nicht nur schwere Krankheit, sondern auch persönliche, wirtschaftliche und politische Motive. Auf diese Weise hat das Gericht, um die bisherige rechtliche Unsicherheit bei der Sterbehilfe zu beenden, neue Unsicherheiten geschaffen: Wer kann, wer soll, wer muss künftig die vom Gericht verlangte Freiwilligkeit und Ernsthaftigkeit der Selbsttötungsentscheidung überprüfen? Es liegt nahe, diese Aufgabe den Ärzten zu übertragen und die ärztlichen Berufsordnungen entsprechend anzupassen. Das Urteil braucht ein Auslegungs-, Umsetzungs- und Ausführungsgesetz; Karlsruhe selbst hat das angeregt. Der Gesetzgeber muss entscheiden, wie er dem Recht auf selbstbestimmtes Sterben auf menschenwürdig-fürsorgliche Weise zu seinem Recht verhilft. Diese Überlegungen sind noch nicht weit gediehen. Corona hat die Diskussion über die Sterbehilfe aufgefressen.

Im Zweifel für das Leben? Im Zweifel für den Tod?

Autonomie: Die Verfassungsrichter geben nicht nur dem schwer kranken Menschen ein Recht auf Suizidhilfe, sondern jedem Menschen in einer persönlichen, ökonomischen oder politischen Krisensituation. Zugleich betonen sie aber, dass der Anspruch auf Suizidhilfe daran gebunden sei, dass die Entscheidung freiverantwortlich getroffen wurde, und nennen dafür eine Reihe von Bedingungen. Karlsruhe will sehr liberal sein – aber dann diese Liberalität durch kaum prüf- und erfüllbare Bedingungen wieder regulieren. Die Fragen, die in einem Sterbehilfegesetz zu beantworten sind, sind die schwersten, die es gibt: Woran misst man den klaren Verstand des Sterbewilligen? Wann ist die Entscheidung, ein Ende setzen zu wollen, wirklich freiwillig? Wann ist dieser Wunsch endgültig? Und wer kann und soll die freie Verantwortung überprüfen? Ist Liebes- und Lebenskummer ein ausreichender Grund? Politische Zukunftsangst? Ökonomische Verzweiflung? Wer um Himmels willen soll das prüfen? Gilt eine Regel »Im Zweifel für den Tod und gegen das Leben«? Oder lautet sie: »Im Zweifel für das Leben und gegen den Tod«?

Nahe der Schwarzen Madonna

Es ist ein existenzielles, ein höchstpersönliches Thema; bei mir weckt es Erinnerungen an meine Kindheit, an die vielen Fahrten und Wallfahrten mit meinen Eltern nach Altötting. Die Gnadenkapelle dort ist ein sehr wunderlicher Ort, einer, der viel mit dem Tod zu tun hat. Dort sind, nahe der Schwarzen Madonna, die Herzen von einem Kaiser, sechs Königen, drei bayerischen Kurfürsten, elf fürstlichen Frauen und fünf Bischöfen beerdigt. An den Außenwänden der Kapelle findet man zweitausend Votivtafeln, die Gläubige dort aus Dankbarkeit für Wunder angebracht haben, die angeblich die heilige Maria bewirkt hat. Sie handeln von der Rettung aus großen Gefahren: »Hab wunderbare Hilf erlangt« steht über diesen Bildern von brennenden Häusern, umgestürzten Fuhrwerken, zerstörten Autos und gebrochenen Gliedmaßen. Viele der Altötting-Pilger umrunden die Gnadenkapelle betend, legen sich dabei Kreuze auf die Schultern, die dort für diese geistliche Übung bereitgestellt sind.

Mit einem der Kreuze hat es eine besondere Bewandtnis: Es ist mannshoch und zentnerschwer – es heißt »das Stocker-Kreuz«. Am 30. Mai 1887 trug es der 25-jährige Franz Xaver Stocker von seinem Wohn- und Geburtsort Prien am Chiemsee zu Fuß nach Altötting, um ein Versprechen einzulösen. Der Mann hatte beim Transport von Baumstämmen mit dem Schlitten im Gebirge einen fürchterlichen Unfall erlitten. Im Krankenhaus hielt man ihn nach einigen Operationen für tot. Er war es aber nicht, er hatte Wundstarrkrampf, war unfähig, auch nur einen Finger zu rühren. In seinen Lebenserinnerungen schreibt er: »Ich sah und hörte aber alles, auch wie die Schwestern sprachen: ›Gottlob, jetzt hat er ausgelitten, der arme Mensch!‹« Stocker berichtet, dass er mit anhörte, wie der Arzt kam, den Eintritt des Todes bestätigte und wie er dann als Scheintoter in die Leichenkammer gebracht wurde. In seiner Not machte er das Gelübde, im Fall seiner Rettung ein Kreuz nach Altötting zu schleppen. Er wurde gerettet.

Scheintod und Scheinleben

Was hier geschildert wird – die Gefahr, lebendig begraben zu werden –, gehörte zu den Urängsten des 19. Jahrhunderts, derentwegen damals genaue Vorschriften für die Leichenschau erlassen wurden. Die frommen Geschichten über solche Errettung, wie sie meine Großmutter und alte Verwandte in meiner Kindheit noch zu erzählen wussten, haben mich so beschäftigt, dass ich als Ministrant, wenn ich Aussegnungen zu ministrieren hatte, meine Zeit damit verbrachte, den aufgebahrten Toten konzentriert ins Gesicht zu schauen, um eventuelle Zuckungen zu entdecken und sie notfalls zu retten. Heute hat kaum jemand noch Angst vor dem Scheintod; er gehört heute in die Horrorfilme. Die realen Horrorbilder, die Horrorbilder des Alltags von heute handeln vom Scheinleben. Sie handeln davon, am Ende des Lebens »an Schläuchen zu hängen«, wie es in vielen ungenauen Patientenverfügungen heißt, die sich genau das verbieten wollen; der Horror von heute handelt von der medizinischen Technik, die in guter Absicht so eingesetzt wird, dass sie nicht zum Segen, sondern zum Fluch wird. Warum? Weil sie den todkranken Menschen am friedlichen Sterben hindert und das Weiterleben zu einem Weiterleiden macht; sie handeln davon, dass das Weiterleben nur noch ein Weiterleiden ist. Zu viel Behandlung, so formuliert es der Palliativmediziner Gian Domenico Borasio, kann den Tod qualvoller machen als nötig. Aber: Was ist zu viel Behandlung? Wann wird aus dem guten Viel ein schlechtes Zuviel? Und wer entscheidet das? Die Paragrafen? Die Ärzte? Die Ökonomie?

Selbstbestimmtes Sterben

Zuoberst steht die Autonomie des Menschen. Es geht um höchstpersönliche Entscheidungen. »Höchstpersönlich« ist das intimste juristische Wort, das es da gibt; der Respekt des Rechts vor dem Willen des Menschen kommt darin am schönsten zum Ausdruck. Höchstpersönlich sind diejenigen Rechte des Menschen, die ganz eng an ihn gebunden sind. In diese höchstpersönlichen Angelegenheiten soll der Staat sich tunlichst nicht einmischen; das Recht soll hier nur darauf achten, dass der existenzielle Wille des Menschen auch wirklich rechtliche Geltung hat. Das nennt man Selbstbestimmungsrecht. Es wäre höchst sonderbar, wenn dieses Recht ausgerechnet im Sterben weniger gelten würde als sonst. Der klare Wunsch eines Menschen, in elender Lage sterben zu dürfen, ist ein Höchstpersönlichkeitsrecht – das zum Beispiel in seiner Patientenverfügung zum Ausdruck kommen kann. Es muss geachtet und beachtet werden. Beachtet und geachtet werden muss auch der Wunsch des Menschen, den Sterbeweg abzukürzen oder auch sein Leben, das er selbst als unwürdig betrachtet, zu beenden – weil er seine Hilflosigkeit als einen beschämenden Zustand empfindet. Es geht vielen Menschen um das Gefühl der Kontrolle über ihre letzte Lebensphase, um die Möglichkeit letzter Notwehr, einer Notwehr gegen sich selbst, wenn der eigene Körper zum Feind wird. Das Recht darf sich über diesen letzten Wunsch nicht erheben.

Der liebe Gott und das ewige Leben

Soll, darf, muss man den Menschen, die an einer brutalen Form von Krebs leiden oder ungeheure Angst vor dem gewindelten Ende haben, mit dem lieben Gott kommen, dem sie mit einem Suizid nicht ins Handwerk pfuschen dürften? So eine Mahnung ist nicht hilfreich, erst recht nicht für den, der an Gott und das ewige Leben nicht glauben kann. Die Beachtung des Sterbewunsches setzt aber klare Äußerungen des Todkranken voraus – sei es in einer Patientenverfügung und/oder in einer Vorsorgevollmacht, in der man an einen anderen Menschen für Notsituationen die zu treffenden Entscheidungen übertragen hat. Gibt es Regeln, nach denen im Zweifel verfahren werden soll? Der Sterbeprozess darf nicht zum Dahinvegetieren werden. Davor bewahrt die Hilfe beim Sterben. Hilfe heißt immer: Niemand darf zum Sterben gedrängt werden; es darf sich kein gesellschaftlicher und kein ökonomischer Druck zum »Frühableben« entwickeln; das wäre pervers und schauerlich.

Es darf aber auch niemand zum Weiterleben gezwungen werden, der in freier Entscheidung nicht mehr will.

Die Angst vor dem Verlust der Würde in der letzten Lebensphase ist der Grund dafür, warum die Alterssuizide in Deutschland – entgegen dem sonst bei Suiziden rückläufigen Trend – steigen. Die Angst vor dem Verlust der Würde in der letzten Lebensphase ist groß. Fast immer ist der Ruf nach aktiver Sterbehilfe, die Forderung an den Arzt also, ein tödliches Mittel zu geben, auch ein Ruf nach Kommunikation. Der Todeswunsch ist oft auch ein Ruf nach Zuwendung, ein Aufschrei gegen das Gefühl der Verlassenheit. Das Pflegesystem war schon vor Corona in der Krise; Corona hat die Krise brutal verschärft.

Alter: Ein Zukunftsthema wie das Klima

Betreuung und Pflege sehr alter und altersverwirrter Menschen funktionieren nicht recht, sondern schlecht. Der Gesetzgeber hat zwar noch kurz vor der Sommerpause 2021 an den Paragrafen herumgeschraubt, die die Pflege im Heim regeln. Die Pflegekräfte dort sollen besser entlohnt werden; und die rasant steigenden Kosten sollen gebremst werden, die nicht die Pflegeversicherung deckt, sondern die von den Heimbewohnern als »Eigenanteil« selbst getragen werden müssen. Dagegen ist nichts zu sagen. Aber das ist unglaublich unzulänglich; den Namen »Pflegereform« verdient das nicht. Es gibt keinen ganzheitlichen Blick auf die Probleme, es gibt kein umfassendes Gesamtkonzept. Es ist ein Zukunftsthema wie das Klima, weil die Zukunft auch der Jungen das Alter ist. Es geht für die Gesellschaft darum, das Altern zu lernen. Und es geht darum zu verstehen, dass Hilfebedürftigkeit keine Störung ist, die behoben werden muss, sondern zum Menschsein gehört.

Der Blick der Politik auf die Pflege ist einäugig; sie schaut nur auf die Pflege in den Heimen. Was ist mit den alten Menschen, die zu Hause betreut und gepflegt werden? Vier Millionen Menschen in Deutschland sind pflegebedürftig. Ein Viertel davon wird in Heimen gepflegt. Drei Viertel leben zu Hause. Ohne die Familien, die sich um den alten Vater, die alte Mutter, um den Großvater oder die Großmutter kümmern, wäre die Pflegeversicherung bankrott.

Pflege im Heim, Pflege zu Hause

Wer die Pflege in der Familie nicht selbst erlebt hat, hat wenig Ahnung davon, was dieses Kümmern bedeutet oder bedeuten kann; früher hat man Aufopferung dazu gesagt. Aber: Kein Gesetz kümmert sich vernünftig um diese Pflege zu Hause. Häusliche Pflege wird nicht belohnt, sondern bestraft, die staatliche Hilfe ist eher kümmerlich, sie konzentriert sich auf die Pflege im Heim. Die Pflege zu Hause zahlt die Familie – durch Gehaltseinbußen derer, die sich kümmern, und dadurch, dass sie eine Billigkraft aus Polen oder Rumänien engagiert, die offiziell als Haushaltshilfe firmiert. Solche Kräfte werden von ausländischen Agenturen vermittelt. Eine bezahlbare Hausbetreuung durch deutsche Fachkräfte gibt es nicht, sie würde bei einer 24-Stunden-Rundumbetreuung mit drei examinierten Pflegern oder Pflegerinnen an die zehntausend Euro kosten. Selbst Ärzte empfehlen deshalb die Schwarz- und Grauarbeit-Pflegerinnen aus Osteuropa. Einige Hunderttausend solcher ausländischen Kräfte arbeiten in den deutschen Familien.

Mehr Schwarzarbeit, mehr Grauarbeit?

Ein spektakuläres Urteil des Bundesarbeitsgerichts in Erfurt vom Juni 2021 hat diesem Modell nun wohl ein Ende gesetzt. Die Richter haben vorgeschrieben, dass diesen

ausländischen Arbeitskräften jedenfalls der gesetzliche
Mindestlohn gezahlt werden muss – auch in den Bereit-
schaftszeiten. Das verteuert diese häusliche Pflege, verglichen mit den bisherigen Kosten, wohl um das Dreifache;
sie wird damit für fast alle Familien unerschwinglich. Was
tun? Mehr Schwarzarbeit, mehr Illegalität? Weniger Pflege? Sollen die alten Menschen, die bisher in ihrem Zuhause gepflegt wurden, jetzt ins Heim gebracht werden? Von
den sonstigen Belastungen abgesehen: Es gibt die nötigen
Plätze dort gar nicht. Das Urteil des Bundesarbeitsgerichts
markiert die Defizite bei der Betreuung alter Menschen
mit dem roten Leuchtstift.

Der Sozialverband VdK sagt, das Urteil sei »schlichtweg
eine Katastrophe«. Die VdK-Präsidentin Verena Bentele,
frühere CDU-Bundestagsabgeordnete und x-fache Siegerin
bei den Paralympics, spricht von einem drohenden Arma-
geddon, von einer gewaltigen Katastrophe. Bundesarbeits-
minister Hubertus Heil nennt das Urteil »wegweisend und
richtig«, weil Arbeit »eine Würde hat«. Die Diakonie sprach
von einem »Meilenstein« auf dem Weg zu besseren Arbeitsbedingungen. Alle haben recht. Aber das hilft den Familien, die die Pflege zu Hause organisieren wollen und müssen, nicht weiter. Mit Meilensteinen können sie die Kräfte
nicht zahlen. Und Schwarzarbeit kann kein von Staat und
Gesellschaft augenzwinkernd geduldeter Zustand sein. Es
braucht neue gesetzliche Regeln für die häusliche Pflege –
und finanzielle Hilfen, die wirkliche Hilfen sind. Es geht
um die Verwirklichung des Grundgesetzartikels 1 im Alltag: Die Würde des Menschen ist unantastbar. Es geht um
die, die ein Leben lang gerackert haben und es jetzt nicht
mehr können. Sie gelten durch ihre bloße Existenz als In-
fragestellung dessen, was für normal gehalten wird: Leistung, Fitness, Produktivität. Alte Menschen spüren das.
Manche rufen dann nach Sterbehilfe.

Eine Pflicht zum Sterben?

Der Mensch am Ende seines Lebens muss eingebettet sein in Fürsorglichkeit, Palliativmedizin gehört dazu. Sie kann für ein Sterben ohne Angst und Schmerzen sorgen. Es wäre wichtig und richtig, dass die Sterbebegleitung in der medizinischen Ausbildung eine viel größere Rolle spielt als heute. Und vor allem: Die Menschen müssen lernen, kluge Entscheidungen zu treffen für Notsituationen und für das Lebensende. Sie müssen lernen, sich rechtzeitig mit dem eigenen Sterben zu beschäftigen. Im Mittelalter nannte man das »ars moriendi«, die Kunst des Sterbens. Das Sterbehilfe-Urteil des Bundesverfassungsgerichts vom Februar 2020 ist ein ganz, ganz wichtiger Beitrag dazu. Der Gesetzgeber muss sich überlegen, wie weit die erlaubte Sterbehilfe gehen kann. Er muss sich überlegen, wann aus der erlaubten Hilfe unerlaubtes Tun wird. Er muss sich überlegen, ob es zuträglich ist, wenn Sterbehilfevereine in Altenheimen für die Sterbehilfe werben. Es muss sich überlegen, wie es zu verhindern ist, dass aus dem Recht auf Sterbehilfe eine gesellschaftliche Erwartung wird, dass dieses Recht auch genutzt wird. Der Gesetzgeber muss also verhindern, dass aus dem Recht zum Sterben eine soziale Pflicht wird. Das neue Sterbehilfegesetz darf keine Sterbeeinladungsschrift werden. Es darf aber auch niemand zum Weiterleben gezwungen werden, der partout und in freier Entscheidung nicht mehr will.

Die Entsorgung des Menschen

Aldous Huxley hat vor neunzig Jahren das Buch »Schöne neue Welt« geschrieben. In dieser Welt werden die Menschen industriell gezeugt, sie durchleben ihr Arbeitsleben und werden dann in die »Letalkammer« geschickt und entsorgt. Sie werden abgewrackt wie alte, verrostete Maschinen. Kinder werden regelmäßig in diese Entsorgungskliniken geführt und dort mit Schokolade gefüttert, auf dass sie sich an derlei gewöhnen und akzeptieren lernen, dass das Leben technisch produziert und technisch beendet wird. Die angeblich schöne neue Welt ist die der Brutal-Ökonomisierung. Das Leben als Produkt betrachtet, das der Kontrolle, der Überprüfung, der Herstellung und der Entsorgung bedarf. Es ist dies eine Horrorvision. Der Staat des Grundgesetzes ist das Gegenmodell.

Wem gehört der Mensch?
Nicht dem Staat, nicht der Gesellschaft. Er gehört sich selbst.

Die letzten Dinge

Bei der Organspende geht es um
Fundamentalfragen des Menschseins.

Es gibt eigentlich nur zwei Themen, über die es sich zu reden lohnt: Das eine Thema ist die Liebe, das andere der Tod. Deshalb ist das Reden, deshalb ist die Auseinandersetzung über die Organspende so bedeutsam, so gewichtig, tiefgreifend und existenziell. Es geht hier nämlich um beide Themen, um die Liebe und um den Tod. Es geht hier um Liebe in der Form der Nächstenliebe; die Organspende ist Inbegriff der Solidarität und des Humanen. Zugleich geht es um den Tod, der bei der Organspende immer im Raum steht; es geht um den Tod des Spenders; dieser ist Voraussetzung für die Organspende post mortem, über die der Bundestag in den ersten Wochen des Jahres 2020 zu entscheiden hatte.

Augen, Herzen, Nieren

»Nach meinem Tod« steht im Organspendeausweis der Menschen, die für den Fall des Falles ihre Erklärung zur Organspende abgeben. Aber: Wann ist der Mensch tot? Wie bereitet er sich darauf vor? Wann darf also ein Organ entnommen werden? Das sind Fundamentalfragen. Sie müssen fundamental diskutiert und beantwortet werden.

Die »Explantation«, also die Entnahme von Organen, von Augen, Herz, Niere oder Gliedmaßen aus einem Körper ist ein ungeheuer massiver Eingriff in die körperliche Unversehrtheit, die auch dem sterbenden und dem toten Menschen zusteht. Es berührt daher die letzten Dinge, es berührt Menschenwürde und Totenruhe, wenn der Gesetzentwurf des Gesundheitsministers Jens Spahn mit der sogenannten Widerspruchslösung jeden Menschen zum potenziellen Organspender macht – einen jeden, der einer Organentnahme nicht rechtzeitig widersprochen hat.

Erzwungene Solidarität

Darf das der Staat? Darf er das Selbstbestimmungsrecht des Menschen an sich ziehen, weil der sich nicht in klarer Weise geäußert hat? Darf mich der Staat zwangsweise zum Organspender machen, nur deswegen, weil ich es versäumt oder mich geweigert habe, mich mit meinem eigenen Tod zu befassen? Weil ich es womöglich nicht verkraftet habe, mir meinen eigenen sterbenden, lebensunfähigen, toten Körper vorzustellen? Darf der Staat diese Scheu als angebliche Bequemlichkeit bezeichnen und beiseiteschieben? Darf der Staat stellvertretend für mich rational und nüchtern sein, weil ich es nicht bin? Es gibt keine emotionaleren Themen als die Liebe und den Tod. Darf der Staat meine Beklemmung ersetzen durch seine Entschlossenheit, Logik und Nützlichkeitserwägungen? Darf er mich meiner Organe entäußern, weil ich mich dazu nicht geäußert habe?

Ein solcher staatlicher Zwangsakt passt schon nicht zu dem Wort Spende. Eine Spende, die nicht dem freien Willen entspringt, ist keine Spende, sondern verordnete, also erzwungene Solidarität. Der Staat denkt ja auch nicht daran, einen Teil des Vermögens eines Verstorbenen zu konfiszieren, um es dem Welternährungsprogramm der Vereinten Nationen zur Verfügung zu stellen – also einem guten Zweck, der Lebensrettung. Auch hier ließe sich sagen: »Der hätte ja rechtzeitig Widerspruch einlegen können.« Der Staat darf mir meinen Körper nicht wegnehmen, er darf es noch sehr viel weniger, als er Grundstücke enteignen darf. Er darf es nicht einmal zum allerbesten Zweck, auch nicht, um einen Mangel an Spenderorganen zu beheben und Leben zu retten.

Nächstenliebe? Opferung?

Wem gehört der Mensch? Er gehört sich selbst. Der Körper gehört nicht dem Staat, er gehört nicht der Gesellschaft. Er ist das Allerureigenste des Menschen. Es ist nicht hoch genug zu würdigen, es ist Selbsthingabe, wenn ein Mensch im Fall des Hirntodes bereit ist, Organe zu spenden, um einem anderen, der ihm in der Regel fremd ist, das Leben zu retten. Aber dieser Rettungsakt darf nicht dekretiert werden. Es würde dann aus einem Akt der Nächstenliebe eine staatlich befohlene Opferung.

Gewiss: Nur nach dem Hirntod des Menschen sollen ihm seine Organe entnommen werden dürfen. Der Mensch ist aber mehr als sein Hirn. Das Hirn ist ein Organ, kein autonom lebendes Wesen. Der Mensch kann sich ohne seinen Körper nicht denken. Der Mensch hat nicht nur einen Körper, er ist ein Körper. Dieser Körper ist allerdings mit dem Ausfall des Gehirns im Zustand größter Wehr- und Arglosigkeit.

Befürworter der Widerspruchslösung erklären den hirntoten Menschen zum Leichnam und argumentieren, ein Toter dürfe auch ohne aktive Zustimmung obduziert werden. Wenn man das zur Verbrechensaufklärung dürfe, dann erst recht zur Lebensrettung. Vordergründig klingt das plausibel. Jedoch ist der Organspender anders als der Tote auf dem Obduktionstisch ein Mensch, dessen Blut fließt, dessen Organe arbeiten und der Reflexe zeigt. Ob solch ein Mensch tot ist und ob er noch Person ist, darüber entscheiden nicht allein medizinische Geräte. Sterben und Tod eines Menschen sind kein punktuelles Ereignis, sie sind ein Prozess, der tief eingebettet ist in die kollektive Seele und in kulturelle Vorstellungen vom Menschsein. Hier gibt es keine falschen Emotionalitäten; sondern jede Emotionalität gehört dazu. Der Mensch ist nicht nur Individuum, er ist auch Beziehungswesen und lebt sein Leben eingebunden in das Leben seiner nächsten Angehörigen. Er stirbt seinen Tod nicht ganz für sich allein; sein Tod kommt nicht nach seinem Leben, er ist Teil seines Lebens. Für die betroffene Familie ist dies ein emotionaler Ausnahmezustand, wie auch immer die Gesetzeslage beschaffen ist.

Innerer Konflikt

Es sei der Gesetzentwurf der sogenannten Widerspruchslösung zitiert: »Insgesamt tragen die Regelungen (...) zur Entlastung der nächsten Angehörigen, denen nicht wie bisher zugemutet wird, in einer so belastenden Situation eine derart schwere Entscheidung zu treffen, (...) bei.« Das halte ich für falsch. Es muss keine Entlastung der betroffenen Ehepartner, Kinder oder Eltern eines hirntoten Menschen sein, wenn ihnen das Recht zum Widerspruch per Gesetz genommen wird – mit der Fiktion, ihr Angehöriger habe zugestimmt, weil er nie widersprochen hat. Das Gefühl, entrechtet zu sein, oder der innere Konflikt, zur Lüge gezwungen zu sein, wenn man es nicht aushält, dass dem geliebten Menschen die Organe entnommen werden – es kann eine unerträgliche Belastung sein.

Ehrfurcht vor dem Sterben

Sterben ist ein Prozess. Die Organspende verkürzt diesen Sterbeprozess. Das geht nur mit der ausdrücklichen und freien Zustimmung dieses Menschen. Schweigen ist keine Zustimmung. Sie kann hier auch nicht als Zustimmung interpretiert werden. Das wäre Missachtung der Ehrfurcht vor dem Sterben. Nun heißt es, ein Widerspruch sei doch nur eine kleine Mühe; ein solches »Nein« zur Organentnahme zu formulieren, sei daher jedem Menschen zuzumuten. Es wäre aber die Umkehrung jeglichen Rechtsverständnisses, wenn man gezwungen würde, das Normale, das Selbstverständliche, also die Achtung von Integrität, Unantastbarkeit und Selbstbestimmung, durch eine Erklärung erst sicherstellen zu müssen. Darf ein Mensch gezwungen werden, sich vor Augen zu halten, dass ihm die Augen entnommen werden, dass sein Herz ausgelöst wird, dass Gliedmaßen abgeschnitten werden? Man mache sich nichts vor: Wenn man sich selbst als Organspender denken soll, hat man solche Bilder im Kopf. Jeder Mensch hat aber das Recht, vom Staat in Ruhe gelassen zu werden mit solchen Bildern und den Fragen, die sich damit verbinden. Ist das Feigheit? Selbst wenn: Der Mensch darf auch feige sein.

Die Tiefen des Themas

Es gibt Menschen, die sich ihr Nein zur Organspende hart erarbeiten. Sie arbeiten sich in die Tiefen des Themas ein, spüren Skrupel auf, posten Horrorvorstellungen von den letzten Stunden des Organspenders, in denen ihm womöglich Schmerzen zugefügt werden. Sie haben Zweifel, ob sie wirklich nichts mehr spüren, wenn sie für hirntot erklärt worden sind; sie legen deshalb Widerspruch ein. Es gibt andere Menschen, die weichen der Auseinandersetzung aus, sie informieren sich gar nicht – und sagen Nein zur Organentnahme oder aber gar nichts. Ist das eine Nein legitim, das andere illegitim? Es ist ein Gewaltakt, Menschen unter Druck zu setzen, sich Vorstellungen von Explantationen und Amputationen an seinem beatmeten sterbenden Leib auszusetzen. Ein gesunder Mensch, im Vollbesitz seiner Kräfte, wird das vielleicht nicht so schlimm finden. Ein Mensch, der in einer Lebenskrise ist, wird das womöglich nicht aushalten.

Ja, es stimmt: Die Widerspruchslösung wird in anderen Ländern schon praktiziert. Aber das macht sie nicht besser. Die Zahl der Verstöße nobilitiert nicht den Verstoß. Die Fundamentalfrage ist und bleibt: Wem gehört der Mensch? Der Körper gehört nicht dem Staat, er gehört nicht der Gesellschaft. Er gehört sich selbst. Er ist das Allerureigenste des Menschen. Daher: Mein Widerspruch gegen die Widerspruchslösung.

PS: Einen Teil dieses Textes habe ich am 12. Januar 2020 erstmals veröffentlicht. Am 16. Januar 2020 votierte der Deutsche Bundestag mehrheitlich gegen die von Bundesgesundheitsminister Jens Spahn (CDU) propagierte Widerspruchslösung und stimmte mehrheitlich für die erweiterte Zustimmungslösung. Diese erweiterte Zustimmungslösung erlaubt eine postmortale Organentnahme nur dann, wenn der Verstorbene zu Lebzeiten ausdrücklich erklärt hat, dass er nach dem Tod Organspender sein wolle. Die »Erweiterung« der erweiterten Zustimmungslösung besteht darin, dass nach dem Tod des Organspenders auch Hinterbliebene zustimmen können.

EINE NEUE POLITIK

Auf einer Wiese
fingernagelgroß

schläft er
der große Veränderer

der durch die Erde greift
wie durch Wasser
er könnte
die Waagschalen
umkippen und mit Wind füllen
Segel
mit Freude
Tanzschritt
wenn er aufsteht
der die Früchte befiedert

der Neuordner
er schläft

in dir in mir
fingernagelgroß.

Hilde Domin

Nationalismus,
Fundamentalismus
und Extremismus sind
die Pest. Fatalismus
ist die Cholera.

Die Neugründung Europas

Es gibt keine gute Zukunft ohne Bilder von dieser Zukunft.

Seit Helmut Schmidt vor Jahrzehnten einmal auf eine unwillkommene Frage eine pampige Antwort gegeben hat, muss jeder, der von einer »Vision« redet, damit rechnen, dass man ihn fragt, ob er krank sei. Als nämlich ein Journalist beim damaligen Bundeskanzler monierte, dass ihm die große Vision fehle, stellte der die geflügelte Diagnose: Wer Visionen hat, der soll zum Arzt gehen. Der Satz ist seitdem immer und immer wieder zitiert worden; das hat der Politik und der Gesellschaft nicht unbedingt gutgetan. Das Schmidt-Diktum dient einer dahinwurstelnden Politik als wohlfeile Rechtfertigung, und es adelt die Beschränktheit derer, die nur von zwölf Uhr bis zum Mittag denken. Das Zitat hat die Funktion, Visionen zu verhindern, um den Status quo zu zementieren. Das hat auch Schmidt nicht gefallen, als er im Alter als weltweiser Publizist eindringlich für eine atomwaffenfreie Welt warb; es war dies zweifelsohne eine Vision, aber er nannte sie vorsichtshalber »Zielsetzung«.

Emmanuel Macron, der französische Präsident, hat im Frühjahr 2019 ein leuchtendes Zukunftsbild von Europa entworfen. »Das Europa, das wir kennen, ist zu langsam, zu schwach, zu ineffektiv«, sagte Macron in seiner Rede vor Studenten der Pariser Universität Sorbonne, und er entwarf Pläne für die »Neugründung eines souveränen, geeinten und demokratischen Europas«, sprach von einem Eurozonenhaushalt, einem gemeinsamen Militär und einheitlicheren Steuern. Macron ist dafür nicht zum Arzt, aber in den Wahlkampf geschickt worden; man hat seine Ideen, auch in Deutschland, herablassend behandelt und als Wahlpropaganda abgetan – gerade so, als sei es etwas Schlechtes, vor der Europawahl leidenschaftlich Propaganda für Europa zu machen. Glauben diejenigen, die Macron als den Wolkenkuckucksheimer belächelt haben, dass man Wähler eher gewinnt, wenn man mit der EU-Herrschaftssprache daherkommt und mit Wörtern wie »Finanzstabilisierungsfazilität« hantiert?

Europäischer Magnetismus

Europa braucht aber, anders als Macron meint, auch keine neuen »Deregulierungsschübe«. Es braucht ein populäres Zukunftsbild; es muss, das ist die Lehre aus dem Brexit, einen neuen Magnetismus entwickeln: nicht Abstoßung, sondern Anziehung. Nur mit dem Lobpreis des Binnenmarktes schafft man das nicht, nicht mit der Logik, der dieser Binnenmarkt folgt. Der Europäische Gerichtshof hat schon vor 55 Jahren das Gemeinschaftsrecht, das ganz überwiegend Wirtschaftsrecht war und ist, zu einer Verfassung erklärt, die Vorrang habe vor jedem nationalen Recht. Das geschah in bester Absicht, weil so die europäische Integration vorangetrieben werden sollte. Aber auf diese Weise bekamen die Freihandels-, Wirtschafts- und Wettbewerbsregeln absoluten Wert und wurden sakrosankt. Das Wettbewerbsprinzip hat in der EU Verfassungsrang, ohne dass es Verfassung heißt.

Friedens- und Bürgerprojekt

Man muss sich einmal vorstellen, was aus Deutschland geworden wäre, wenn nicht das Grundgesetz das Leben geprägt hätte, sondern das Handelsgesetzbuch. Eine soziale Marktwirtschaft hätte sich schwerlich entwickelt. Genau deswegen tut sich das Soziale in Europa so schwer. Das Binnenmarkt-Europa ist kein Friedens- und Bürgerprojekt, es ist eine Societas Europaea, ein Welthandelskonzern – in dem aber die einzelnen Gesellschaften miteinander konkurrieren, und zwar nicht zum Wohl des Ganzen. »In einen Binnenmarkt kann man sich nicht verlieben«, hat der frühere EU-Kommissionspräsident Jacques Delors einmal gesagt. Die Konsequenzen aus seiner Erkenntnis hat er leider nicht gezogen. Europa muss freigeschaufelt werden vom Geröll des Neoliberalismus; dafür steht Macron nun nicht, aber er hat immerhin ein Zukunftsbild von Europa, er will eine Reform der geltenden Verträge; er will die Demokratisierung Europas durch transnationale Listen. Ohne Visionen gäbe es das heutige Europa gar nicht; und ohne neue Zukunftsbilder wird die Europäische Union keine Zukunft haben.

Auf Zigarettenpapier

Dieses Europa entstand, unter anderem, aus Zukunftsbildern, die drei Italiener 1941 in Gefangenschaft heimlich auf Zigarettenpapier geschrieben haben. Die Antifaschisten Altiero Spinelli, Ernesto Rossi und Eugenio Colorni haben, von Mussolini auf die Insel Ventotene im Golf von Gaeta verbannt, dort ihre Ideen »für ein freies und geeintes Europa« entwickelt – das »Manifest von Ventotene«. Diese Geschichte von den siebzig Zigarettenblättchen gehört zu den viel zu wenig bekannten Gründungsgeschichten Europas: Ein europäischer Bundesstaat war darauf beschrieben, einer, der eine Armee und eine Polizei aufstellt, der eine Gemeinschaftswährung einführt und der für eine gemeinwohlorientierte Wirtschaft sorgt. Diese Zukunftsideen für Europa wurden zu einer Zeit geschrieben, in der Hitler im Zenit seiner Macht war.

Kraft der Visionen

Das Manifest wurde im Bauch eines Brathähnchens aufs Festland und nach Rom geschmuggelt. Große Ideen brauchen solche Geschichten; »Narrative« sagt man heute. Was vor 78 Jahren auf der Insel der Verbannten aufs Zigarettenpapier geschrieben wurde, bezeugt die Kraft von Visionen. Macron setzt auf diese Kraft. Noch besser wäre es, sie würde nicht von oben kommen, sondern von unten als länderübergreifende Bewegung für ein neues Europa. Europa und die Welt leiden unter Fundamentalismus, Nationalismus und Fanatismus; aber am meisten unter dem Fatalismus, der das alles kraftlos als schicksalhaft hinnimmt. In dieser Situation ist Greta Thunberg, die den Großen der Weltpolitik die Leviten liest, nicht nur ein Idol der Jugend, sondern eine Hoffnungsgestalt – weil sie weltweit Aufmerksamkeit auf sich und auf die Fridays for Future zieht. Man kann natürlich über die erst 18 Jahre alte Greta noch überheblicher reden als über Macron. Aber es kann passieren, dass einem die fatalistische Abgeklärtheit bald vergeht: Wer glaubt, dass nichts etwas hilft, dem ist wirklich nicht zu helfen. Aufklärung ist etwas anderes; sie ist der Ausgang aus dem selbst gemachten Fatalismus.

Ist Charisma ein Mittel zum Führen oder zum Verführen? Ist es das Parfüm der Politik oder der Mundgeruch der Demokratie? Über Leidenschaft, Strahlkraft und die Aura der Macht.

Wahlbeteiligung 91,1 Prozent

Glanz und Elend von Charisma

D ie einen haben Charisma, die anderen sind nur bekannt. So oder so ähnlich werden Wahlergebnisse analysiert – zum Beispiel die vom März 2021, als die spektakulären Siege der Grünen in Baden-Württemberg und der Sozialdemokraten in Rheinland-Pfalz mit dem »Charisma« oder jedenfalls einem »gewissen Charisma« der Spitzenkandidaten erklärt wurden. Haben Winfried Kretschmann und Malu Dreyer also ein Charisma? Und was ist das »Gewisse« daran?

Geadelte Popularität und nobilitierter Populismus

Ausstrahlung und der Habitus der beiden sind höchst verschieden. Der eine bezieht seine Originalität aus besorgter Miene und spitzbübischem Reden. Die andere tritt mit handfester Fröhlichkeit auf. Dreyer hat eine Autobiografie mit dem Titel publiziert: »Die Zukunft ist meine Freundin«. Von Kretschmann kann man sich einen so koketten Satz nicht einmal vorstellen. Aber beide haben Prestige, Autorität, Glaubwürdigkeit und einen Amtsbonus. Das alles macht sich bemerkbar in der Anziehungskraft auf Wählerinnen und Wähler; diese ist eine Gegenkraft zur Ablösung von gewohnten Bindungen. Sollte man dann in einer Demokratie nicht einfach von einer Persönlichkeitswahl reden, davon, dass ein Politiker sehr beliebt und populär ist? Wer von einem »gewissen Charisma« eines Politikers spricht, meint wohl: Charisma sei so etwas wie geadelte Popularität und nobilitierter Populismus.

Ein wabernder Begriff

Charisma haben Gute und Böse. Charisma ist ein wabernder Begriff. Er hat seine Wurzeln im Religiösen. Dort ist Charisma eine Gottesgabe und der charismatische Mensch ein Auserwählter, ein Begnadeter; er leuchtet von innen. Der Soziologe Max Weber (1864–1920) beschreibt den charismatischen Führer als jemanden, der auf nicht alltäglichem Weg zur Herrschaft gelangt: In einer Situation, in der alltägliche Handlungsrezepte versagen, seien Menschen geneigt, sich einer Führung anzuvertrauen, die neue, noch nicht erprobte Problemlösungen anbiete. Die Ungewissheit über das neue Rezept werde dann durch das Charisma ihrer Vertreter wettgemacht. An ein bestimmtes Wertesystem ist Charisma nicht gebunden, im Gegenteil: Der charismatische Führer sprengt die Legalität, er legitimiert sich durch sich selber, er deinstalliert die Ordnung, er macht Parlamente arbeitslos.

Heute kommen einem da Leute wie der ungarische Regierungschef Viktor Orbán oder der türkische Präsident Recep Tayyip Erdoğan in den Sinn, auch das Wüten und Werben des Donald Trump. Wenn in einer Demokratie Politiker so agieren, verliert das Wort Charisma Wohlklang und Wohlgeruch, dann riecht es nicht mehr nach Weihrauch; es wird zum Mundgeruch der Demokratie. Ein ganz anderes, ein feines Charisma wurde dem Demokraten

Barack Obama zugeschrieben. Es brachte ihm 2009 den Friedensnobelpreis ein: Selten zuvor habe eine Persönlichkeit so sehr die Hoffnung auf eine bessere Zukunft vermittelt, hieß es. Diese Begründung wurde freilich, je länger die »Kill List« in Obamas Drohnenkrieg wurde, nicht mehr allgemein geteilt.

Eine Projektion?

Charisma (oder das, was damit beschrieben wird) ist flüchtig – und es ist eine Projektion: Es wird, so hat das der britische Politikwissenschaftler Archie Brown analysiert, einem Politiker von seinen Anhängern zugeschrieben, »weil er in den Augen seiner Gefolgsleute jene Eigenschaften verkörpert, nach denen sie Ausschau halten«. Charisma beruht auf der Schwingung zwischen der Gestimmtheit des Publikums und der Begabung seines Stars, sie aufzufangen und zurückzuwerfen. Es gibt dazu ein berühmtes, nur vermeintlich unpolitisches Experiment: Joshua Bell, Geiger von Weltruhm, stellte sich kurz vor acht Uhr morgens, zur Rushhour, in eine Metro-Passage in New York, nicht im Frack wie am Abend im festlich gestimmten Konzerthaus, sondern in Straßenkleidung. Mit einer Baseballkappe auf dem Kopf und seiner sündteuren Stradivari in der Hand fing er zu spielen an; Bach, Schubert, eine gute Dreiviertelstunde lang. Er tat das so virtuos, wie es die Musikkritik an ihm rühmt: Er spielt nicht einfach nur auf der Geige, er singt auf ihr. Mehr als tausend Passanten kamen die Rolltreppe hochgefahren, eilten den Ausgängen zu, beachteten den Geiger kaum. Einige wenige ließen sich zum Stehenbleiben verleiten, warfen ein paar Münzen hin. Am Ende war Bell um 32,17 Dollar und eine verstörende Erfahrung reicher: Das Charisma, das ihm im Konzerthaus jeder attestiert, war weg. Warum kamen am Abend die Leute von weit her, zahlten hundert Dollar Eintritt, nahmen ihn aber am nächsten Morgen nicht zur Kenntnis?

Nur wer selbst begeistert ist

In seinem Experiment stecken eine Lehre und eine Erkenntnis, die nicht nur für die Musik, sondern auch für die Politik gilt: Der Magnetismus, der als Charisma beschrieben wird, ist keine stabile Eigenschaft. Er braucht bestimmte Rahmenbedingungen, um sich zu entfalten. Es reicht nicht, nur gut zu spielen oder zu reden. Das sogenannte Charisma braucht mehr, es braucht den richtigen Resonanzraum. »Nur wer selbst begeistert ist, kann andere begeistern.« – Mit diesem Satz hat Oskar Lafontaine 1995 auf dem Parteitag von Mannheim dem damaligen SPD-Vorsitzenden Rudolf Scharping die Parteiführung entrissen. Es braucht den Raum, in den solche Leidenschaft passt, und es braucht die richtige Gestimmtheit der Menschen. Stimmung kann kippen: Dann gilt womöglich Leidenschaftlichkeit als Fanatismus und Wortgewalt als Demagogie.

1972 machte Willy Brandt die Bundestagswahl zum Plebiszit über seine Person. Der Wahlkampf führte zu einer Fundamentalpolitisierung der Bevölkerung und zu einer sagenhaften Wahlbeteiligung von 91,1 Prozent. Wenn das die Wirkung von Charisma ist – dann ist mir das auch in der Demokratie recht.

Ein Idol hat ein Image. Das Vorbild hat dagegen Charakter. Vorbilder müssen nicht Helden oder Heilige sein. Sie haben Fehler, Schwächen und Schrullen.

Menschen, die zum Vorbild werden

Ein gutes Vorbild ist ein Mensch, an dem man sich im besten Sinn bilden kann.

Hans-Jochen Vogel, der verstorbene große SPD-Politiker, ist in vielen Nachrufen zu Recht als »Vorbild« bezeichnet worden. Es folgte dann die Zuschreibung von Tugenden wie Fleiß, Disziplin, Pflichtgefühl, Treue und Zuverlässigkeit. Es sind dies Tugenden, wie sie Oskar Lafontaine, einer der Nachfolger Vogels als SPD-Chef, früher, es war im Jahr 1982, als Sekundärtugenden verspottet hat – in seinem erbitterten Streit mit Kanzler Helmut Schmidt über die Nachrüstung. Dass ich das Wort Vorbild lange nicht leiden konnte, hatte aber keinen solchen politischen oder gesellschaftskritischen Grund. Meine Abneigung gegen das Vorbild hatte einen religiösen Anlass.

Sympathische Defizite

Es war so: Zur Erstkommunion, die in der bayerisch-katholischen Welt meiner Kindheit eine wichtige Rolle spielte, schenkte mir mein Pate ein dickes, in rotes Leinen gebundenes Buch, das in goldenen Lettern den Titel »Helden und Heilige« trug. In seiner Widmung schrieb Onkel Mich mit einer Feierlichkeit, die ihm sonst fremd war, von »Ansporn und Antrieb«, die mir diese Helden und Heiligen sein sollten. Alle Versuche, die sechshundert Seiten zu lesen, scheiterten an der schwülstigen Sprache und daran, dass ich mit den Märtyrern und der Art und Weise, wie sie dort in großer Zahl präsentiert wurden, nichts anfangen konnte.

Das Wort Vorbild hatte für mich seitdem die Bedeutung von unlesbarer und unlebbarer Frömmelei, von habitueller Heiligkeit, von einer anstrengenden und angestrengten Rundumvollkommenheit. Fehler gab es da nicht; und wenn es sie doch gab, dann als tapfer überwundene Schwächen, die das Bild noch glänzender machten. Sonderlich sympathisch war und ist das nicht. Vorbild – das schmeckte nach Essiggurke mit Schlagsahne. Als ich von den echten oder angeblichen Defiziten von Leuten wie John F. Kennedy, Martin Luther King und Mutter Teresa las, machte sie mir das eher sympathisch.

Des Vorbilds Pech

Menschen, die zu Vorbildern werden, meistens ohne eigene Absicht, haben oft das Pech, nicht mehr in ihren Ambivalenzen akzeptiert zu werden. Damit entrücken sie der Welt; sie werden unnahbar. Sie werden stilisiert zu makellosen Persönlichkeiten, deren Glaubwürdigkeit dann angeblich darunter leidet, dass sie es nicht sind. Es kann aber sein, dass der Whistleblower ein Faulpelz in der Arbeit ist. Es kann sein, dass der couragierte Menschenrechtler ein Geck ist. Es kann sein, dass die hingebungsvolle Ärztin ein Alkoholproblem hat und der inhaftierte Friedensaktivist ein Supermacho ist. Sind sie damit automatisch als Vorbilder untauglich?

Mit dem Wort Vorbild hat mich eine unprätentiöse Beschreibung von Erich Kästner versöhnt; er schrieb: »Jeder

Mensch suche sich Vorbilder! Denn es existieren welche. Und es ist unwichtig, ob es sich dabei um einen großen toten Dichter, um Mahatma Gandhi oder um Onkel Fritz aus Braunschweig handelt, wenn er nur ein Mensch ist, der im gegebenen Augenblick ohne Wimpernzucken das gesagt und getan hätte, wovor wir zögern.« Das heißt: Nicht unbedingt der Tugendbold ist ein Vorbild. Es geht nicht um Heldenhaftigkeit. Einem Vorbild muss auch nicht die Güte aus den Knopflöchern springen. Es geht darum, dass der Mensch, den ich mir zum Vorbild nehme, mir guten Anstoß und Ansporn gibt. Ein gutes Vorbild ist ein Mensch, an dem man sich im besten Sinn bilden kann.

Im Märchenschloss des schlechten Geschmacks

Das Vorbild gibt ein Beispiel, aber keine vorgefertigte Form, in die man sich einpasst. Ein Vorbild ist etwas anderes als ein Idol. Ein Idol hat Fans, Nacheiferer und Bewunderer, die ihr Idol kopieren, jedoch immer im Bewusstsein, ihm niemals gleich zu werden. In dem Augenblick, da das geschähe, verlöre es seinen Zauber. Idole appellieren an die Fantasien der Menschen und an ihre Verführbarkeiten; sie funktionieren als ihre Projektionsfläche. Donald Trump versteht es trefflich, damit zu manipulieren und politisches Kapital daraus zu schlagen. Der Inder Bussa Krishna hatte vor Trumps Indienreise eine lebensgroße Trump-Statue angefertigt, vor der er sich im Gebet fotografieren ließ. So etwas gehörte eher ins Kuriositätenkabinett, wenn es sich nicht so gut zur übertriebenen Selbstinszenierung des damaligen US-Präsidenten fügen würde, der mit Vorliebe als König im Märchenschloss des schlechten Geschmacks posiert – dem vergoldeten Trump-Tower. Es war die wahnwitzige Angst vor dem Verlust seines Images, die ihn den Mundschutz mehr fürchten ließ als die Ausbreitung der Pandemie.

Wer man selbst ist oder sein kann

Ein Idol hat ein Image, ein Vorbild hat Charakter. Ein Vorbild hilft zu entdecken, wer man selbst ist oder sein kann. Ein Vorbild hilft bei der Formung des Selbstbildes. Es weckt die kreativen Kräfte, es gibt Energie, es lockt dazu, sich zu entwickeln; und am vorbildlichsten ist der Mensch, der dem anderen erlaubt, über ihn hinauszuwachsen. Ein Vorbild spricht die Stärken von Menschen an und erweitert sie.

Das erste Vorbild, auch im Wortsinn, das Bild, das ein Mensch als Erstes vor Augen hat, ist fast immer das Bild der Mutter; wenn es gut läuft, auch das Gesicht des Vaters beziehungsweise zweier Elternteile. An diesen nicht selbst ausgesuchten Vor-Bildern bildet sich das Ich des Menschen. Der kleine Mensch lernt, wer er ist; er lernt, ob die Welt es gut mit ihm meint, welchen Platz er in ihr hat. Am Anfang des Lebens hat man gar keine Wahl, man hat diese Vorbilder; sie sind lebenswichtig, manchmal, wenn sich in ihnen zu oft Lieblosigkeit und Gleichgültigkeit spiegeln, sind sie auch zerstörerisch. Wer einen »Onkel Fritz« oder eine »Tante Frieda« im Kästner'schen Sinn zu Vater und Mutter hatte, der hat ungeheures Glück. Hans-Jochen Vogel ist in den Nachrufen oft als »altväterlich« bezeichnet worden. Das ist ein schönes Wort, weil darin Beglückendes mitschwingt – die Vorstellung von einem Vater, auf den man sich verlassen kann. Es ist die letzte Ehre für einen Menschen, der – mit Schrullen und Fehlern – ein Vorbild war und ist.

Volksbegehren und Volksentscheid
stehen im Verdacht, Extremisten
zu dienen. Doch Carlo Schmid,
Hauptvater des Grundgesetzes,
war da anderer Meinung.

Eine Prise Plebiszit

Was Carlo Schmid und Willy Brandt heute zu sagen haben

Wir könnten uns zu einem schönen Ausflug verabreden: Zuerst geht es auf die Straße des Grundgesetzes, vom Chiemsee nach Bonn; dann flanieren wir auf der Allee des Parlamentarischen Rats; und wir bleiben da und dort an einem der Denkmäler stehen. An dem Denkmal von Elisabeth Selbert zum Beispiel, die die Gleichberechtigung der Frau ins Grundgesetz gebracht hat. An dem Denkmal für Hermann Louis Brill, Widerstandskämpfer gegen Hitler, der das KZ überlebte und mit kreativem Furor am Grundentwurf des Grundgesetzes mitschrieb. Am Denkmal für Jakob Kaiser, der die NS-Verfolgung nach dem gescheiterten Attentat vom 20. Juli im Kellerversteck überlebte. Und am Denkmal für Rudolf Katz, der bis 1933 als jüdischer Anwalt in Altona wirkte, dann Berater von Chiang Kai-shek in China war, Zeitungsredakteur in New York, Justizminister in Kiel, Mitautor des Grundgesetzes und Vizepräsident des Bundesverfassungsgerichts. Vor der Büste des Adolf Süsterhenn könnten wir über den Sinn der Ewigkeitsgarantie sinnieren, die jeden Eingriff in den Kerngehalt der Grundrechte verbietet; Süsterhenn war ihr Erfinder.

123

Der mit dem »o«

Es gibt diese Straße des Grundgesetzes nicht, auch keine Verfassungsallee mit Denkmälern; aber es wäre schön, wenn es sie gäbe. Die staunenswerten Lebensgeschichten vieler Mütter und Väter der Verfassung sind versunken im Plusquamperfekt. »Ein Denkmal geht in Ruhestand«, hatte es seinerzeit geheißen, als sich der große Carlo Schmid 1972, da war er 75 Jahre alt, aus dem Bundestag verabschiedete; es gibt kein Denkmal für ihn. In den ersten Nachkriegsjahren hatte nicht der alte und schlaue Christdemokrat Konrad Adenauer, sondern der junge und geistvolle Carlo Schmid als der kommende Mann gegolten. Der Literat und Staatsrechtsprofessor hatte sich ein »o« an den Vornamen gehängt, um ja nicht mit dem gewissenlosen Nazijuristen und Antisemiten Carl Schmitt verwechselt zu werden.

Carlo Schmid war damals ungeheuer beliebt als Hausvater der Republik und als Hauptvater des Grundgesetzes; er war beredt, barock und schlagfertig wie sonst kaum einer. Eine der schönsten Geschichten über ihn ist ganz und gar unpolitisch, aber ganz und gar bezeichnend: Als er einmal seine Tochter von der Schule abholen wollte, stand er eine Weile am Schultor; als eine Lehrerin ihn fragte: »Erwarten Sie ein Kind?«, antwortete Schmid: »Nein – ich bin immer so dick.« Carlo Schmid hat (zusammen mit Georg- August Zinn und Theodor Heuss) die Präambel des Grundgesetzes wunderbar formuliert, er hat die Grundgesetzdiskussionen befruchtet, er hat die 146 Artikel geknetet – und er hat lustvoll gestöhnt darüber, dass er »furchtbar geschunden« werde. Über Mitarbeiter für Details verfügte er nicht: Da waren nur ein »altgedienter Parteisekretär aus der Provinz« und seine Sekretärin Gretel Finckbeiner; die Sozialdemokraten des Vorsitzenden Kurt Schumacher hielten

ihren Schmid kurz, er war ihnen irgendwie zu wenig sozialdemokratisch. Aber dieser Mann hatte einen genialen
Kopf. Der lyrisch begabte Theodor Heuss, später der erste
Bundespräsident, kommentierte das so: »Der Carlo cele-
briert wie ein Gedicht / die hohen Worte seines Staatsfrag-
ments / auf jedem Comma wuchtet sich Gewicht / jetzt die
Cäsur, dann fühlsam die Cadenz.«

Carlo Schmid war, wie der *Spiegel* am 12. März 1949 in
seiner Titelgeschichte meinte, »zum Herrschen geboren«.
Aber Konrad Adenauer war härter, zielstrebiger, finessen-
reicher; Adenauer war durchtrieben – also politischer. Carlo Schmid war der richtige Mann zur falschen Zeit. Was ihn
interessierte, das interessierte damals die Deutschen wenig. Aber er hat, wie der Sozialdemokrat Peter Glotz zum
hundertsten Geburtstag von Carlo Schmid schrieb, »ganze
Generationen von Lehrern, Ingenieuren, Abteilungsleitern
und Abitur-Ehefrauen für die SPD gewonnen«.

Carlo for future

Wer sich bei seinem Maiausflug überlegt, welches Geschenk
man dem Grundgesetz zum Jubiläum am 23. Mai machen
sollte, der ist nicht schlecht beraten, bei Carlo Schmid
nachzulesen: Wie kriegt das Grundgesetz nicht nur Beifall
und Glückwünsche, sondern auch neue Kraft? Schmid, der
seine Landsleute dazu bringen wollte, dass sie »ihre Schlaf-
mütze vom Kopfe ziehen und selber tätig werden«, wäre
heute, weil er ein begeisterter Europäer war, begeistert von
den Pulse-of-Europe-Demonstrationen; begeistert von den
Schülerinnen und Schülern, die bei Fridays for Future auf
die Straße gehen. Er wäre aufgeschlossen dafür, das Wahlalter zu senken; er wäre begeistert über das Bienen-Volks-
begehren in Bayern, das der Politik Beine gemacht hat und
ein neues Artenschutzgesetz erzwingt.

Bei aller Liebe zum Parlamentarismus und zur repräsentativen Demokratie – eine Prise direkter Demokratie, so würde er sagen, die Möglichkeit zu Volksbegehren und Volksentscheid, wie es sie in den Bundesländern gibt, könnte auch dem Bund nicht schaden. Und er würde glucksend im Grundgesetz blättern und beim Artikel 20 Absatz 2 haltmachen: »Alle Staatsgewalt geht vom Volke aus. Sie wird vom Volke in Wahlen und Abstimmungen ... ausgeübt«, steht da; und Schmid würde die Wörter »und Abstimmungen« markieren und sagen, er habe das, zur späteren »Bemündigung« der Bürger, schon 1948/49 so ins Grundgesetz hineinformuliert.

Ich verehre diesen Carlo Schmid (unter anderem für seine Verdammung von »Mahlzeit« als Mittagsgruß; für ihn war das der schlimmste Gruß seit »Heil Hitler«) vor allem, weil er für ein demokratisches Menschenbild steht, aus dem sich Forderungen an die Politik von heute ergeben. Dazu folgende Episode: Als sich Konrad Adenauer und Carlo Schmid am 1. September 1948 kennenlernten, beschloss Adenauer das Gespräch so: »Was uns beide unterscheidet, ist nicht nur das Alter, es ist noch etwas anderes: Sie glauben an den Menschen, ich glaube nicht an ihn und habe nie an den Menschen geglaubt.« Noch nach Jahren hat Adenauer den Sozialdemokraten bei Empfängen in eine Ecke gezogen und gefragt: »Glauben Sie immer noch an den Menschen?« Carlo Schmid tat es; er glaubte an den Menschen. Eine Demokratie, die nicht an den Menschen glaubt und die Menschen nicht mag, ist keine gute Demokratie. Die Politik darf den Bürger nicht als notwendiges Übel der Demokratie betrachten. Die repräsentative Demokratie braucht daher eine kleine Ergänzung, eine Ergänzung, für die Carlo Schmid als großer Parlamentarier stand – sie braucht eine Prise direkte Demokratie.

Das Brexit-Desaster

Adenauer sähe sich heute durch das Desaster bestätigt, das die Brexit-Abstimmung angerichtet hat. Angerührt hat dort das Ganze freilich nicht eine Volksinitiative, sondern die verantwortungslose Feigheit des damaligen britischen Premiers David Cameron. Es gilt beim Thema Volksabstimmungen mit zwei Märchen aufzuräumen. Märchen eins: Die Weimarer Republik sei an ständigen Volksabstimmungen untergegangen. Märchen zwei: Volksabstimmungen hätten stets reaktionäre Schlagseite. Beides ist falsch. Erstens: Weimar ist an der Unfähigkeit der Parteien gescheitert und daran, dass es zu wenig mündige Demokraten gab. Nicht Bürger, sondern Parlamentarier haben dem Ermächtigungsgesetz Hitlers zugestimmt, unter ihnen sogar der spätere Bundespräsident Heuss, von dem der Satz stammt, Plebiszite seien eine Prämie für Demagogen. Zweitens: Plebiszite gehen nicht immer übel aus. In der Schweiz wurde auf diese Weise der Umweltschutz schon 1971 in die Verfassung geschrieben, in Deutschland erst 1994. Volksabstimmungen sind kein Zaubertrank, sie können auch Gift sein; man muss sich Indikation und Dosierung gut überlegen. Man darf sich nicht von populistischen Extremisten ins Bockshorn jagen und vom Plebiszit ganz abhalten lassen, nur weil die es missbrauchen wollen.

Ich weiß: Wenn man nach den Pegida-Erfahrungen der jüngeren Vergangenheit von »direkter Demokratie« spricht, laufen viele Politiker und auch viele meiner Journalistenkolleginnen und -kollegen schreiend davon. Ich kann das schon verstehen. Es bleibt einem ja selbst dieses eigentlich so sympathische Wort im Halse stecken. Kann, soll, darf man die Demokratie wirklich der Straße und dem Netz ausliefern – diesen Slogans und diesem Hass, den man da findet? Die Forderung, Volksbegehren und Volksentscheid auch auf Bundesebene einzuführen, hat es daher kaum je so schwer gehabt wie jetzt. Soll das, so kann man fragen, die Zukunft der Demokratie sein? Diese Pöbelei, diese Aggression? Nein, danke. So nicht.

Die Demokratie muss näher hin zum Menschen

Und trotzdem: Die Forderung nach Plebisziten auf Bundesebene war und ist richtig. Wäre sie in den Jahren 1991, 1992 und 1993 erfüllt worden, als sie nach der Deutschen Einheit ganz oben auf der politischen Tagesordnung stand und in der Gemeinsamen Verfassungskommission von Bundestag und Bundesrat diskutiert wurde – das Gefühl, dass »die da oben eh machen, was sie wollen«, hätte sich nicht so gefährlich ausbreiten können. Aus einer Politikverdrossenheit, die schon seit Langem grassiert, wäre nicht diese partielle Politikverachtung geworden, die bis in die bürgerliche Mitte reicht. Deutschland braucht keine Hinwendung zu Nationalismus und Radikalismus. Es braucht stattdessen eine Hinwendung der Politik zu den Menschen. Die Demokratie muss näher hin zum Bürger. Willy Brandts Projekt »Mehr Demokratie wagen« aus dem Jahr 1969 verdient Fortsetzung.

Schadet es einem Land, in dem die Alterspyramide Kopf steht, wenn junge Menschen stärker an demokratischen Entscheidungen beteiligt werden?

Wählen
ab 16

Ihre Berufswahl haben viele Jugendliche ja auch schon mit 16 Jahren getroffen.

D as »Wahlrecht ab 18« hat 2020 sein goldenes Jubiläum gefeiert. Per Grundgesetzänderung wurde im ersten Jahr der Kanzlerschaft von Willy Brandt das Wahlalter auf 18 Jahre gesenkt. Es war dies ein Beitrag zu seinem Projekt »Mehr Demokratie wagen«. Die einschlägige Änderung des Grundgesetzes trat am 31. Juli 1970 in Kraft; da war Brandt gerade seit neun Monaten Bundeskanzler. Das passive Wahlrecht, also das Recht, nicht nur zu wählen, sondern auch gewählt zu werden, wurde in diesem Zusammenhang an den Zeitpunkt der Volljährigkeit geknüpft. Die Volljährigkeit lag damals noch bei 21 Jahren, wurde aber vier Jahre später auf 18 Jahre herabgesetzt. Wahlrecht und Wehrpflicht sollten auf diese Weise miteinander verknüpft werden.

Zum Jubiläum bekam die Debatte darüber neuen Schwung, ob man nicht noch mehr Demokratie wagen und das Wahlalter weiter senken sollte – auf künftig 16 Jahre. Der Grünen-Vorsitzende Robert Habeck geht mit diesem Vorschlag hausieren »wie ein kleiner Willy Brandt«; so schrieb es, ein wenig süffisant, der Kollege Armin Käfer in der *Stuttgarter Zeitung*, fand aber gleichwohl den Vorschlag grundsätzlich gut: »Mit 16 dürfen Jugendliche Bier trinken, mit 17 Auto fahren und vor ihrem 18. Geburtstag das Abitur absolvieren, was auch als Reifezeugnis gilt. Viele demonstrieren ihre staatsbürgerliche Reife durch politisches Engagement abseits der Wahlkabine. Warum sollten sie nicht auch wählen dürfen?« Ihre Berufswahl haben viele Jugendliche mit 16 Jahren ja auch schon getroffen.

Mehr Generationengerechtigkeit

Habeck wirbt mit dem Argument, die Jugendlichen hätten in der Coronakrise ihre politische Mündigkeit unter Beweis gestellt. Im Jahr 2019 hatte schon die damalige Justizministerin Katarina Barley (SPD) unter dem Eindruck der Jugendproteste von Fridays for Future ein Wahlalter von 16 ins Gespräch gebracht. Der alte Hermann Otto Solms, Schatzmeister der FDP und zuletzt Alterspräsident des Deutschen Bundestags, möchte das Mindestwahlalter gleich ganz streichen. Er will die »Generation Corona« mitbestimmen lassen und so »mehr Generationengerechtigkeit« erreichen. Er lässt offen, wie das genau aussehen soll. Die Forderung, ein Kinderwahlrecht einzuführen, existiert schon sehr lange – wurde aber nie richtig ernst genommen. Sie will Minderjährige, gegebenenfalls vertreten durch ihre Eltern, wählen lassen. »Wer wählt, zählt«, so lautet das Argument. Selbst in der Rechtswissenschaft wird dieser Vorschlag, und zwar von konservativen Autoren, mittlerweile ernsthaft erörtert. Die einen halten ihn für genial, die anderen für absurd.

Das Verwaltungsgericht Berlin hatte sich schon 1998 mit einer Klage aus dieser Ideenwelt zu befassen, mit der Klage eines 17-Jährigen, wählen zu dürfen – und es entschied, natürlich, ablehnend. Im Grundgesetz steht der eindeutige Satz »Wahlberechtigt ist, wer das 18. Lebens-

jahr vollendet hat.« Zur Änderung bedarf es einer Zwei-
drittelmehrheit in Bundesrat und Bundestag. Und es
dürfte hier wenig Überzeugungskraft haben, wenn Befür-
wortende darauf verweisen, dass Ernst Jünger das Kinderwahlrecht schon 1945 postuliert hat.

25, 20, 21, 18

Ein Kinderwahlrecht? Ein Familienwahlrecht? Mit welchem Stimmgewicht? Wer übt es aus? Wer entscheidet,
wenn sich die Eltern streiten? Das sind komplizierte Fragen. Die Einführung eines Wahlalters von 16 Jahren ist
einfacher. Wer Jugendlichen vorwirft, sie hätten keine
Ahnung, seien unreif, uninformiert, voller Vorurteile und
politisch nicht urteilsfähig, der wird sich schwertun, mit
dem nötigen Elan für das allgemeine Wahlrecht einzutreten. Der ältere Wählende ist fürwahr auch nicht immer ein
Ausbund von Urteilsfähigkeit.

Als es mit der Demokratie in Deutschland begann, bei
den Beratungen in der Paulskirche im Jahr 1849, wollten
Konservative der »launenhaften Unterschicht« das Wahlrecht versagen. Man beschloss schließlich doch, jeden
Deutschen wählen zu lassen, welcher das 25. Lebensjahr
erreicht hat. Deutsche in diesem Sinn waren nur die Männer. Das Frauenwahlrecht kam erst 1918, zugleich senkte
die Weimarer Verfassung das Wahlalter auf 20 Jahre. Das
Grundgesetz hob es 1949 wieder auf 21 an, 1970 wurde
es dann, wie gesagt, auf 18 gesenkt. Verfassungssperren
gegen eine weitere Senkung gibt es nicht. 1996 führte Niedersachsen als erstes Bundesland ein Wahlalter ab 16 auf
Kommunalebene ein. Bis heute zogen zehn weitere Bundesländer nach. Auf Landesebene gibt es das mittlerweile
auch schon in Brandenburg, Schleswig-Holstein, Hamburg
und Bremen. In Österreich wurde das Wahlalter 16 für die

nationalen Wahlen 2007 eingeführt. Die Jugendlichen gehen mit diesem Wahlrecht so ernst oder unernst um wie die anderen Wählerinnen und Wähler auch.

»Wenn es gut läuft«, – so fasst eine Studie der Friedrich-Ebert-Stiftung die Pro-Argumente zusammen – steigt erstens die Zahl der Erstwählerinnen und Erstwähler; wächst zweitens der Grad politischer Informiertheit und »die wahrgenommene Selbstwirksamkeit junger Menschen«; beteiligen sich drittens mehr junge Menschen in verschiedener Weise an Politik; haben viertens junge Menschen politischen Einfluss auch auf ihre Eltern und ihre Familien. Summa summarum: Schadet es einem Land, in dem die Alterspyramide Kopf steht, wenn junge Menschen stärker an demokratischen Entscheidungen beteiligt werden?

Der Staat darf seine ureigenen
Aufgaben nicht abschütteln, wenn
sie ihm lästig oder gerade zu teuer
sind. Zu viel Entstaatlichung, zu
viel Privatisierung werden zu einer
Gefahr für den inneren Frieden.

Wohl und Wahn

Warum Daseinsvorsorge so wichtig ist:
Der Ausverkauf staatlicher Gestaltungsmacht
schadet der Demokratie.

Vom Posthorn zum Füllhorn – das war damals die Idee: Die Deutsche Bundespost wurde privatisiert. Der Postdienst, genannt die gelbe Post, die Postbank, genannt die blaue Post, und der Fernmeldedienst, genannt die graue Post, wurden in Aktiengesellschaften umgewandelt. Am 20. Dezember 1994 wurden die Gründungsurkunden für die drei neuen Gesellschaften unterzeichnet: Deutsche Post AG, Deutsche Postbank AG und die Deutsche Telekom AG. Seit November 1996 kann jeder T-Aktien kaufen, die Post folgte vier Jahre später an die Börse. Was war die Bilanz nach 25 Jahren? Die Post AG hat viel weniger Filialen, viel weniger Briefkästen, viel weniger Service. Dafür aber hat sie ein gutes Logistikgeschäft in den USA. Und die Postbank? Aus einem florierenden Unternehmen wurde ein Ladenhüter des Bankenmarkts.

Aber wenigstens die Telekom floriert vor sich hin, obwohl es beim Ausbau eines flächendeckenden Hochgeschwindigkeitsnetzes oben und unten und hinten und vorne hapert. Und unvergessen ist, wie viele deutsche Kleinsparer, zum Kauf der T-Aktie als einer angeblichen

»Volksaktie« verlockt, ihr Erspartes verloren. Der Schauspieler Manfred Krug, der im Fernsehen intensiv und sympathisch für die Telekom und den Börsengang geworben hatte, hat sich später »aus tiefstem Herzen« bei den Kleinsparern entschuldigt. Bis heute gilt die T-Aktie als Grund, warum die Deutschen so zögerlich in Aktien investieren.

Der große Hype

Die Privatisierung der Bundespost war einer der großen Höhepunkte des Privatisierungshypes – in einer Zeit, als die Börsen heiß liefen und die Aktienhändler in Geld badeten. Zwei Jahrzehnte lang konnte man den Eindruck haben, der oberste Repräsentant des Staates sei nicht der Bundespräsident, sondern König Midas. Der Staat verkaufte seine Unternehmungen, er privatisierte, was das Zeug hielt. Er machte, wie einst Midas, alles zu Gold, was nicht niet- und nagelfest war. Bund, Länder und Gemeinden verscherbelten zwei Jahrzehnte lang nicht nur ihre Anteile an großen Firmen, um so ihre Haushalte zu sanieren. Sie gaben für viel Geld auch ihren Einfluss auf die Unternehmen der Daseinsvorsorge auf, sie zogen sich aus den Tätigkeiten zurück, die bis dahin als die ureigenen des Staates gegolten hatten: Abwasserbeseitigung, Verkehrsbetriebe, Trinkwasserversorgung und Müllentsorgung wurden auf Privatunternehmen übertragen. Das klappte da und dort gut; sehr oft klappte es nicht. Die Preise stiegen zum Teil exzessiv, die Kommunen hatten keinen oder zu wenig Einfluss, um das zu verhindern. Der Verkauf der staatlichen und kommunalen Wohnungsbaugesellschaften führte zu Preistreibereien auf dem Immobilienmarkt. Spät, aber nicht zu spät merkten die Städte, was sie angerichtet hatten. Sie kauften die verkauften Anteile zum Beispiel von den Wasserbetrieben wieder zurück. Diese Rekommunalisierung war notwendig, um das Gemeinwesen als Gemeinwesen zu erhalten.

Der Staat muss baden gehen

König Midas hatte sich einst vom Gott Dionysos gewünscht, dass alles, was er berühre, zu Gold werde. So war es dann auch: Als er sich an den Tisch setzte, wurde das Brot zu Gold, alle anderen Speisen auch. Mit Wasser und Wein passierte das Gleiche. Midas lief Gefahr, vor Hunger und Durst zu sterben – sodass er den Dionysos händeringend bat, ihn von der verhängnisvollen Gabe zu befreien. Der befreite ihn durch ein Bad in einer Quelle, die seither, so die Sage, Goldsand führt. Ein solches befreiendes Bad ist auch für das Gemeinwesen bitter notwendig. Es geht um eine Erkenntnis, die Midas gerade noch rechtzeitig hatte: Man kann daran krepieren, wenn man alles zu Gold macht.

Gewiss: Die Kommunen verkauften ihre Betriebe der Daseinsvorsorge nicht nur aus Jux, Geldmacherei und Tollerei, sondern aus Not. Die Armut der öffentlichen Hand war freilich durch Steuersenkungen selbst gemacht. Der Staat suchte nun angesichts der gewaltigen Schulden der öffentlichen Hand sein Heil in der Privatisierung seiner Unternehmungen. Lange Zeit wurde das allgemein begrüßt, die Privatisierung war Teil eines historischen Megatrends, der dem Markt sehr viel und dem Staat sehr wenig oder gar nichts zutraute, der daran glaubte, dass der Markt fast alles besser und billiger machen könne als der Staat.

Weitab vom Rathaus

Viele Mieter ehemals kommunaler Wohnungsbaugesellschaften beispielsweise haben ganz andere Erfahrungen gemacht: Alsbald nach dem Verkauf ihrer Wohnungen an Investoren wurde der Mietzins in die Höhe geschraubt. Wegen solcher Entwicklungen brach die Privatisierungseuphorie zusammen, die Bürger wurden rebellisch, in Leipzig zum Beispiel verhinderten sie per Bürgerentscheid den Verkauf der kommunalen Stadtwerke. Die Bürger erlebten Privatisierung als den Sieg der angeblichen ökonomischen Effizienz über die soziale Verantwortung. Und oft genug entpuppte sich auch noch die angebliche Effizienz als Scharlatanerie. Mit der globalen Wirtschaftskrise wuchs daher die generelle Skepsis gegenüber einer Privatisierung der Daseinsvorsorge: Wer will schon, dass Entscheidungen über Wasser, Müllentsorgung oder den Personennahverkehr irgendwo in einer Konzernzentrale fallen, weitab von einem Rathaus, weitab vom öffentlichen Scheinwerferlicht, weitab von jeder Diskussion und Demonstration der Bürgerschaft?

Ausverkauf staatlicher Gestaltungsmacht

Die Kommune ist die Schule der Demokratie. Wenn die Bürgerinnen und Bürger dort nur noch lernen können, dass die Politik auf die Versorgung mit öffentlichen Gütern kaum noch Einfluss hat, dann wird die Schule der Demokratie zur Zwergschule. Wenn der Staat immer mehr Funktionen aufgibt, wenn er immer mehr die zentralsten und wichtigsten Aufgaben abgibt, dann wird der Bereich, den der Wähler mitbestimmen kann, immer kleiner. Zu viel Entstaatlichung, zu viel Privatisierung wird daher auch zu einer Gefahr für die Demokratie. Privatisierung kann bisweilen eine gute Entscheidung sein, sie darf aber nicht auf den Ausverkauf staatlicher Gestaltungsmacht hinauslaufen. Das wäre ein Ausverkauf bürgerschaftlicher Mitbestimmung, also antidemokratisch. Antidemokratische Entscheidungen können in einer Demokratie keine guten Entscheidungen sein.

Bahnfahren als Strafe

In vielen Bereichen ist der Kontrollverlust durch Privatisierung unterschätzt worden. Richtigerweise wurde daher die Privatisierung der Bundesdruckerei, in der unter anderem Führerscheine und Reisepässe hergestellt werden, rückgängig gemacht. Der Bund hat den Laden für achthundert Millionen Euro zurückgekauft. Die Bundesrepublik Deutschland ist keine Gesellschaft mit beschränkter Haftung; sie ist keine Aktiengesellschaft und keine GmbH & Co. KG. Sie ist nicht börsenorientiert und muss keinen finanziellen Gewinn machen, sondern dafür sorgen, dass innerer Frieden herrscht in diesem Land. Das Wohl der Bürger steht also nicht unter dem Vorbehalt der Betriebswirtschaftlichkeit. Es ist hochproblematisch, wenn etwa Gefängnisse oder, wie das mehr und mehr geschieht, die Unterbringung schuldunfähiger Straftäter in forensischen Kliniken, der sogenannte Maßregelvollzug, privaten Betreibern übertragen wird. Der Staat kann seine ureigenen Aufgaben nicht abschütteln, wenn sie ihm lästig oder gerade zu teuer sind.

Bei der Bahn hat der damalige Bundesfinanzminister Peer Steinbrück 2008 den geplanten Börsengang gestoppt. Das gehört zu Steinbrücks bleibenden Verdiensten. Der damalige Bahnchef Mehdorn, der die Bahn bei seiner wahnhaften Vorbereitung auf den Börsengang kaputtsparte, hat seine verdiente Strafe dafür immer noch nicht erhalten: Er sollte zu fünf Jahren Bahnfahren rund um die Uhr verurteilt werden, in Zügen mit defekten Toiletten und Klimaanlagen. Und zum Essen nichts als ein kaltes Schinken-Käse-Baguette.

Es gibt Leute, die noch viel mehr Regeln und Reglementierung im Alltag fordern, als es sie ohnehin schon gibt – zum Gesundheitsschutz, zum Klimaschutz et cetera. Und es gibt Leute, die sich solcher Verbote wegen in einem bevormundenden Kindermädchen-Staat wähnen.

Verbotspolitik

**Gängelei? Klein-Klein? Alltagskontrolle? Nein.
Aber: Die Klimawende verlangt
einen radikalen Kurswechsel. Und sie
verträgt keine Schuldenbremse.**

D ie Politik hat zwei Werkzeugkästen mit Instrumentarien, um auf Wirtschaft und Gesellschaft Einfluss zu nehmen: Auf dem ersten Werkzeugkasten steht »Geld«, auf dem zweiten Werkzeugkasten steht »Recht«. Mit der Zufuhr oder dem Entzug von Geld kann die Politik ein erwünschtes Verhalten anregen und steuern. Mit dem Erlass und der Aufhebung von Gesetzen geht das auch; Rechtsetzung ist Steuerungspolitik.

Die Instrumentarien von Geld und Recht müssen kombiniert eingesetzt werden, um ein bestimmtes Programm durchzusetzen. Je nach der Intensität des Einsatzes dieser Mittel und je nach ihrem Mischungsverhältnis spricht man von autoritären, von paternalistischen oder von liberalen Systemen. Bei dieser Qualifizierung spielt aber auch eine Rolle, welches Programm man mit diesen Mitteln verfolgt: Ein Minarett- oder ein Kopftuchverbot aus muslimfeindlichen Gründen ist etwas anderes als ein Verbot von Stahlbeton aus Klimaschutzgründen.

Verbotspolitik ist also nicht per se gut und nicht per se schlecht. Es kommt darauf an. Es kommt erstens darauf an, was man damit erreichen will. Es kommt zweitens darauf an, ob sie aus verwirrter Panik oder verquerem Populismus erwächst – oder aber aus vernünftigem Pragmatismus. Und es kommt drittens darauf an, dass aus der Verbotspolitik nicht eine bedrückende und maßlose Sozialkontrolle wird. Den Grünen wird solche Maßlosigkeit vorgeworfen. Ihnen wird vorgeworfen, sie wollten zum Klima- und zum Gesundheitsschutz ein rigides Regime der strikten Alltags- und Lebensstilkontrolle errichten. Sie würden, wenn sie nur könnten (und als Regierungspartei könnten sie das womöglich künftig), die Gesellschaft und deren Alltag traktieren mit immer neuen Verboten, mit immer neuen straf- und bußgeldbewehrten grünen Gängeleien.

Alltagsordnung

Droht uns also eine Art »Alltagsordnung« nach dem Muster der Straßenverkehrsordnung? Entwerfen wir einmal eine solche Alltagsordnung auf der Basis der Kritik und der Polemik, wie sie den Grünen entgegenschlägt. Also: Ersetzen wir erst einmal in der Straßenverkehrsordnung das Wort »Straßenverkehr« durch »Alltag«. Dann würde der Paragraf 1 einer künftigen »Alltagsordnung« so lauten: »Die Teilnahme am Alltag erfordert ständige Vorsicht und gegenseitige Rücksicht. Wer am Alltag teilnimmt, hat sich so zu verhalten, dass kein anderer geschädigt, gefährdet oder mehr als nach den Umständen unvermeidbar, behindert oder belästigt wird.« Abgesehen von der »ständigen Vorsicht«, die im Alltag tatsächlich übertrieben daherkommt, könnte man sagen: So weit, so gut.

Aber dann beginnen die Probleme – wenn diese Haltung so sehr durch Detailvorschriften, Bußgeld- und Strafkataloge reglementiert wird wie bisher nur der Straßenverkehr. Diese Detailvorschriften könnten handeln: von der

Regulierung des Konsums und davon, welche Lebensmittel gut und wertvoll sind und welche nicht. Davon, wie man das an den aufgedruckten Ampeln erkennt und welche Verhaltensweise deshalb erwartet wird. Sie könnten davon handeln, welche Sanktionen drohen und wie hoch die Bußgelder sind, wenn man den Vorgaben zuwiderhandelt – wenn man also zum Beispiel zu viel Zucker, zu viel Fett, zu viel Fleisch oder zu viel Fisch konsumiert. Die Paragrafen könnten den Zugriff auf Genussmittel wie Tabak und Alkohol begrenzen. Sie könnten Inlandsflüge auf maximal drei im Jahr begrenzen, den Autoverkehr in Innenstädten auf bestimmte Uhrzeiten beschränken und die innerstädtische Nutzung von SUVs komplett verbieten.

Verbotspolitik in allen Farben

Natürlich gibt es so eine Alltagsordnung in Paragrafenform nicht, so ein legislatives Monstrum ist auch nicht geplant. »Noch nicht«, sagen die Kritiker, die den Grünen einen ungezügelten Umerziehungsfuror unterstellen. Die Grünen kriegen hier auch den Zorn ab, der eigentlich der EU gelten müsste – die Tabakwaren mit Aromastoffen verboten hat, also zum Beispiel Mentholzigaretten; die alle Zigarettenschachteln mit ekligen Warnhinweisen bedrucken lässt und die soeben alle Einwegplastikprodukte hat wegräumen lassen. Es gibt Leute, die noch sehr viel mehr solcher Verbote fordern, und es gibt Leute, die sich solcher Verbote wegen in einem bevormundenden Kindermädchen-Staat wähnen.

Eine ganz generelle Verbotsaffinität und eine ganz generelle Verbotsaversion existiert nicht – die Einstellung zum Verbot wechselt mit dem Objekt, dem das Verbot gilt. Verbotspolitik ist nicht grün; wer das behauptet, ist politisch farbenblind. Verbotspolitik kann alle Farben annehmen: Schwarze möchten Cannabis und Abtreibung verbieten; Grüne: Fleisch und Verbrennungsmotoren; Rote: Mietwucher und Auslandseinsätze, Blaue: Kopftücher und Minarette; und Gelbe, ja, auch die möchten etwas verbieten: dass der Staat Schulden macht und sich in die Wirtschaft einmischt.

Das irrsinnigste Verbot

Es gibt kluge und dumme, nötige und unnötige, produktive und kontraproduktive Verbote. Die Kunst einer guten Klimapolitik besteht darin, die Menschen nicht mit Alltagsgängeleien aufzuregen, sondern für einen Kurswechsel zu gewinnen. Das Ziel einer konsequent-eindringlichen Politik der Klimawende ist es nicht, das Leben von zigmillionen Menschen quasi auf Millimeterpapier à la Corona zu regulieren. Das Ziel muss es sein, die Grundachsen der Wirtschafts- und Gesellschaftspolitik neu zu justieren.

Dazu gehören nicht nur der Ausbau erneuerbarer Energien und eine neue Verkehrspolitik, dazu gehört auch Wachstumsreduktion; das heißt: Verzicht. Wie aber sollen das diejenigen mittragen, die es ohnehin knapp haben? Wie verhindert man, dass dann Rechtsaußen gewinnt und die Demokratie verliert? Die große Frage ist, wie so ein Verzicht demokratisch, ohne Verbot und mit dem gebotenen Ausgleich für die Armen der Gesellschaft hinzukriegen ist. Bevor der Staat verbietet, sollte er sich die Souveränität über die Alltagsressourcen (Bahn, Energie, Wasser) und deren Steuerung zurückholen und sie nicht dem Markt und dem Wettbewerbsprinzip überlassen. Für eine Klimawende gilt es, mit all dem behände zu arbeiten, was die zwei Werkzeugkisten des Staats hergeben: Geld und Recht. Ohne Geld ist eine Klimawende nicht zu bewerkstelligen.

Das kontraproduktivste, das irrsinnigste Verbot ist daher hier das Verbot, Schulden zu machen – genannt Schuldenbremse. Sie ist, per Gesetz, abzuschaffen. Die Klimawende verträgt keine Bremse.

Demokratie braucht Persönlichkeiten. Demokratie braucht Originale.
Demokratie braucht auch Reife.

Was eine Demokratie braucht

Die Achtung vor einer politischen Lebensleistung ist ein Mittel gegen die Radikalisierung der Gesellschaft.

Es war nur ein Hund, und er konnte nichts dafür. Sein Herrchen packte ihn und hob ihn hoch, als ob der Hund so eine bessere Sicht haben sollte auf diesen Wahlkampftag in der Fußgängerzone. Der wahlkämpfende Politiker, es war der amtierende Oberbürgermeister einer Großstadt, es war ein ungelenker, fachlich unumstrittener Verwaltungsjurist, stand hinter dem Tapetentisch seiner Partei. Er hatte zwei Amtsperioden hinter sich und stellte sich zur Wiederwahl; er galt als abgenutzt, und gegen ihn kandidierte eine sehr beliebte Frau. Die Szene in der Fußgängerzone sah so aus, als wolle das Herrchen den Hund schnuppern lassen am wahlkämpfenden Oberbürgermeister, als handele es sich um den Versuch, dessen Tierliebe zu testen. Aber auf einmal drehte der Mann seinen Hund um, stieß dem alten OB den Hundearsch ins Gesicht und rief: »Net amol da Hund mog di.«

Die Szene spielt, wie man am Dialekt merkt, im Bayerischen. Sie ist kein ganz aktueller Ausdruck von Politik- oder Politikerverachtung, weil sie sich schon vor drei Jahrzehnten ereignet hat. Sie ist gleichwohl ein böses Exempel dafür, wie in Deutschland mit Politikern umgesprungen wird. Wer »in die Politik« gewählt wird, der wird von einem bisher respektierten Verwaltungsjuristen, Handwerker, Schulleiter oder Geschäftsführer zu einem verdächtigen Subjekt. So war das schon vor ein paar Jahrzehnten – und das ist in den Zeiten des Internets noch viel, viel schlimmer geworden.

Verachtung der Politik führt zum Aufstieg der Verächter.

Sicher: Politiker machen Fehler; und es gibt auch viel zu beklagen und zu verbessern am politischen System. Die Handwerker, Schulleiter und Geschäftsführer machen auch Fehler; und auch in ihren Betrieben gibt es viel zu beklagen und zu verbessern. Aber in der Politik ist es so, als sei der Wahlzettel zugleich eine Lizenz zur öffentlichen Verspottung, Verhöhnung und Verachtung des Gewählten. Und so kommt es beispielsweise dazu, dass nach landläufiger Ansicht die Diäten der Politiker zu hoch sind – ganz egal, wie hoch sie sind. Der Politiker, die Politikerin gelten per se als schlecht. Die garstigen Dauergesänge über und gegen Politiker haben mit beigetragen zu einer Politikverachtung, die sich heute auch darin zeigt, dass immer mehr Parteien und Politiker Zuspruch finden, die eine Politik der Verachtung betreiben. Diese seit Langem grassierende Politikverachtung hat zum Aufstieg von Parteien und Politikern geführt, die die Rüpelei, die Pöbelei und die Verachtung zum Prinzip ihrer Politik erhoben haben – die Verachtung des Anstands, des politischen Gegners, der rechtsstaatlichen Regeln sowie der Grund- und der Menschenrechte. Der ehemalige faschistoide italienische Innenminister Matteo Salvini gehört zu ihnen, der einstige US-Präsident Trump und auch die Höcke-Politiker in der

AfD, die so tun, als sei Braun wieder eine Farbe, die zum Spektrum der deutschen Politik gehören soll. Wer zusammen mit Neonazis und Hitlergrüßern marschiert, darf in Deutschland keinen Fuß mehr auf den Boden kriegen.

Hetze, Verhetzung, Hass

Als der CDU-Politiker Walter Lübcke von einem Rechtsextremisten auf der Terrasse seines Hauses in Kassel erschossen wurde, wurde diese Mordtat in vielen Kommentaren im Netz gefeiert. Es herrschte dort Jubel über den Tod des Politikers, gegen den zuvor wegen seines Engagements für Flüchtlinge schon übel gehetzt und gedroht worden war. Die ungeheuer gemeinen und bösartigen Sätze gegen den Politiker standen im Netz, tagelang, als handele es sich um Plakate, Zeugnisse und Urkunden der Meinungsfreiheit. Sie standen da, als gäbe es keine Löschvorschriften im Netzwerkdurchsetzungsgesetz, sie standen da, als wollten sie dessen Paragrafen verhöhnen und sich über seine Absichten lustig machen. Es gibt ein Netzwerk der psychischen Beihilfe, das sich im Netz rekrutiert und fortpflanzt.

Hetze, Verhetzung und Hass im Netz beginnen mit Beleidigung, Verleumdung, übler Nachrede. Nach der immer noch herrschenden Rechtsprechung müssen Politikerinnen und Politiker es sich gefallen lassen, als »alte perverse Drecksau«, als »nutzloses Stück Dreck« und als »Drecksfotze« beschimpft zu werden. Sie sollen also, meint die Justiz, im Interesse der Meinungsfreiheit, jedwede Hetze aushalten, sei das nun der Satz »man sollte dich köpfen«, sei es die Drohung, vergewaltigt oder ins Mähwerk eines Mähdreschers geworfen zu werden. Auch Schmähkritik hat, angeblich, noch irgendeinen Bezug zur Sachauseinandersetzung und wird deshalb, angeblich, von der Meinungsfreiheit geschützt. Fassungslos steht man vor dieser Verrohung. Das Internet wird zur Kloake; und die Justiz macht die Schleuse auf, sie lässt zu, dass der Dreck schwimmt und schwemmt und stinkt.

Meinungsfreiheit? Nein, Schmähungen gehören nicht zur Meinungsfreiheit. Ja, das Wort »Volksverräter«, mit dem Extremisten demokratische Politikerinnen und Politiker beschimpfen, ist ein hetzendes und strafbares Wort. Nein, es stimmt nicht, dass gegen die Verrohung kein Kraut gewachsen sei. Die einschlägigen Paragrafen heißen: Beleidigung, üble Nachrede, Nötigung, Verunglimpfung des Staats, Volksverhetzung. Wenn Volksverhetzung Volkssport wird, darf der Staat nicht zuschauen und so tun, als könne man nichts machen, als sei das halt so etwas wie eine Gewitterfront, die schon wieder abziehen wird. Das Recht sollte, es muss die Entwicklung des Internets zur Pöbelhölle aufhalten – und der Journalismus sollte dabei mithelfen. Zur Pressefreiheit gehört auch die Verteidigung der demokratischen Politiker und der rechtsstaatlichen Parteien gegen ihre Verächter.

Eine Portion Egomanie

Ob Lafontaine oder Gabriel oder Seehofer – es sind umstrittene Politiker, es sind ausgeprägte Charaktere, es sind Originale. Die demokratische und rechtsstaatliche Politik braucht solche Persönlichkeiten. Man kann, man darf, man soll über sie streiten; aber der Streit darf nicht verletzend, nicht verleumderisch, nicht verächtlich sein. Es gibt eine Erwartungshaltung an die Politiker, so klug zu sein wie Marc Aurel, so integer wie Papst Franziskus und so durchsetzungsstark wie ein Bulldozer. Lästerer gegen »die Politiker« verlangen, dass diese stellvertretend für ihre Wähler uneigennützig, selbstlos und moralisch sind. Wären die vielen Lästerer, die den Politikern Faulheit vorwerfen, weil sie wieder einmal ein ziemlich leeres Parlament sehen, nur halb so fleißig, wie die Politiker es ganz überwiegend sind – dann würde durch das Land wohl ein großer Ruck gehen. Politik ist ein Beruf, in dem fast rund um die Uhr gearbeitet wird. Über einen Ministerpräsidenten wie Markus Söder von der CSU kann man viel Kritisches sagen – aber nicht, dass er nicht fleißig wäre.

Egomanie? Ohne eine Portion Egomanie ist das Leben in der Politik kaum auszuhalten. So groß wie bei Söder muss die Portion ja nicht unbedingt sein. Es gibt Politiker, denen man »Charisma« vergeblich zuzuschreiben versucht. Bei Lafontaine war es eher so, dass versucht wurde, ihm das Charisma wegzuschreiben, es ist nicht geglückt. Jahrelang war er, nach seinem höchst kritisierenswerten, fluchtartigen Rücktritt als SPD-Finanzminister und als SPD-Parteichef im Jahr 1999, der Buhmann der Nation. »Verräter« war das Synonym für Lafontaine. Wenn es um Lafontaine ging, taten ein paar Jahre lang auch ansonsten sachliche Nachrichten so, als seien sie Kommentare. Das war nicht sehr demokratisch – aber Lafontaine hat sich dagegen mit demokratischen Mitteln gewehrt: mit Erfolg bei den Wahlen.

Der bayerische Sozialdemokrat Ludwig Stiegler nannte Lafontaine einmal einen »Luzifer«. Das ist ein waghalsiger, aber mythologisch lohnender Vergleich: Luzifer war der erste aller Engel, derjenige, dessen Glanz alle anderen Engel überstrahlte, der aber dann in die Unterwelt gestürzt wurde. Luzifer bedeutet wörtlich übersetzt »Lichtbringer«. Das beschreibt die Rolle Lafontaines in der SPD in den Jahren 1995 bis 1998 ganz gut. Dann wurde binnen weniger Jahre, die zu den merkwürdigsten in der Parteiengeschichte der deutschen Demokratie gehören, aus dem Lichtträger der Sozialdemokraten ihr Diabolus. Spannend ist der Luzifer-Lafontaine-Vergleich auch deswegen, weil Ersterer nach der verlorenen Schlacht im Himmel seine Anhänger, und es war immerhin ein Drittel der Engel, mit sich nahm.

Die SPD hat einst mit dem Ego von Leuten wie Willy Brandt, Helmut Schmidt und Herbert Wehner gut gelebt, es jedenfalls lange Zeit ausgehalten; und die lange Zeit des Aushaltens hat ihr gutgetan. Und der CSU hat das addierte Ego von Edmund Stoiber und Theo Waigel nicht unbedingt geschadet; die beiden rieben sich aneinander, aber diese Reibung hat die Partei durchaus gewärmt.

Aus kleinsten Verhältnissen

Achtsamkeit bei der Kritik – dazu gehört auch die Achtung vor einer politischen Lebensleistung. Nehmen wir Horst Seehofer: Er war der erste und vielleicht der letzte bayerische Ministerpräsident mit proletarischer Herkunft; er war der erste Regierungschef in Bayern, der nicht an einer Universität studiert hat. Er war einer, der sich mit Fleiß und Begabung durchgesetzt hat gegen die, die eine schönere Kindheit hatten und deren Eltern die Schulausflüge bezahlen konnten, an denen der Schüler Horst, weil zu Hause das Geld dafür fehlte, nicht teilnehmen konnte. Seehofer steht, wie sein ewiger Rivale Erwin Huber, für eine CSU der kleinen Leute, für eine Partei, in der man sich aus kleinen und kleinsten Verhältnissen hocharbeiten konnte – also für die Volkspartei CSU. Seehofer begann sein Berufsleben als Laufbursche im Landratsamt, er machte die Verwaltungsprüfungen für den gehobenen Dienst; er hatte Durchblick, er schrieb die Gesprächszettel und Reden für Bürgermeister und Landräte; und als er feststellte, dass die dann seine Sätze Wort für Wort vortrugen, beschloss er, dass er das auch selber machen könnte: Mit

31 Jahren wurde er in den Bundestag gewählt, Theo Waigel dort zu seinem Förderer. Aus Seehofer wurde, geprägt von seiner Herkunft, ein hochengagierter Sozialpolitiker. Als Sozial- und Gesundheitspolitiker war er kämpferisch, da ging er Auseinandersetzungen nicht, wie sonst gerne, aus dem Weg. Er stelle sich immer die Frage, hat er einmal in einem Interview erklärt, »wie sich bestimmte politische Entscheidungen für die kleinen Leute auswirken«.

Als Ministerpräsident und CSU-Chef hat er persönliche Bescheidenheit mit auftrumpfender Politik kombiniert, und es ist ihm 2013 gelungen, seine Partei wieder zu stabilisieren und zur absoluten Mehrheit zu führen. Die Attitüde des besorgten, gelassenen und leutseligen Schäfers half ihm dabei. Er konnte aber dieses Bild und die Mehrheit nicht erhalten. Sein sympathisch glucksendes Reden wurde giftig, sein schnappendes Lachen gefährlich. Die Selbstgefälligkeit in ihm brannte durch.

Am rechten Fleck

Die AfD raubte ihm die Gelassenheit, er lieferte sich in der Asylpolitik drei Jahre lang einen wilden Kampf mit der Kanzlerin, er brüskierte sie, er drohte mit einer Klage in Karlsruhe, er titulierte sie nach dem Asylsommer 2015 als Rechts- und Verfassungsbrecherin; er redete so wie die AfD, angeblich, um sie überflüssig zu machen, er propagierte eine Asyl-Obergrenze, krönte das Ganze mit der Drohung, die CSU von der CDU zu scheiden. Seehofer glaubte, die Härte in der Flüchtlingspolitik werde die CSU so hart machen, dass ihr die AfD nichts oder nur wenig anhaben könne. Er nahm daher in Kauf, dass die CSU in der Flüchtlings- und Ausländerpolitik erstens der AfD viel näher rückte als der CDU und dass die CSU sich zweitens auch weit von der katholischen und der evangelischen Politik entfernte. Das Reden über Seehofer als einem Politiker, der das Herz am rechten Fleck hat, bekam eine neue, böse Bedeutung.

Das Erfahrungskrokodil

Die Quittung kam bei der Bundestagswahl 2017 (und sollte bei der Landtagswahl von 2018 noch schlimmer kommen). Nach diesem Absturz raubten ihm die Landtagsfraktion und der Konkurrent Markus Söder das Amt des Ministerpräsidenten, und er selbst raubte sich die Souveränität, als er im neuen Kabinett Merkel IV ein Amt annahm, das nicht zu ihm passte: das des Bundesinnenministers. In der Geschichte dieses Hauses ist er ein Unikum: Außer ihm gab es in der langen Reihe von Ministern nur einen (Paul Lücke, 1965 bis 1968), der nicht Jurist war. Seehofer fehlte und fehlt das Sensorium, das man in diesem Amt braucht – deswegen war er so stur, deswegen kompensierte er seine Unsicherheit immer wieder mit Rechtsaußengerede. Er sagt von sich, er sei ein »Erfahrungsjurist«. Aber das ist so, wie wenn eine Giraffe, die sich in die Sümpfe verirrt, von sich sagt, sie sei ein Erfahrungskrokodil. Seine letzten politischen Jahre als Bundesinnenminister waren nicht die Krönung, sondern der Austrag einer großen politischen Laufbahn. Seehofer wurde als Ministerpräsident und als CSU-Chef abgelöst von einem, der ein noch gerissenerer Populist ist als er und dessen Machtbewusstsein noch dominanter ist.

Seehofer ist ein jovialer Einzelgänger. Wenn er künftig als Pensionär viel Schafkopf klopft, wird er das machen können, was er besonders gut kann – nämlich Solos spielen. Man wird Seehofers letzte Jahre, es waren eher uninspirierte Jahre, vielleicht bald vergessen. Man wird sich eher erinnern an den leutseligen Spott, der ihm zu Gebote stand – und den er im Bierzelt gern so einsetzte: »Vorne sitzt die Prominenz und hinten die Intelligenz«. Beifall, Beifall. Er gilt dem Respekt vor einer Lebensleistung – auch wenn man fast immer anderer Ansicht war.

Die Inlandsgeheimdienste sind
verantwortlich für eine endlose
Kette von Skandalen. Dafür werden
sie mit immer neuen Kompetenzen
belohnt, dürfen jetzt auch Smartphones und Rechner hacken.

Ein Staat ohne Geheimdienst

Warum man den Verfassungsschutz als operative Behörde nicht braucht

Es ist passiert. Der Bundestag hat neue Wanzen genehmigt. Nicht nur die Strafverfolgungsbehörden, sondern auch die deutschen Geheimdienste dürfen künftig Smartphones und Rechner hacken, um dort die Telekommunikation abzugreifen; davor schützt keine Verschlüsselung. Die Geheimdienste dürfen nämlich zugreifen, bevor Messengerdienste wie WhatsApp, Signal oder Threema die Kommunikation verschlüsseln können. Quellen-TKÜ heißt das, Quellen-Telekommunikationsüberwachung. Zu diesem Zweck darf Spionagesoftware auf die privaten Computer gespielt werden. Von Staatstrojanern und von elektronischen Wanzen ist umgangssprachlich die Rede. Wie gesagt: Solchen Zugriff haben künftig nicht nur, rechtsstaatlich gut kontrolliert, die Staatsanwaltschaften, sondern alle deutschen Geheimdienste – es sind in Bund und Ländern insgesamt 19.

Illegale Datensammlung

Um den Geheimdiensten solche Dinge zu erlauben, muss man schon sehr viel Vertrauen in ihre Zuverlässigkeit und

Integrität haben. Gleichzeitig mit der vom Bundestag per Gesetz gebilligten Aufrüstung der Geheimdienste erreichte die Öffentlichkeit die Nachricht von einer illegalen Datensammlung des sächsischen Landesamts für Verfassungsschutz; das ist der Geheimdienst des Bundeslandes Sachsen. Er hat offenbar über viele Jahre hinweg Informationen und personenbezogene Daten über nahezu alle Abgeordneten des Landtages gesammelt und gespeichert, auch Daten über Regierungsmitglieder – über Wirtschaftsminister Martin Dulig (SPD) zum Beispiel, den stellvertretenden Ministerpräsidenten. Dieser seltsame Verfassungsschutz darf also künftig Smartphones und Computer hacken – und kann so noch viel mehr Daten von Abgeordneten und Regierungsmitgliedern sammeln.

Es gibt Anlass, sich die Geheimdienste, die so reichlich mit immer neuen Kompetenzen ausgestattet werden, näher anzuschauen. Beschäftigen wir uns also deshalb mit ihrem Wirken, ihren Erfolgen, ihren Misserfolgen. Ein paar Erklärungen vorweg: Es gibt den Auslandsgeheimdienst, er heißt Bundesnachrichtendienst (BND). Und es gibt den Inlandsgeheimdienst, er heißt Verfassungsschutz. Den Inlandsgeheimdienst gibt es gleich siebzehnmal: Der Bund hat einen Bundesverfassungsschutz, und jedes Bundesland hat einen Landesverfassungsschutz. Es soll an dieser Stelle um die Inlandsgeheimdienste, also die 17 Verfassungsschutzämter gehen.

Fünf seltsame Kapitel

Betrachten wir kurz die Erfolgsgeschichte des Verfassungsschutzes in der Bundesrepublik Deutschland, in fünf Kapiteln – so, wie sie hätte sein können, aber leider nicht war. Erstens: Als vor bald sechzig Jahren die Redaktion des Nachrichtenmagazins *Der Spiegel* auf Anweisung des damaligen Verteidigungsministers und CSU-Chefs Franz Josef Strauß durchsucht, besetzt und sein Verleger Rudolf Augstein verhaftet werden sollte, hat dies der Verfassungsschutz verhindert; die Pressefreiheit ist nämlich ein Teil der Verfassung, die er zu schützen hat. Zweitens: Als, das ist bald fünfzig Jahre her, die DDR einen Spion namens Günter Guillaume als persönlichen Referenten bei Bundeskanzler Willy Brandt (SPD) einzuschleusen versuchte, hat das der Verfassungsschutz vereitelt. Drittens: Als vor vierzig Jahren die Flick-Affäre aufgedeckt wurde, war dies ein Verdienst eines Verfassungsschutzes, der sich darüber im Klaren war: Zum Schutz der Verfassung gehört es, dass der Staat nicht von reichen Leuten gekauft werden kann. Spitzenpolitiker von CDU, CSU, FDP und SPD hatten von Flick Geld erhalten, und der Verfassungsschutz hatte sich erfolgreich auf die Spur gesetzt. Viertens: In Rostock-Lichtenhagen konnte der Verfassungsschutz vor dreißig Jahren ein Pogrom der Neonazis gegen Ausländer verhindern. 115 Vietnamesen wurden auf diese Weise gerettet. Fünftens: Vor zwanzig Jahren entlarvte der Verfassungsschutz eine rechtsextremistische Terrorzelle namens NSU, die zur Ermordung von Menschen mit Migrationshintergrund gebildet worden war. Der Verfassungsschutz verhinderte so eine ganze Mordserie, er verhinderte Sprengstoffanschläge und Raubüberfälle; und er nahm das Umfeld der braunen Bande ins Visier, Hunderte braune Aktivisten, darunter Funktionäre rechtsextremer Parteien.

Unter den Augen des Geheimdienstes

Doch all diese Erfolge des Verfassungsschutzes gab es leider nicht. Genau das Gegenteil ist geschehen. Unter den Augen des Verfassungsschutzes, um das schändlichste und furchtbarste Kapitel der Geschichte zu nennen,

konnte der NSU untertauchen und dann mordend durch
Deutschland ziehen. Die NSU-Morde hätten verhindert
werden können, wenn der Verfassungsschutz das nicht
verhindert hätte. Der Verfassungsschutz hat es ermöglicht, dass die Neonazis im Untergrund bleiben konnten.
Er hat sie vor Ermittlungen der Polizei gewarnt. Er hat
verdunkelt, verschleiert, Akten vernichtet. Das alles ist
nachzulesen zum Beispiel im Bericht des Untersuchungs-
ausschusses des Landtages von Thüringen aus dem Jahr
2014, recherchiert in 68 Sitzungen und dokumentiert auf
1800 Seiten.

Die Verfehlungen, Versäumnisse und Vertuschungen,
die Pflichtverletzungen und Pflichtvergessenheiten addier-
ten sich zum GAU des Verfassungsschutzes in Deutschland. GAU? Es ging um mehr als nur um einen Unfall. Es
ging um ein Morden, das durch das Neben- und Gegeneinander zumal von Geheimdienstbehörden des Bundes und
der Länder erleichtert wurde.

Gäbe es ein Strafrecht für Behörden – dieser Verfassungsschutz hätte für sein brutales Versagen die Höchststrafe verdient: »Im Namen des Volkes ergeht folgendes
Urteil: 1. Der Verfassungsschutz wird aufgelöst. 2. Es wird
seine komplette Neuorganisation binnen Jahresfrist ange-
ordnet.« Aber so etwas anzuordnen, lag nicht in der Kompetenz des Staatsschutzsenates beim Oberlandesgericht
München, der vor drei Jahren sein Urteil im NSU-Prozess
gefällt hat. Es wäre dies die Pflicht der Legislative und der
Exekutive in Bund und Ländern gewesen. Das Geheim-
dienst- und Staatsschutzwesen braucht eine Fundamental-
reform, nicht einen ständigen Zuwachs an Kompetenzen.
Wie zur Belohnung für die grausamen Fehler wurden und
werden dem Verfassungsschutz in Antiterrorgesetzen
immer neue Abhörrechte und geheime Befugnisse einge-
räumt, abseits der Kontrolle durch die Justiz.

Von Heinemann bis Gössner

Ein Wort zur Gründungsgeschichte: Der Verfassungsschutz war ein Kind seiner Zeit, ein besonders aggressives Kind freilich. Er war so eine Art vorgeschobener Beobachter im Kalten Krieg. Zur Gründungsgeschichte gehört dieses: Um die Bevölkerung nur fünf Jahre nach der bedingungslosen Kapitulation wieder zur Aufrüstung zu bewegen, brauchte die Bundesrepublik ein Feindbild: die Kommunisten. Und in ihrer ja nicht unberechtigten Angst vor dem Kommunismus der Sowjetunion kriminalisierte die junge Republik alles, was sich kommunistisch gebärdete und irgendwie danach aussah. Als 1956 die Kommunistische Partei Deutschlands (KPD) vom Bundesverfassungsgericht verboten wurde, begann die große wilde Zeit des Verfassungsschutzes: KPD-Mitglieder, die im Konzentrationslager gesessen hatten, wurden von Verfassungsschützern, die Nazis gewesen waren, zur Strecke gebracht.

In seinen frühen Jahren bespitzelte er den Rechtsanwalt Gustav Heinemann, den späteren Bundespräsidenten. Dessen Telefonate wurden abgehört, er galt als Kommunistenfreund. Klara Marie Faßbinder, die katholische Pazifistin, wurde unter der Mithilfe des Verfassungsschutzes aus der Bonner Hochschule vertrieben und auf ihren Geisteszustand untersucht, weil sie Adenauers Aufrüstungspolitik bekämpfte.

So war das in den Anfangsjahren. Und nicht alles hat sich in den späteren Jahren verändert. Der Bremer Menschenrechtler, Rechtsanwalt und Publizist Rolf Gössner wurde fast vierzig Jahre lang vom Inlandsgeheimdienst zu Unrecht ausgespäht. Die jahrzehntelange Beobachtung durch das Bundesamt für Verfassungsschutz war »in handgreiflicher Weise unangemessen«. Das schrieb das Bundesverwaltungsgericht in der im März 2021 vorgelegten Begründung seines Urteils vom Dezember 2020. Was muss eigentlich noch passieren, bis etwas passiert?

Der Verfassungsschutz als Straftäter

Von 1972 an war der Verfassungsschutz damit beschäftigt, den Radikalenerlass der Bundesregierung zu exekutieren und die dafür notwendigen Feststellungen zu treffen. 15 Jahre lang war und blieb es so: Ob Postbote, Schullehrerin, Gefängnisdirektor oder Lokomotivführer – gab es vom Verfassungsschutz Zweifel an der Treue zum Staat, dann wurde man abgelehnt und nicht verbeamtet. Der Verfassungsschutz war auch dabei, als es den Staat gegen die Demonstranten von Brokdorf und Wackersdorf zu schützen galt, gegen die Gegner der Volkszählung, gegen die Sitzblockierer vor den Toren der Giftgas- und Raketenlager. Sie alle standen ja im Verdacht, bewusst oder unbewusst das Geschäft »der anderen Seite« zu besorgen. Im Jahr 1978 sprengte der niedersächsische Geheimdienst im Zuge der RAF-Bekämpfung ein Loch in die Mauer des Gefängnisses von Celle und schob die fingierte Straftat anderen in die Schuhe, um so dem Wähler effektive Terrorismusbekämpfung zu demonstrieren. Zum Opfer wurde sogar die Polizei, die an die terroristische Aktion glaubte; zum Narren gehalten wurde auch das niedersächsische Parlament, dem Lügenmärchen aufgetischt wurden.

Wer schützt vor den Schützern?

In Berlin hat der dortige Verfassungsschutz versucht, auch die Justiz zum Narren zu halten. Bis heute ist ungeklärt, ob der Terrorist und V-Mann Ulrich Schmücker, Informant des Berliner Verfassungsschutzes, im Jahr 1974 mit Wissen, mit Duldung oder unter Mitwirkung des Verfassungsschutzes ermordet wurde. Als 1991 der Prozess gegen sechs mutmaßliche Terroristen nach 16 Verhandlungsjahren ergebnislos endete, stand jedenfalls fest: Der Verfassungsschutz hatte die Aufklärung verhindert. Die Richter wussten sich nicht mehr anders zu helfen, als den Prozess – es war der längste in der Geschichte der Bundesrepublik – einzustellen.

Die Frage, wer die Verfassung vor ihren Schützern schützt, ist zwar bissig, aber wichtig und richtig. Die Geheimdienstkontrolleure des Bundestags und der Landtage sind gutwillig, aber überfordert. Hans Peter Bull, er war einst der erste Bundesbeauftragte für Datenschutz und sieben Jahre lang SPD-Innenminister von Schleswig-Holstein, hat 2013 einen fundamentalen Vorschlag zur Neuorganisation des Verfassungsschutzes gemacht: Er will ihn zu einem wissenschaftlichen Institut ummodeln. Die Ämter für Verfassungsschutz in Bund und Ländern sollen nur noch für die wissenschaftliche Analyse offener Quellen zuständig sein.»Der Verfassungsschutz wäre dann kein Geheimdienst mehr«, sagt Bull. V-Leute und andere Nachrichtenbeschaffer, die geheim arbeiten, wären nicht mehr erforderlich. Alle bisherigen operativen Aufgaben des Verfassungsschutzes sollen nach Bulls Vorstellungen komplett an die Kriminalpolizei übertragen werden.

Das ist ein trefflicher Vorschlag. Der Verfassungsschutz sollte in die Polizei eingegliedert und wie die Polizei kontrolliert werden. Die Polizei hat Staatsschutzabteilungen; dorthin gehört der Verfassungsschutz. Die Staatsanwaltschaften haben auch Staatsschutzabteilungen; die haben dann den polizeilichen Verfassungsschutz zu kontrollieren. Es gilt, den Rechtswillen des Staats zu demonstrieren.

Extremismuskriterien dürfen nicht
konfus und nicht beliebig werden.

Rinks & lechts

Die Linke hat sich in drei Jahrzehnten demokratisiert, die AfD in wenigen Jahren radikalisiert.

August Bebel, der dreißig Jahre lang Vorsitzender der Sozialdemokratischen Partei war, wartete sein Leben lang auf das, was er 1911 den »großen Kladderadatsch« nannte. Er glaubte an den notwendigen Verlauf der Geschichte, den zwangsläufigen Zusammenbruch des Kapitalismus und der bürgerlichen Gesellschaft, den Anbruch der großen Zeit der Sozialdemokratie. Dass die SPD den großen Kladderadatsch, wie derzeit, am eigenen Leib erlebt, das hätte sich Bebel nicht vorstellen können.

Hätte man ihm so etwas prophezeit, er hätte geantwortet, die Linke werde niemals untergehen, man habe wohl rechts und links verwechselt. Die Möglichkeit einer Verwechslung erschien ihm nur in einer einzigen Beziehung statthaft, ja wichtig – wenn es um das Äußerliche ging. Seine Leute sollten im Reichstag genauso ordentlich gekleidet sein wie die Rechten. Er selbst betrat das Parlament nur im Gehrock. Konnte einer der SPD-Abgeordneten sich keinen schwarzen Anzug leisten, ließ ihn Bebel aus der Fraktionskasse bezahlen.

Aber rechts und links waren auch damals schon nicht so klar sortiert: Im Juli 1914 hatte die SPD noch Massen-

demos gegen den drohenden Weltkrieg organisiert, wenige
Tage später stimmte die Partei den Kriegskrediten zu. Warum? Ihr Leiden am Stigma der »Vaterlandslosigkeit« war
größer als der Wunsch, den Krieg durch Verbrüderung der
europäischen Arbeiterschaft zu verhindern.

Richtungswechsel

Willy Brandt, der Kanzler von »Mehr Demokratie wagen«,
setzte sechzig Jahre später seine Unterschrift unter den
Radikalenerlass, mit dem Berufsverbote gegen rebellische
junge Leute verhängt wurden. Warum? Es war sein Versuch, sich Flankenschutz gegen die heftigen Angriffe von
rechts zu verschaffen; später erkannte Brandt das als seinen Kardinalfehler, der ihn die Glaubwürdigkeit bei der
jungen Generation gekostet hatte. Links und rechts kann
man nicht verwechseln? Die Agenda 2010 des Kanzlers
Schröder gilt vielen als ein Werk, das die SPD erbittert
bekämpft hätte, wäre es von Union und FDP gekommen.
Solche Links-rechts-Richtungswechsel haben bei der SPD
immer zu krisenhaften Entwicklungen geführt.

Im Jahr 1966 veröffentlichte der österreichische Lyriker Ernst Jandl seinen ersten Gedichtband, der Laut und
Luise hieß. Dort findet sich ein kurzes Poem mit Namen
lichtung, in dem Jandl der Links-rechts-Frage nachgeht,
indem er einfach die Buchstaben »l« und »r« vertauscht:
»manche meinen lechts und rinks kann man nicht velwechsern. werch ein illtum!« Das Jahr der Publikation des
Gedichts war das Jahr, in dem die NPD in Deutschland ihre
Höhenflüge begann. Fürchtete Jandl braune Ansteckung
bei anderen Parteien? Sein Gedicht handelt freilich nicht
von bloßer Ansteckbarkeit, auch nicht von der Übernahme
einzelner Positionen, sondern von völliger Vertauschung
von links und rechts. Und es spiegelt zugleich, welcher

Unfug bei der Gleichsetzung von links und rechts heraus-
kommt. Extremismuskriterien dürfen nicht konfus und
auch nicht beliebig werden.

Betrügerische Verbürgerlichung

Manche in der CDU sehen schon Extremismus am Werk,
wenn der Juso-Chef Kühnert von Enteignungen spricht
oder Olaf Scholz nicht zum SPD-Vorsitzenden gewählt
wird. Das Irre ist, dass es gleichzeitig etwa in der CDU
Thüringen Bestrebungen gibt, mit der AfD ein Bündnis zu
schließen – und dieses ein »bürgerliches Bündnis« zu nennen; das wäre eine Lüge, weil es die AfD der Anfangszeit
als bürgerlich-rechtsliberale Anti-Europa-Partei des Vorsitzenden Bernd Lucke nicht mehr gibt. Die AfD ist radikal
nach rechts gerückt, zu einer völkischen Partei geworden.
Sich mit einer solchen Partei zu verbünden, wäre die be-
trügerische Verbürgerlichung einer antibürgerlichen und
rechtsstaatsfernen Partei. Wenn in der CDU die AfD zu
diesem Zweck mit der Linkspartei quasi gleichgesetzt und
darauf verwiesen wird, dass die SPD doch mit dieser auch
schon koaliert habe, werden zwei gegenläufige Bewegungen verkannt: Die Linke, einst PDS, hat sich in drei Jahrzehnten nachhaltig demokratisiert. Die AfD hat sich in wenigen Jahren nachhaltig radikalisiert und neonazifiziert.
Mit einer AfD, die – wie in Thüringen Spitzenkandidat
Bernd Höcke – vom Tausendjährigen Reich träumt, darf
man nicht zusammenarbeiten; mit einer demokratisierten
Linkspartei schon. Die ist keine linke AfD; sie kokettiert
nicht extremistisch, sondern agiert demokratisch.
    Es gibt mittlerweile immer mehr Höckes in der AfD.
Die AfD tut so, als würde sie Höcke aus der vorderen Linie
nehmen, multipliziert ihn aber. Mit einer solchen Partei
darf sich keine andere gemein machen. Es wäre dies die

Nobilitierung einer Kraft, die mit Gemeinheit und Hetze Politik macht. In CDU und FDP tut man noch immer so, als handele es sich bei der Linkspartei des thüringischen Ministerpräsidenten Bodo Ramelow um eine Art linke AfD. Das ist auf furchtbare Weise falsch. Die Linke, vormals PDS, hat in Sachsen-Anhalt, Mecklenburg-Vorpommern, Brandenburg, Berlin, Thüringen und Bremen gezeigt, dass man mit ihr einen demokratischen Staat machen kann. Ramelow, ein evangelischer Christ, hat sich in Thüringen als ein mit Leib und Seele demokratischer Politiker erwiesen.

Rote Socken – gewaschen und verschlissen

Es ist lange her, dass Gregor Gysi auf dem Sonderparteitag der SED im Dezember 1989 zu deren Parteichef gewählt wurde. Er hat auf diesem Parteitag die Auflösung der SED abgelehnt und ihr stattdessen den Namenszusatz PDS gegeben – wohl auch, um das Vermögen der SED zu erhalten. Das erwies sich langfristig als Kapitalfehler, weil das die Rote-Socken-Kampagnen der Union erleichtert und dazu geführt hat, dass die SPD sich vor einem linken Bündnis im Bund so lang scheute, bis es nicht mehr möglich war. Aber: Die roten Socken sind nun gewaschen und zerschlissen. Die SED/PDS hat sich zwar nicht 1989, aber in den dreißig Jahren seitdem aufgelöst. Als Linkspartei ist sie eine ziemlich bürgerliche Partei geworden. Die AfD ist das Gegenteil. Rechts und links kann man hier nicht verwechseln. Gleichsetzen schon gar nicht.

Die CDU darf nicht mit der AfD koalieren. Sie soll es mit der Linkspartei tun. Es wäre die Vollendung der Deutschen Einheit.

EINE NEUE GESELLSCHAFT

»Das Schicksal setzt den Hobel an, und hobelt alle gleich.« Wenn Marlene Dietrichs Stimme sich sinnlich damit ins Ohr schmeichelt, glaubt man das fast. Trotzdem ist es eine Lüge. Das Schicksal ist kein redlicher Schreiner, der die ungehobelten Unterschiede glättet. Das Schicksal ist eher ein launischer Künstler. Es setzt das Messer an und schnitzt sehr unterschiedliche Leben. Wenn es einen guten Tag hat, kommt eine wunderbare Form dabei raus. Aber wehe, das Schicksal hat einen schlechten Tag. Dann unterlaufen ihm Schnitzer, die ein Leben verunstalten. Manche Lebensläufe kommen einem so vor, als hätte das Schicksal gleich zu Beginn die Lust verloren, etwas Gescheites aus dem Holz zu machen.

Es gibt nichts Ungerechteres als das Schicksal. Maximilian ist ein Wunschkind, sein Zimmer ist fertig ausgestattet, schon zwei Monate, bevor er zur Welt kommt. Als er dann da ist, hegen und pflegen seine Eltern ihn. Celina ist im Drogenrausch gezeugt, Vater unbekannt, ihre Mutter hat die Schwangerschaft erst kurz vor der Geburt bemerkt – sagt sie. Die Kleine liegt oft stundenlang im eigenen Dreck und schreit vor Hunger. Wenn dem Freund ihrer Mutter die Geduld ausgeht, schüttelt er sie. Und Hamid, der hatte sein Zuhause, sein Zimmer, sein Bett, sein Spielzeug, dann fielen die Schüsse, und die Panzer rollten, und seine Eltern packten ihn und flohen Hals über Kopf ins Ungewisse.

Schicksal, sagen manche und kratzen den Juckreiz weg, den die ungerechte Ungleichheit der Lebenslagen macht. Man könne sich die Eltern eben nicht aussuchen, und das Leben sei kein Wunschkonzert. Richtig. Aber es ist eben Leben, und zwar das einzige, das man hat. Das gesellschaftliche Gewissen muss den Juckreiz spüren, solange es so viele elende Leben gibt.

Schicksal ist keine Entschuldigung fürs Nichtstun, sondern eine Aufgabe für die Gesellschaft. Erst, wenn sie diese Aufgabe annimmt, wird sie zur Gesellschaft – statt ein Haufen von gegeneinander konkurrierenden Einzelkämpfern zu sein. Gewiss, es gibt kein Recht auf ein perfektes Leben, auf den idealen Vater und ein reiches Elternhaus. Aber es gibt ein Recht auf Hilfe, dem Schicksal der Gewalt und der Armut und der Diskriminierung zu entkommen. Das ist Menschenrecht.

Der französische Lehrer Samuel
Paty starb durch die Hand eines
verblendeten und verhetzten jungen
Islamisten. Hass ist ein niedriger
Beweggrund, der sich mit Geltungssucht selbst erhöht. Das Gefährliche
am Hass ist, dass er Morden für
eine tapfere Tat hält.

Die Antwort
auf den Hass

Zu den Grundlagen des Zusammenlebens gehören Meinungsfreiheit,
Respekt und Sensibilität.

E s gibt Tage, an denen spürt man das Schwanken
der Welt; es gibt Tage, an denen einen das Grau-
en packt. Der terroristische Massenmord vom 11.
September 2001 war so ein Tag. Der 7. Januar 2015 war
auch so einer, der Tag, an dem die Redaktion der Satire-
zeitschrift Charlie Hebdo überfallen wurde. Zwölf Menschen, unter ihnen Karikaturisten der Zeitschrift und
ihr Herausgeber, wurden von islamistischen Terroristen
erschossen. Und es erfasste einen das Entsetzen, als am
16. Oktober 2020 der Lehrer Samuel Paty von einem
islamistisch verhetzten jungen Mann auf dem Heimweg vom Unterricht geköpft wurde. Bei solch unfassbar
grausigen Nachrichten suchen die Fassungslosen Halt in
einem gemeinsamen Bekenntnis: »Je suis Charlie« hieß
das damals, »Je suis Samuel« hieß das dann. Man sucht
den Halt und den Zusammenhalt in solchen Formeln der
Anteilnahme, die nicht nur Formeln sind, sondern Sätze
der Selbstvergewisserung.

Je suis Samuel. Das ist ein kleiner, aber kein kleinlauter
Satz. Manchmal werden solche Sätze (»Je suis Samuel«; »Je
suis Charlie«) freilich angeberisch, manchmal auch kokett

gebraucht. Eigentlich sind es Sätze, in denen sich Trauer und Bekenntnis verbinden: die Trauer über die Opfer eines brutalen Verbrechens und das Bekenntnis zu den Werten, zu den Rechten und der Kultur einer freiheitlichen Gesellschaft.

Kleine, nicht kleinlaute Sätze

Der Prager Theologe Tomáš Halík hat von dieser Kultur aber auch Achtung vor der Religion der Minderheit verlangt. Er hat daher von jener Kultur geschrieben, die »auch Humor und Ironie sowie Polemik gegen den Fanatismus und Fundamentalismus kennt und die Freiheit des Wortes verteidigt, jedoch auch empathisch sein kann gegenüber den anderen und deren Werte achtet«, einer Kultur, die »weiß, dass diese Achtung kein weniger wichtiger Wert ist als die Pressefreiheit«. Halík tat sich durchaus schwer damit, »Je suis Charlie« zu sagen, weil er bei den Satirikern von Charlie Hebdo, »trotz aller Sympathie gegenüber den Opfern und ihren Nächsten«, diese Achtung vermisste. Diese Art Satire müsse in einer freien Gesellschaft möglich sein, solle jedoch, meinte Halík, lieber nicht zur Galionsfigur der freien Kultur stilisiert werden.

Untaten machen aus schlechten Karikaturen keine guten. Aber den Schutz der Meinungsfreiheit verdienen nicht nur gute, nicht nur gelungene Karikaturen. Die Meinungen darüber, was gut, was gelungen und was treffend ist, gehen ohnehin auseinander. Das hängt oft von der Ansicht dessen ab, der die Karikatur bewertet, und von seinem Stand in der Gesellschaft. Gehört er zu denen, die geachtet sind, oder zu denen, die verachtet werden? Gehört er zu denen, die soziale Sicherheit und Selbstvertrauen haben, oder zu denen, die dies entbehren? Das versuchte der Lehrer Samuel Paty mit seiner Klasse zu erörtern.

Respekt und Sensibilität

Paty war selbst ein Vorbild für Respekt und Sensibilität – wie sie zwischen dem französischen Präsidenten Macron und dem türkischen Präsidenten Erdoğan ganz und gar nicht herrschen. Paty versuchte, das Bild einer Gesellschaft zu zeichnen, in der Religionsfreiheit und Meinungs- und Pressefreiheit gleichermaßen ihren Rang haben; einer Gesellschaft, in der keines der Freiheitsrechte bevorzugt wird, weil all diese Rechte ihre Wurzeln in der Menschenwürde haben; es geht um das Bekenntnis zu einer Gesellschaft, in der es Konflikte zwischen den Menschen und ihren Grundrechten geben darf – die aber von Gerichten geklärt werden, nicht von Messern und Schusswaffen.

Aber das alles wusste sein Mörder nicht in seiner Verblendung. Er war nicht sein Schüler. Vielleicht wäre er nicht zum Mörder geworden, wenn er Lehrer wie Samuel Paty gehabt hätte. Er wusste nicht einmal, wie der Mann aussah, dem sein Hass galt. Er hatte sein vermeintliches Wissen aus der Hetze in sozialen Medien. Er reiste über achtzig Kilometer an, um das Todesurteil, das er über Samuel Paty gefällt hatte, zu exekutieren.

Das Sichere ist nicht sicher. Dieser Satz ist nicht tröstlich, aber er ist wahr, und er galt auch schon, als es den islamistischen Terror noch nicht gab. Ein Weihnachtsmarkt ist nicht sicher, eine Promenade am Mittelmeer und die Innenstadt von Dresden auch nicht; Anfang Oktober 2020 wurden dort zwei Touristen Opfer einer Messerattacke; der Täter: mutmaßlich ein islamistischer Verbrecher. Die Schule ist auch kein sicherer Ort; das ist jetzt keine Anspielung auf Corona. Das ist das Wissen darum, dass es auch dort schon furchtbare Anschläge gegeben hat. Um das festzustellen, muss man nicht in die USA schauen oder nach Frankreich, zur Schule des Geschichtslehrers Samuel Paty.

Entgrenzung des Hasses

Je suis: Dieser Satz ist nicht nur eine Betroffenheitserklärung; dann wäre er zu billig. Es reicht nicht, mit einem Plakat bei einer Demonstration mitzulaufen, obwohl auch das nicht nichts ist. Der Satz ruft einen Anspruch auf, genauso beharrlich wie die Zeichner und der Lehrer für Demokratie und Aufklärung zu arbeiten. Welchen Rückhalt brauchen mutige Lehrerinnen und Lehrer, Redaktionen und einzelne Journalisten, um sich keine Verbotsschere in den Kopf zu setzen? Sie brauchen ihn nicht nur in Frankreich. Der Vorsitzende des Deutschen Lehrerverbandes hat darauf hingewiesen, dass seine Kollegen auch hierzulande Druck von Eltern und Schülern bekommen, Inhalte wie zum Beispiel der Nahostkonflikt nicht zu thematisieren. Er erwähnte auch die sogenannten Meldeportale, in denen die AfD Denunziationen von Lehrern sammelt, die angeblich gegen ihre Neutralitätspflicht verstoßen.

Die Grundlagen des Zusammenlebens

Die Meinungsfreiheit gehört zu den Freiheiten, die man bis vor Kurzem, in Westeuropa zumindest, für selbstverständlich gehalten hat. Aber das vermeintlich Selbstverständliche ist nicht selbstverständlich. Der geköpfte Lehrer hat das, sehr behutsam, zu lehren versucht. Seine Vorsicht beim Lehren hat ihm nicht geholfen; es hat ihm nichts geholfen, dass er den muslimischen Schülern die Möglichkeit gab, den Unterricht zu verlassen, wenn sie sich die Mohammed-Karikaturen nicht antun wollten. Eine 13-jährige Schülerin, die selbst gar nicht im Unterricht war, hatte das Gerücht in die Welt gesetzt, er habe Nacktbilder von Mohammed gezeigt. Damit ging es los, und davor, vor der Entstehung und Aufblähung von Gerüchten, ist man an keinem Ort der Welt sicher. Die Ermordung des Lehrers war und ist ein Anschlag auf die Grundlagen des Zusammenlebens der Menschen.

Welche Ursachen haben die Hassexzesse?

Was also tun? Vielleicht sollte die Antwort auf diese Frage mit dem beginnen, was zu unterlassen ist – nämlich die Islamophobie anzufeuern; man muss die Ausgrenzungsreflexe im Zaum halten. Sie sind Dünger für den Boden, auf dem der Hass junger Muslime wächst. Gerade weil die Tat so widerlich ist, ist es nötig, nüchtern zu fragen, welche Ursachen solche Hassexzesse haben. Die Alltäglichkeit der Ursachen steht im krassen Missverhältnis zu der Monstrosität der Verbrechen. Sie haben bekannte Namen, um mit A anzufangen: Arbeitslosigkeit, Abwertung, Armut. All dies ist erlebte Gewalt. Je länger diese Gewalt der Lebensverhältnisse währt und je auswegloser sie wird, desto mehr Menschen wechseln auf die Hassspur. Wer das Gefühl hat, dass seine Lebensbedürfnisse nach Arbeit, Anerkennung und Auskommen nicht respektiert werden, wird nur schwer die Meinungsfreiheit respektieren.

Was tun? Ein Teil der Lösung heißt: Sozialstaat, soziale Arbeit, sozialen Zusammenhalt stärken – so einfach, so schwer. Das heißt auch: weg von der Kurzatmigkeit der befristeten Projekte, befristeten Finanzierungen, befristeten Stellen in der sozialen Arbeit. Man braucht Präventionsnetze, bestehend aus Lehrern, Eltern, Sozialarbeitern, Moscheegemeinden; man braucht einen aufgeklärten Islamunterricht an Schulen. Man braucht den Islam als Partner, um gegen islamistische Verirrungen einzuschreiten. Die Deradikalisierung der Islamisten, die zum Teil bemerkenswert wenig Ahnung vom Islam haben, schafft man nur zusammen mit den Muslimen in Deutschland. Man muss muslimische Autoritäten für die Auseinandersetzung mit Dschihadisten gewinnen.

Welche Rolle spielt der Islam?

Es wäre also fatal, wenn der Islam von der Mehrheitsgesellschaft in Deutschland und Europa im Ganzen als gefährliche Religion erfasst und homogenisiert würde; Tendenzen dazu gibt es. Die würden verstärkt, wenn der törichte Streit, ob Deutschland Einwanderungsland ist, vom Streit darüber, ob der Islam zu Deutschland gehört, fortgeführt würde. Die Mehrheitsgesellschaft wird dann Opfer ihrer eigenen Obsession. In Deutschland leben gut vier Millionen Muslime. Der Islam ist nicht das Problem. Er gehört zum Alltag. Er ist Teil der Lösung. Je suis: Neben diesem kleinen Satz nehmen sich die Rechthabereien von politischen Agitatoren aus wie eine Störung der Totenruhe, wie ein Missbrauch des Andenkens der Ermordeten. Gar nicht erst reden muss man von den Kloaken des Internets, in denen jedes Attentat ein neuer Anlass ist, den Koran zu benutzen wie Klopapier. Politikerinnen und Politiker von ganz Rechtsaußen missbrauchen die Attentate, um noch lauter vor einer »Islamisierung des Abendlandes« zu warnen. Es war frech, wie Leute von Pegida, die sonst gegen die »Lügenpresse« hetzten, den Anschlag auf Charlie Hebdo, ein Organ dieser vermeintlichen Kategorie, nutzten, um ihre Hetze bestätigt zu finden. Sie nutzten das Attentat auf ein Organ der Aufklärung, um die Werte der Aufklärung zu verachten. Sie antworteten auf den Hass der gewalttätigen islamistischen Fundamentalisten mit Hass gegen die Muslime.

Der Hass ist eine furchtbare Kraft. Der Hass macht blind. Der Hasser sieht den Menschen nicht mehr. Er sieht nicht mehr, dass die Menschen, die er totfährt, gerade Weihnachtsgeschenke für ihre Kinder einkaufen. Der Hasser sieht nicht, dass die Menschen, die er ermordet, Menschen sind wie er. Der Terror hat verschiedenste Formen. Seine Triebfeder ist der Hass. Der Hass macht aus anderen Menschen Objekte, die der Befriedigung des eigenen Hasses dienen müssen. Der Hass entmenschlicht. Er ist ein niedriger Beweggrund, der sich mit Geltungssucht selbst erhöht. Hassen heißt, unablässig morden. Solcher Hass ist nicht nur hässlich, er ist entsetzlich und unendlich traurig.

Das Gefährliche am Hass ist, dass er das Morden für eine tapfere Tat hält. Und das besonders Gefährliche am Hass ist, dass er ansteckend ist. Wer vom Hass getroffen wird, kann infiziert werden. Die vom Hass Getroffenen hassen dann zurück: Sie hassen den Täter, sie hassen die Gruppe von Menschen, zu denen man den Täter rechnet. So entsteht die monströse Dynamik des Hasses. Wenn diese Dynamik funktioniert, ist das ein Erfolg der Mörder, der Terroristen.

Ein ergreifendes Bekenntnis

Der Journalist Antoine Leiris, dessen Frau beim Terroranschlag von Paris getötet wurde, richtete einen bewegenden offenen Brief an die Mörder: »Nein, meinen Hass bekommt ihr nicht!« Er beschrieb seinen unsäglichen Schmerz: »Natürlich bin ich vor Kummer fast am Ende, diesen kleinen Sieg gestehe ich euch zu.« Aber, so schrieb er auch: »Ich werde euch jetzt nicht das Geschenk machen, euch zu hassen. Sicher, darauf habt ihr es angelegt – doch auf diesen Hass mit Wut zu antworten, das hieße, sich derselben Ignoranz zu ergeben, die aus euch das gemacht hat, was ihr seid. Ihr wollt, dass ich Angst habe, dass ich meine Mitbürger mit Argwohn betrachte und meine Freiheit für meine Sicherheit opfere. Vergesst es. Ich bin und bleibe der, der ich bin.« Das war, das ist ein berührendes, ergreifendes und mutiges Bekenntnis. Das ist eine Antwort auf den Hass.

Die Ehrenamtlichen sind die Unbezahl-
baren der Gesellschaft; sie bilden die
Zivilgesellschaft. Aber der Staat darf
sie nicht als nützliche Idioten betrachten, die dann einspringen, wenn er sich
zurückzieht. Das funktioniert so nicht.

Wo das Positive bleibt

Unserer Art des Arbeitens und des Wirtschaftens fehlt die soziale und fürsorgliche Dimension. Das führt zur Krise des Ehrenamtes.

Sie hatten keinen anderen. Es wollte kein anderer machen: zu viel Arbeit, nebenberuflich, ehrenamtlich, für eine nur kleine Aufwandsentschädigung. Es war wirklich gerade kein anderer da, nur eben er, der NPD-Funktionär, der stellvertretende Landesvorsitzende der Neonazis, der Mann mit den rechtsextremen Parolen auf der Facebook-Seite. Aber er hatte versprochen, sich wirklich zu kümmern um die Waldsiedlung, einen Ortsteil von Altenstadt in Hessen. Also wählten ihn die lokalen Repräsentanten von CDU, SPD und FDP zu ihrem Ortsvorsteher. Über die braune Gesinnung des Mannes sah man geschichtsvergessen und naiv hinweg. Es war eben kein anderer da. Empörung allerorten. Ein paar Wochen später wurde dann daraufhin vom Ortsbeirat ein anderer Ortsvorsteher gewählt, eine 22-jährige Frau von der CDU.

Wenn überall da, wo kein anderer da ist, ein Neonazi ins Amt gesetzt würde – Deutschland sähe aus, als hätte es die Masern in Braun. Die Kommunalpolitik ist die »Schule der Demokratie«. Was ist der Lehrplan, wenn es immer öfter »keinen anderen« gibt? Vor der jüngsten Kommunalwahl in Rheinland-Pfalz fehlten in 465 Orten die ehrenamtlichen Bürgermeisterkandidaten. Zwanzig Prozent aller Kommunen waren ohne Bewerber. »Bürgermeister händeringend gesucht«, schrieben die Lokalzeitungen auch in Thüringen und Mecklenburg-Vorpommern. Es gibt Gemeinden, die selbst bei der Suche nach einem hauptamtlichen Bürgermeister (immerhin Besoldung nach B1 mit fünftausend Euro im Monat) Schwierigkeiten haben. Eine Gemeinde in der Lüneburger Heide engagierte einen Headhunter. Das funktioniert, für ordentlich bezahlte Jobs findet sich jemand. Für die vielen ehrenamtlichen Posten gilt das nicht.

Bürgerschaftliche Abstinenz

Auf die Frage, wo das Positive bleibt, hat einst Erich Kästner geantwortet: »Ja, weiß der Teufel, wo das bleibt ...« Das war vor über neunzig Jahren. Heutzutage steht das Positive fix im Kalender: Der »Tag des Ehrenamts« wird am 5. Dezember begangen. Bundespräsidenten und Bürgermeister preisen an solchen Tagen das »zivilgesellschaftliche Engagement« und zitieren den Universalgelehrten Gottfried Wilhelm Leibniz: »Patrioten sind amtlich Unzuständige, die sich um das Gemeinwohl kümmern.« Sie zitieren das aus Respekt vor diesen Leuten, aber auch aus nützlichen Erwägungen: Der Staat verlässt sich seit einiger Zeit darauf, dass das, was er als Sozialstaat leisten müsste, von privaten Initiativen geleistet wird.

Aber: Es gibt eine Krise des Ehrenamtes. Darunter leiden nicht nur Kommunen, darunter leidet auch das Vereinswesen: Feuerwehren und Sportvereine, Frauenräte und Pfadfindergruppen, Schützen-, Trachten- und Naturschutzvereine, Diakonie und Caritas. Sie finden immer öfter niemanden mehr, der den Vorstand oder den Schatzmeister machen will. Das schöne Reden von der Zivilgesellschaft als »konkrete politische Utopie« bleibt

immer öfter hohles Gerede. Es grassiert eine neue bür-
gerschaftliche Abstinenz. Das gilt auch für die Pfarrge-
meinderäte, die Presbyterien, für die ehrenamtlichen Kir-
chenverwaltungen also; das gilt für viele kirchlich-soziale
Aktivitäten, die kaum noch aufrechterhalten werden können – ob es sich um Besuchsdienste bei alten Menschen,
Nachbarschaftshilfe oder Bastelstunden für Kinder handelt. Das klingt läppisch, betrifft aber den Alltag und bedeutet eine fundamentale Veränderung gesellschaftlicher
Strukturen. Es bedeutet Entgemeinschaftung.

Spaltungslinien der Gesellschaft

Selbst bei den 947 Tafeln, die in Deutschland 1,4 Millionen
Menschen mit billigen oder kostenlosen Lebensmitteln
versorgen und bei denen sich früher die Ehrenamtlichen
gedrängt haben, werden Helfer knapp: Es fehlen Fahrer,
welche die Lebensmittel abholen, es fehlen Leute, die sie
sortieren und ausgeben, es fehlt immer öfter das langfris-
tige und verlässliche Engagement. Who cares? Die Zahl der
Tafeln hat sich seit der Einführung der Hartz-IV-Gesetze
vervielfacht. Dort kann man studieren, wie sich die Ungleichheit der Gesellschaft darstellt: Nicht nur Arbeitslose
kommen dahin, sondern auch Leute, die vom Lohn ihrer
Arbeit nicht leben können. Die Spaltungslinien der Gesellschaft verlaufen nicht mehr nur zwischen arbeitenden und
arbeitslosen Menschen. Sie verlaufen kreuz und quer.

Auf diesem Kreuz und Quer stehen die Tafeln. Jede
der 947 Tafeln in Deutschland steht für ein Loch im Sozialstaat. Jede dieser 947 Tafeln zeigt, dass der große Satz
»Eigentum verpflichtet« nicht den Rang hat, der ihm im
Staat des Grundgesetzes eigentlich gebührt. Dieser kleine große Satz ist ein Kernsatz des Grundgesetzes. Er ist
die kürzeste Kurzfassung der Einsicht, dass Demokratie

nur in und mit einem Sozialstaat zu machen ist – und dass ein Sozialstaat mehr ist als eine Wohlstandszentrifuge. Eigentum verpflichtet: Man kann nicht sagen, dass die deutsche Politik die zwei Wörter in Artikel 14 in den vergangenen siebzig Jahren als Kernsatz behandelt hätte. Eigentum verpflichtet. Wozu? Reicht es, Lebensmittel, die sonst im Müll landen würden, einer Organisation zu übergeben, die sie dann an Bedürftige verteilt?

Es wäre ein Skandal, wenn es diese Tafeln nicht mehr gäbe. Es ist aber auch ein Skandal, dass es sie geben muss. Was soll man von einem Sozialstaat halten, in dem Menschen ihrer Armut wegen öffentlich Schlange stehen müssen, um billige oder kostenlose Lebensmittel zu bekommen? Was soll man von einem Sozialstaat halten, der sich darauf verlässt, dass es Tafeln gibt, an denen den Bedürftigen eine Art Gnadenbrot serviert wird? Da stehen Obdachlose neben Leuten, die sich gerade noch die Miete leisten können; da stehen Rentnerinnen, die von der Rente nicht leben können, neben Flüchtlingen, die das Asylbewerberleistungsgesetz sehr knapphält.

»Kannst du mal kurz?«

Die Tafel in Essen hat im Jahr 2018 eine Zeit lang Flüchtlinge von ihrer Tafel ausgeschlossen. Natürlich konnte man die Verantwortlichen der Tafel, die das taten, heftig kritisieren. Natürlich war und ist es so, dass Bedürftigkeit keine Nationalität kennt. Die Essener Tafel hatte festgestellt, dass ein Verdrängungswettbewerb stattfindet, dass immer mehr junge Flüchtlinge kamen und immer weniger alte Leute; und es gab nicht mehr die Kapazitäten, alle Bedürftigen bedienen zu können. Die alten Leute kamen nicht mehr, weil sie sich zurückgedrängt fühlten und auch zurückgedrängt wurden. Sollte man sie zu bekehren versuchen? Soll man der alten Frau sagen, dass sie sich nicht fürchten muss vor dem jungen Flüchtling? Soll man dem Arbeitslosen sagen, dass er sich nicht genieren muss, neben dem Obdachlosen zu stehen? Es ist problematisch, Toleranz und Souveränität ausgerechnet von denen zu verlangen, die um ihre Würde, um einen Rest von Würde kämpfen müssen.

Das Problem besteht nicht nur darin, dass die Tafel in Essen auf anfechtbare Weise versuchte, den großen Andrang zu sortieren. Das Problem besteht darin, dass die Tafeln per se einen Zustand der staatlichen Unterversorgung perpetuieren und einer Gesellschaft, die massenhaft Lebensmittel wegwirft, ein gutes Gewissen verschafft. Der Staat sieht zu, wie sich die Armen und Bedürftigen an den Tafeln drängen – und diese Tafeln müssen dann die Konkurrenz der Bedürftigen ausbaden. Tafeln dürfte es in einem der reichsten Länder der Erde eigentlich gar nicht geben müssen. Jede Tafel ist eine Anklage. Es gibt also in Deutschland 947 Anklagetafeln; sie klagen auch darüber, dass der Staat Privatleute machen lässt, was eigentlich seine Pflicht ist. Der Staat hat seine Pflicht zu erfüllen, privates Engagement ist, wenn es gut geht, die Kür.

Aber: Dieses private Engagement geht zurück. Man kann daher das Lamento von der egoistischen Gesellschaft anstimmen, die dazu neigt, auch Vereine nur unter Kosten-Nutzen-Gesichtspunkten zu betrachten. Die Menschen der Konsumgesellschaft, so lautet diese Kritik, sind darauf trainiert worden, möglichst flexibel die Anbieter und die Tarife zu wechseln. Sie sehen sich also auch in Parteien, Kirchen, Gewerkschaften und Vereinen nicht als Beteiligte, Mitmacher und Mitglieder, sondern als deren Kunden; sie empfinden daher das Ansinnen, ehrenamtlich mitzuhelfen, als Zumutung und Unverschämtheit – schließlich zahle man ja Steuern und Mitgliedsbeiträge. Gewiss: Diese passive Konsumentenhaltung gibt es, aber sie ist als Er-

klärung für die Krise des bürgerschaftlichen Engagements
zu schmal. Es gibt ja zugleich die Erfahrung, dass sich für
das »kannst bitte du mal kurz« fast immer jemand findet –
dass also die Leute in Bürgerinitiativen, in Projekten von
überschaubarer Dauer durchaus gern mitmachen.

Die Scheu vor Aufgaben, die Kontinuität erfordern, ist
allerdings sehr gewachsen. Das hat nicht einfach mit der
Degeneration von Empathie und Verantwortungsbewusst-
sein zu tun, sondern mit einer grundlegenden Veränderung der Art zu arbeiten, zu leben und zu wirtschaften. Vor
etwa einer Generation hat die Verdichtung der Lebens- und
Arbeitswelt begonnen; der Druck, flexibel zu sein, hat zugenommen; der Doppelverdienerhaushalt ist der Normalfall geworden. Die Menschen sind schon froh, wenn sie Beruf und Familie einigermaßen unter einen Hut bekommen.
Es ist daher viel schwieriger geworden, verlässlich Zeit für
Ehrenämter aufzubringen; man macht sich womöglich
sogar verdächtig, »wohl zu viel Zeit zu haben«, wenn man
sich »so etwas« erlauben kann.

Auf Frauen abgepaust

Die Erwerbstätigkeit der Frauen war und ist ein emanzi-
patorischer Segen. Aber es ist nicht unbedingt ein gesellschaftlicher Segen, dass die bisherige maskuline Art, in Voll-
zeit und unter Ausschluss von Familienarbeit zu arbeiten,
einfach dupliziert und auf Frauen abgepaust worden ist. Der
Markt hat sich die Emanzipation auf diese Weise zunutze
gemacht. Viele Familien brauchen inzwischen den Doppel-
verdienst, um wirtschaftlich über die Runden zu kommen.
Die familiäre Sorgearbeit muss ja, wenn beide Ehepartner
arbeiten, mit Hilfskräften erledigt und bezahlt werden; oder
aber die Frau zieht mit Teilzeitarbeit wieder den Kürzeren,
denn irgendwer muss die Familienarbeit ja machen.

Die Spielregeln des Marktes unter den alten Vorzeichen für die Erwerbsarbeit wurden einfach fortgeschrieben und auf Frauen ausgedehnt. Sie sind angeblich »geschlechtergerecht« geworden. Wirklich? Richtig und gut wäre es, sie würden menschengerecht werden – zum Beispiel durch eine erhebliche Reduzierung der Arbeitszeiten für alle. Dann bliebe den arbeitenden männlichen, weiblichen und diversen Menschen wieder Zeit für die soziale Sorge – für die Sorge in der Familie und auch für das Ehrenamt in der Gemeinschaft. Kurz: Unserer Art des Arbeitens und des Wirtschaftens fehlt die soziale und fürsorgliche Dimension. Die Krise des Ehrenamts ist ein Indiz.

Lieber ein Wichtigtuer als ein Nichtstuer

Das Gemeinwohl braucht den Sozialstaat – und es braucht die privaten Kümmerer; es braucht auch die Stiftungen und Vereine, die dieses Kümmern organisieren und begleiten. Es gibt viele dieser Kümmerer, der Staat darf sie nicht als nützliche Idioten betrachten, die dann einspringen, wenn er sich zurückzieht. Andererseits: Die großen Verbände dürfen die Kümmerer nicht als Störer im Betriebsablauf ihrer Krankenhäuser oder Altenheime betrachten, wenn die gerade nicht ins ökonomische Kalkül passen oder nicht als Profi-Ersatz taugen. Das dort zu bündelnde private Engagement war und ist ein Grund dafür, warum der Staat soziale Arbeit an die Wohlfahrtsverbände übertragen hat – ansonsten könnte er ja kommerzielle Anbieter beauftragen.

Natürlich hat es auch Wichtigtuer im Ehrenamt immer gegeben. Jeder, der auf dem Land groß geworden ist, kennt Beispiele. Aber im Zweifel ist einem ein Wichtigtuer, der sich ehrenamtlich engagiert, lieber als ein Nichtstuer, der nur dumm daherredet.

»Hexenjagd auf junge Menschen.«
Soll der Radikalenerlass nach
fünfzig Jahren offiziell aufgehoben
werden? Müssen Opfer von Berufsverboten rehabilitiert werden?

Was den Staat human macht

Die Berufsverbote waren ein Irrtum.
Und jetzt?

Jubiläen brauchen lange Vorbereitung – besonders dann, wenn es elende und bittere Jubiläen sind. Im Januar 2022 hat ein bitteres Ereignis Jubiläum: Der Radikalenerlass wird fünfzig Jahre alt. Es handelt sich um eines der folgenreichsten Desaster in der Geschichte der alten Bundesrepublik. Er führte, weil der Staat »Unterwanderung« durch Linksextremisten fürchtete, zu bundesweiter Gesinnungsschnüffelei bei einer ganzen Generation; er führte dazu, dass junge Menschen mit Berufsverboten traktiert wurden: Sie durften nicht Lehrer, Lokführer, Postbote werden, wenn sie irgendwann bei einer anrüchigen Demonstration dabei gewesen waren; Bahn und Post waren damals noch Staatsbetriebe. Dreieinhalb Millionen Menschen wurden vom Verfassungsschutz überprüft. Die Überprüfungen führten zu 11 000 Berufsverbotsverfahren und zu 2200 Disziplinarverfahren. Die absolute Zahl der Opfer war dann eigentlich gar nicht so hoch – 1265-mal wurden Bewerbungen für den öffentlichen Dienst abgelehnt, 265 Beamtinnen und Beamte wurden entlassen; aber eine ganze junge Generation ging auf Distanz zum Staat, weil ein vergiftetes gesellschaftliches Klima entstanden war.

Als Willy Brandt sich irrte

Seit geraumer Zeit, schon lange vor dem anrüchigen Jubiläum, gibt es Initiativen, diesen Radikalenerlass nicht nur, wie bisher, einfach nicht mehr anzuwenden, sondern ihn offiziell aufzuheben – sowie die Betroffenen zu rehabilitieren. Rehabilitierung, Entschädigung? Ist das eine abwegige, spinnerte, eine undurchführbar utopische Idee? Sie hat immerhin schon parlamentarische Reife erlangt: 2016 richtete Niedersachsen als erstes Bundesland eine Kommission »zur Aufarbeitung der Schicksale der von niedersächsischen Berufsverboten betroffenen Personen und der Möglichkeiten ihrer politischen und gesellschaftlichen Rehabilitierung« ein. Diese Resolution wurde zu Zeiten der rot-grünen Landesregierung unter Ministerpräsident Stephan Weil gefasst. Seit 2017 regiert Weil freilich mit der CDU. Seitdem ist es um diese Resolution wieder still geworden. Bei einer Koalition auf Bundesebene, die von den Grünen getragen wird, könnte sich das ändern. Warum? Der Radikalenerlass gehört zur Gründungsgeschichte der Grünen, der Kampf gegen die Berufsverbote zur grünen Uridentität. Eine Rehabilitierungsinitiative auf Bundesebene nach niedersächsischem Muster könnte die Linken in der grünen Partei mit einer schwarz-grünen Koalition versöhnen.

Wann ein Demokrat Pickel kriegt

Das Wort Berufsverbot gehört zu den Wörtern, bei denen ein aufrechter Demokrat Pickel kriegt; es ist ein Wort, das in all seiner Sperrigkeit sogar in die französische Sprache Einzug gehalten hat. Seine Geschichte geht so: Bundeskanzler Willy Brandt, der in seiner Regierungserklärung von 1969 »mehr Demokratie« versprochen hatte, veröf-

fentlichte 1972 zusammen mit den Ministerpräsidenten
»Grundsätze über die Mitgliedschaft von Beamten in extremen Organisationen«. Aus der Grundidee, dass Leute
wie der RAF-Terrorist Andreas Baader nicht Lehrer werden sollten, wurde eine automatische Anfrage der Behörden beim Verfassungsschutz zu jeder Person, die sich für
den öffentlichen Dienst bewarb. Der Verfassungsschutz
präparierte sich für diese Regelanfrage mit Zigtausenden
von Dossiers. Er schickte seine Leute zu diesem Zweck in
Veranstaltungen an den Unis. Rolf Lamprecht, langjäh-
riger Korrespondent des *Spiegels* in Karlsruhe, erinnert
sich mit grimmigem Spott: »Manche dieser Horcher waren intellektuell überfordert, Kritik an den Regierenden
fiel bei ihnen stets unter ›staatsfeindliche Umtriebe‹.« Auf
dieser Basis wurden dann Millionen Menschen überprüft;
erniedrigende Anhörungen fanden statt, betroffen waren
junge Lehrerinnen und Lehrer. Bei manchen bestand die
Schuld nur darin, dass sie im linken Flügel der SPD oder
in der Friedensbewegung zu Hause waren. Wer sich mit
ihnen in Zeitungsanzeigen solidarisierte, wurde selbst
verfolgt.

Brandt entschuldigte sich vier Jahre nach dem Radikalenerlass: »Ich habe mich geirrt.« Aber da war der Irrtum
nicht mehr zu bremsen, der Radikalenerlass galoppierte
zwanzig Jahre lang durch die Bundesländer. Als der Bund
ihn außer Kraft gesetzt hatte, praktizierten die ihn weiter.
Von einer »Hexenjagd auf junge Menschen« sprach in Bayern Karl-Heinz Hiersemann, Chef der damals noch stattli-
chen SPD-Landtagsfraktion. Bayern beendete die Regelanfrage beim Verfassungsschutz, als letztes Bundesland, erst
1991. Der Europäische Gerichtshof für Menschenrechte
stellte 1995, im Fall einer aufgrund ihrer Mitgliedschaft
in der DKP aus dem Staatsdienst entlassenen und später
wieder eingestellten Lehrerin, einen Verstoß gegen die

Menschenrechtskonvention fest und verurteilte die Bundesrepublik zur Zahlung von Schadenersatz.

Generalmisstrauische Überprüfungen

Damals war es der Linksextremismus, der den Staat ängstigte. Heute ist es der Rechtsextremismus. Braucht man einen neuen Radikalenerlass, um zu verhindern, dass Neonazis, Pegidisten und Reichsbürger den Bürgern als Polizistinnen und Polizisten, Staatsanwälte und Richterinnen gegenübertreten? Unfug braucht keine Wiederholung. Auch ohne Regelanfrage beim Verfassungsschutz ist der Rechtsstaat in der Lage, braune Infiltration zu verhindern. Es geht nicht um pauschales Misstrauen, sondern um konkrete Einzelfallprüfung. Wenn ein Jurist öffentlich vor der »Herstellung von Mischvölkern« warnt und die Aufarbeitung der NS-Vergangenheit als »Schuldkult« diffamiert, braucht man keinen Radikalenerlass, um ihn als Richter zu verhindern. Es braucht individuelle Aufmerksamkeit.

Es bricht dem Staat kein Zacken aus der Krone, wenn er erklärt, dass die millionenfachen, generalmisstrauischen Überprüfungen der Siebziger- und Achtzigerjahre falsch waren. Es bricht dem Staat auch kein Zacken aus der Krone, wenn er in geeigneten Fällen Schadenersatz leistet. Es gibt ein Vorbild für bessere staatliche Erkenntnis und Rehabilitierung: Das Bundesverfassungsgericht hat 1995 beschlossen, dass Sitzblockaden nicht als Nötigung bestraft werden dürfen. Die verurteilten Demonstranten gegen die atomare Nachrüstung mussten nachträglich freigesprochen und entschädigt werden. Es macht den Staat nicht schwach, sondern human, Irrtum und Unrecht zuzugeben.

Nicht die Vermögensteuer ist
verfassungswidrig, sondern das
Lamento dagegen. Ein Wohlstand,
der für seinen Rechtsschutz
nichts zahlen will, ist amoralisch.

Reichtum verpflichtet

Ungleichheit darf ein gewisses Maß nicht überschreiten.

Als Hans-Jochen Vogel 85 Jahre alt wurde, war es sein Geburtstagswunsch an die SPD, die soziale Gerechtigkeit wieder ernster zu nehmen: »Ich bin für die Wiedereinführung der Vermögensteuer«, sagte er damals, »um die Schere zwischen Arm und Reich etwas zu schließen.« Aber auch bei einem Ehrenvorsitzenden, der für die silbernen Zeiten der Sozialdemokratie steht (mit ihm als Kanzlerkandidaten kam die SPD auf immerhin 38,2 Prozent), gehen nicht alle Geburtstagswünsche in Erfüllung. Vogel musste noch acht weitere Geburtstage feiern, bis seine Partei in 2019 endlich ein Konzept »zur Wiedereinführung der Vermögensteuer« beschloss.

Ein Prozent auf sehr hohe Vermögen

Es war dies nicht nur ein sehr verspätetes Geburtstagsgeschenk für den großen alten Mann der SPD, es war dies auch ein etwas verspätetes Geburtstagsgeschenk für das Grundgesetz, das im Mai 2019 siebzig Jahre alt geworden ist. Die Vermögensteuer ist nämlich die plakative Konkretisierung eines Kernsatzes dieser Verfassung: »Eigentum verpflichtet.« So lautet der Artikel 14 Absatz 2; und diese Pflicht wird sodann im Grundgesetz ausgeführt: »Sein Gebrauch soll zugleich dem Wohl der Allgemeinheit dienen.« 2021 hat die SPD deshalb auch ins Wahlprogramm geschrieben, die Vermögensteuer wieder in Kraft zu setzen. Sie fordert einen einheitlichen Steuersatz von einem Prozent auf »sehr hohe Vermögen«.

Da tröpfelt, rinnt und läuft nichts

Eigentum verpflichtet: Das ist das Fundament des deutschen Sozialstaats und die Kurzfassung der Einsicht, dass Demokratie nur mit einem Sozialstaat zu machen ist. Ein Sozialstaat ist mehr als das treuherzige Vertrauen auf die »Trickle-down-Theorie«, die besagt, dass der Reichtum der Reichen automatisch irgendwie nach unten trickelt; da tröpfelt, rinnt und läuft aber nichts, wenn der Staat keine Kanäle baut. Eine Vermögensteuer gehört zu diesen Kanälen. Sie macht Reichtum in besonderer Weise sozialpflichtig; sie macht das spezifischer, als dies eine (gleichfalls notwendige) Erhöhung des Spitzensteuersatzes kann – weil sie, wenn sie richtig konstruiert ist, passive Werte belastet.

Das Aufkommen der Vermögensteuer, so wie sie die SPD plant, ist nicht gewaltig. Es wäre mit etwa zehn Milliarden Euro nur halb so hoch wie das derzeitige Aufkommen des Solidaritätszuschlags, den die Regierungskoalition großenteils abschaffen will. Gleichwohl hat auch eine eher bescheidene Vermögensteuer maximale Symbolkraft, weil sie dort anpackt, wo sich die Ungleichheit in Deutschland in besonderer Weise zeigt: Vierzig Prozent der Deutschen haben gar kein Vermögen. Ungewöhnlich sind nicht die hohen Vermögen der Reichen, sondern die Tatsache, dass so viele Deutsche praktisch kein Erspartes zur Vorsorge für

Notfälle oder fürs Alter haben. So beklagt es Marcel Fratz-scher, Leiter des Deutschen Instituts für Wirtschaftsfor-schung: Es gebe kaum ein anderes Land auf der Welt, das Arbeit mehr und Vermögen weniger besteuert. Deutsch-land leistet sich ein Steuer- und Abgabensystem, das es sich nicht mehr leisten kann: Es betreibt Reichtumspfle-ge, daran hat auch eine kleine Reichensteuer als Zuschlag zur Einkommensteuer nichts geändert. Vornehmlich die Arbeitnehmer, also Arbeiter und Angestellte, finanzieren den Staat. Der Gesetzgeber der letzten zwei Jahrzehnte hat den Staat in einen Lohnsteuer- und Umsatzsteuerstaat verwandelt. Der deutsche Staat ist ein Arbeitnehmer-schröpfer.

Unbegrenzte Eigentumsakkumulation?

Das muss geändert werden: Arbeit muss weniger, die wirk-lich großen Vermögen müssen mehr belastet und die zum Teil abenteuerlichen Wertsteigerungen bei Grund und Boden müssen abgeschöpft werden. Das ist nicht sozia-listischer Irrsinn, sondern wichtig für die Stabilisierung des sozialen Friedens. Der im Februar 2019 verstorbene Rechtsphilosoph und frühere Verfassungsrichter Ernst-Wolfgang Böckenförde hatte das so formuliert: »Die Si-cherung unbegrenzter Eigentumsakkumulation ist nicht Inhalt der Eigentumsgarantie.« Ungleichheit darf also ein gewisses Maß nicht überschreiten.

Zuletzt, in den Neunzigerjahren, waren drei von hun-dert Personen von der Vermögensteuer betroffen. Es ge-hört zu den modernen Märchen, dass das Bundesverfas-sungsgericht eine Vermögensteuer verboten habe. Das Urteil, das das nicht gesagt hat, aber dafür in Anspruch genommen wird, stammt aus dem Jahr 1995. Das Gericht hat damals nicht die Vermögensteuer für verfassungswid-

rig erklärt, sondern deren Erhebungsmethode; es rügte die
Benachteiligung von Steuerpflichtigen mit Geldvermögen
gegenüber Grundeigentümern, weil Immobilien nicht mit
dem Verkehrswert, sondern dem viel niedrigeren Einheits-
wert veranlagt werden. Karlsruhe setzte dem Gesetzgeber
eine Änderungsfrist bis Ende 1996. Die Regierung Kohl
setzte jedoch die Erhebung der Vermögensteuer aus: In ein
Steuergesetz wurde der Passus eingefügt, die Vermögensteuer werde von 1997 an »nicht mehr erhoben«; dabei ist
es geblieben. Im Grundgesetz ist sie nach wie vor vorgesehen. Nicht die Vermögensteuer ist also verfassungswidrig,
sondern das Lamento, das sich seit Jahren dagegen erhebt
und die Wiedereinführung verhindert.

Parasitärer Reichtum

Schuld an diesem Lamento ist der sogenannte Halbtei-
lungsgrundsatz, den der damalige Verfassungsrichter Paul
Kirchhof erfunden hat. Kirchhof war Berichterstatter im
Verfahren von 1995. Er interpretierte im Urteil, ganz ne-
benbei, den Verfassungssatz, dass der Gebrauch des Eigentums »zugleich« dem Wohl der Allgemeinheit diene, auf
pfiffig-genialische Weise um – in ein »zu gleichen Teilen«.
Also, so folgerte Kirchhof dürfe der Staat nicht mehr als
die Hälfte des Einkommens durch Steuern wegnehmen
und nicht in die Substanz, sondern nur den Ertrag des
Vermögens eingreifen. So blieb für eine Vermögensteuer
nur noch wenig Raum. Im Jahr 2006 freilich verwarf dann
das Verfassungsgericht den Kirchhof'schen Halbteilungs-
grundsatz ausdrücklich. Die Verfassungsrichterin Lerke
Osterloh gab als Berichterstatterin den Anstoß dafür, dass
der zweite Senat von diesem Grundsatz abrückte und erklärte, dass sich aus dem Grundgesetz keine Obergrenze
für die Besteuerung ableiten lasse. Weil man die Kehrt-

wende nicht spektakelhaft inszenierte, hat sich die Neuausrichtung einer breiten Öffentlichkeit nicht eingeprägt, auch wenn nun feststeht: Die Verfassung kennt keine generelle Obergrenze für die steuerliche Belastung des Eigentums.

Reichtum ist nicht per se amoralisch. Verwerflich ist aber parasitärer Reichtum, der vom Staat und seiner Rechtsordnung profitiert, aber nur wenig dafür zahlen will – und so öffentliche Armut schafft. Das muss kluge Steuerpolitik verhindern.

Die deutsche Grammatik
kennt für das Wort knickrig
zwei Steigerungsstufen:
erstens knickriger, zweitens
am knickerigsten. Im Sozialrecht gibt es noch eine dritte,
eine legislative Steigerungsstufe:
die Hartz-IV-Gesetze.

Knickrig, mickrig, löchrig

Wie bei Hartz IV das Existenzminimum kleingerechnet wird – und was arme Menschen wirklich brauchen

För drei Euro kriegt man: Einen Schlüsselanhänger aus Filz. Oder acht Rollen Klopapier. Oder zwei bis drei Brezen in der Bäckerei. Oder einen Folienballon mit dem Aufdruck »Happy Birthday«. Oder, wenn man Glück hat, zwei Päckchen Butter. Für drei Euro kriegt man, wie jeder weiß, nicht viel. Die Bundesregierung meint, dass sie mit diesem Betrag die Menschenwürde schmieren und das Grundrecht auf ein menschenwürdiges Existenzminimum garantierten kann.

Politik für die Armen – eine arme Politik

Die damals regierende Koalition hat den Hartz-IV-Regelsatz für einen Erwachsenen zum 1. Januar 2022 um genau drei Euro pro Monat angehoben, von 446 auf 449 Euro, um 0,67 Prozent. Das ist ein Witz, über den im Wahlkampf leider nicht gelacht wurde. Dabei ist das Leben für Hartz-IV-Empfänger in Coronazeiten so viel teurer geworden. Viele Tafeln schlossen vom einen Tag auf den anderen, das kostenlose Schulmittagessen für die Kinder entfiel, Laptops mussten angeschafft werden, um die Beschulung der

Kinder zu gewährleisten oder selbst im Homeoffice arbeiten zu können. Drei Euro mehr – das ist aber nicht einmal ein Inflationsausgleich. Obst und Gemüse sind von August 2020 bis August 2021 um neun Prozent teurer geworden, Molkereiprodukte und Eier um fünf Prozent; die gesamte Inflationsrate liegt in dieser Zeit bei 3,8 Prozent.

An Inflation leidet auch die Menschenwürde. Diese Inflation erhielt im Jahr 2003 mit den Hartz IV-Gesetzen einen Schub und sie wurde bis heute nicht wirklich gestoppt – auch nicht vom Bundesverfassungsgericht. Karlsruhe hat zwar im Jahr 2010 das Grundrecht auf ein menschenwürdiges Existenzminimum geschaffen, hatte aber dann nicht mehr die Kraft, den Gesetzgeber zu dessen Einhaltung anzuhalten. Die Rechtslage für arme Menschen ist daher dürftig; die gesetzlichen Regeln bestehen darin, den Bedarf der Bedürftigen möglichst klein zu rechnen. Dafür nutzt die staatliche Armutsverwaltung allerlei Finessen. Diese beginnen damit, dass man bei der Vergleichsgruppe, auf die man sich bezieht, schummelt; und sie setzen sich darin fort, dass aus den Durchschnittsbeträgen für den Lebensbedarf, die sich dann statistisch ergeben, bestimmte Positionen wieder herausrechnet. Das sozial-kulturelle Minimum, das sich so ergibt, lässt für soziales und kulturelles Leben kaum Raum. Diese Politik für Arme ist eine arme Politik. Die Hartz-Gesetze haben Zeitarbeit und Mini-Jobs gefördert; der Niedriglohnsektor ist stark gewachsen. Auch deswegen hat sich die Zahl der Tafeln, an denen Wohlfahrtsverbände billige oder kostenlose Lebensmittel zur Verfügung stellen, seit Hartz IV in Deutschland fast verdreifacht.

Die deutsche Grammatik kennt für das Wort knickrig zwei Steigerungsstufen: erstens knickriger und zweitens am knickrigsten. Im deutschen Sozialrecht gibt es für knickrig noch eine dritte, eine legislative Steigerungsstufe: Es handelt sich um die Hartz-IV-Gesetze und die Begleitregelungen, also zum Beispiel das »Gesetz zur Ermittlung von Regelbedarfen«, auf das sich die aktuelle Erhöhung des Hartz-IV-Regelsatzes um mickrige drei Euro stützt. Die Regeln sind so konzipiert, dass die Beträge, die auf dieser Basis errechnet werden, evident unzureichend sind.

Ausrechnen, einrechnen, kleinrechnen

Die Grundzüge dieser Rechnerei, genannt »Regelbedarfsermittlung«, sehen wie folgt aus. Erstens: Es gibt alle fünf Jahre eine Einkommens- und Verbrauchsstichprobe, die auf freiwilligen Angaben von Leuten beruht, die zu diesem Zweck ein Haushaltsbuch führen; diese Stichprobe wird in Haushalten aller Schichten gemacht. Aus diesen Stichproben werden als Bezugspunkt für die Leistungen nach Hartz IV die Haushalte mit den niedrigsten Nettoeinkommen ausgewählt, und zwar bei Alleinlebenden die untersten 15 Prozent, bei Paaren mit Kind die untersten zwanzig Prozent. Deren Konsumverhalten wird dann der Hartz-Bemessung zugrunde gelegt. Die Schummelei besteht hier darin, dass aus dieser Vergleichsgruppe die vielen verdeckt Armen nicht ausgeklammert werden. Verdeckt arm sind diejenigen, denen eigentlich die Hartz-IV-Grundsicherung zustünde, die das aber etwa aus Scham nicht beantragt haben. Auf der Basis auch von deren Not wird also der Notbedarf für alle Armen bemessen. Und jetzt kommt Schritt zwei: Wenn so die durchschnittlichen Ausgaben der Niedrigverdiener für zahlreiche Einzelpositionen statistisch ermittelt sind (für Ernährung, Bekleidung, Gesundheit, Freizeit etc.) werden daraus, wie aus einem Warenkorb, zahlreiche Positionen und Beträge wieder herausgerechnet: keine Flasche Wein, kein Feierabendbier für die fast 900 000 aufstockenden, also erwerbstätigen Hartzer, stattdessen nur das billigste Mineralwasser, keine Blumen, kein Tabak, keine Weihnachtstanne, kein Regenschirm, kein Waschsalon, und zwar auch dann nicht, wenn die Waschmaschine kaputt ist. Hartz IV ist ein Unglück, en gros und en détail. Für Ernährung errechnen sich 5,14 Euro am Tag. Für Bildung 1,57 Euro im Monat.

Wer jeden Euro viermal umdrehen muss

In den Jahren bis zur nächsten Einkommens- und Verbrauchsstichprobe (alle fünf Jahre) sollen die Beträge jährlich angepasst werden. Das Ziel ist: Ein Hilfeempfänger soll in der Umgebung von Nichthilfeempfängern ähnlich wie diese leben können, ohne als solcher aufzufallen. So hat es das Bundesverwaltungsgericht einmal formuliert. Davon kann heute nicht mehr die Rede sein. Die Beträge reichen nicht einmal für die laufenden Lebenshaltungs- und Teilhabekosten. Wenn Sehhilfen oder langlebige Konsumgüter wie ein Kühlschrank neu angeschafft werden müssen, kommen Arme vollends ins Schleudern. Im Hartz-IV-Satz ist als regelmäßige Rücklage für eine Waschmaschine monatlich ein Betrag von 1,60 berücksichtigt; den soll der Hilfeempfänger sparen. Bei Anschaffungskosten von 300 Euro ergibt sich ein Ansparzeitraum von fast 16 Jahren. Alles easy? Wenn nicht, dann empfiehlt der Gesetzgeber in seiner Gesetzesbegründung: Man könnte ja die Geräte gebraucht oder auf Ratenbasis erwerben oder aber aus dem Schonvermögen, so vorhanden, bezahlen.

In der größten Not gibt es die Möglichkeiten, bei der Bundesagentur für Arbeit ein Darlehen zu beantragen: Im Jahr 2020 liefen bei den Jobcentern 688603 Darlehen mit einer Tilgungszeit von unter einem Jahr, 1067581 Darlehen mit einer Tilgungszeit unter drei Jahren, 1142640 Darlehen mit einer Tilgungszeit unter fünf

Jahren und 41 798 Darlehen mit einer Tilgungszeit von über fünf Jahren. Die Rückzahlungen müssen aus dem Hartz-IV-Grundsicherungsbetrag bezahlt werden. Dann stehen monatlich etwa vierzig Euro weniger für den laufenden Bedarf zur Verfügung.

16 Jahre sparen auf eine Waschmaschine

Die derzeit 5,3 Millionen Menschen in Deutschland, die mit diesen Regeln leben müssen, werden oft als »sozial schwach« bezeichnet. Die Bezeichnung ist in dieser Pauschalität eine Beleidigung für jeden, der eine Arbeit will, aber keine kriegt, jedenfalls keine, von der man leben kann. Wer jeden Euro viermal umdrehen muss, der ist arm, nicht sozial schwach. Sozial schwach sind Politiker, die leugnen, dass Hartz IV Armut bedeutet. Und sozial schwach ist ein Staat, der nicht alles tut, um die Menschen aus der Armut herauszuholen. Damit sind nicht die Sanktionen gemeint, mit denen man echt oder vermeintlich Arbeitsunwillige zwiebelt und ihnen die Leistungen kürzt. Aus der Armut herausholen: Dazu braucht man einen ordentlichen Mindestlohn und eine ordentliche Grundrente.

Im reichen Deutschland ist jedes
fünfte Kind arm oder armutsgefährdet.
Armut vergittert das Leben.

Das Kindergefängnis sprengen

Um die Gitter zu sprengen, braucht es ein eigenes Grundrecht.

E ine Quizfrage. Aus welchem Jahr und welchem Buch stammen folgende Sätze über das Verprügeln von Kindern: »Art und Maß der Züchtigung muss sich nach der körperlichen Beschaffenheit des Kindes, nach seinem Alter, nach der Größe seiner Verfehlung und nach seiner allgemeinen sittlichen Verdorbenheit richten. Rechtfertigen diese Umstände die Anwendung solcher Züchtigungsmittel, die eine nachhaltige und schmerzhafte Wirkung hervorrufen, so wird regelmäßig anzunehmen sein, dass damit die Grenzen einer vernünftigen Züchtigung nicht überschritten sind.«

Wenn einen das Entsetzen packt

Diese Sätze stammen nicht aus einem vorsintflutlichen Erziehungsratgeber, sie stammen nicht aus der Reichskriegsflaggenzeit; sie stehen auch nicht in der Schrift einer fundamentalistischen Sekte – sondern in einem Urteil des Bundesgerichtshofs von 1952. Das ist lange her, aber doch nicht so lange, dass einen beim Lesen nicht noch das Entsetzen packt. Mit diesen Sätzen haben die Richter gebilligt, was die Eltern mit ihrer 16-jährigen Tochter angestellt hatten. Die hatte wie die Richter missbilligten, »trotz ihres jugendlichen Alters sexuelle Kontakte«. Daraufhin band der Vater, wenn er aus dem Haus ging, seine Tochter am Stuhl fest. Ein andermal schoren die Eltern der Tochter die Haare verunstaltend. Das galt den Richtern als Erziehungsmaßnahme. Und noch 1986 fällten die Bundesrichter die berüchtigte Wasserschlauchentscheidung. Die achtjährige Christine hatte, wie es darin heißt, »erhebliche Erziehungsschwierigkeiten bereitet« und die Brille des Vaters kaputt gemacht. Deshalb griff der Vater zum »1,4 cm starken und in sich stabilen Wasserschlauch«. Strafbare Körperverletzung? Mitnichten. Eine gelegentliche Tracht Prügel sei zulässig.

Die Sintflut liegt erst zwanzig Jahre zurück

Vorsintflutlich? Diese Sintflut liegt nur zwanzig Jahre zurück. Erst seit 2000 sind alle Körperstrafen verboten, aufgrund des Gesetzes zur Ächtung von Gewalt in der Erziehung. Der Weg dahin war mühseliger, als man es heute glauben mag. Im Bürgerlichen Gesetzbuch von 1. Januar 1900 werden »angemessene Zuchtmittel« ausdrücklich gebilligt; das Vormundschaftsgericht wird aufgefordert, den Vater dabei zu unterstützen. Das galt so bis 1958. Dann wurden die Zuchtmittel getilgt und durch »Maßregeln« ersetzt. 1980 folgte der Satz, dass »entwürdigende Maßnahmen« unzulässig sind, es fehlte der Hinweis, dass Prügel entwürdigend sind; das wurde erst vor zwanzig Jahren Gesetz.

Ich erinnere mich an meinen Freund Albert und einen Aufsatzwettbewerb in meiner Volksschule Nittenau; es war Winter, und das Thema lautete: »Vögel in Not«. Albert schrieb: »Ich bin der Kasperl Larifari. Ich habe auch Hunger und esse deshalb das Vogelfutter selber.« Der Lehrer meinte, der Albert wolle sich über ihn lustig machen, legte ihn über die Bank und schlug ihn mit dem Rohrstock. Das war die Steigerung der Normalstrafe, die in sogenannten Tatzen bestand, in Schlägen auf die ausgestreckte Hand. Das ist Erzählstoff fürs Klassentreffen; aber eine Begründung für ein »Kindergrundrecht«, wie es die Kinderhilfswerke seit Langem fordern, ist das nicht mehr.

Kinderschutz in der Coronakrise?

Es ist so: Das Verbot, Kinder zu misshandeln, ist heute im Recht ausreichend verankert. Nicht verankert ist aber das Gebot, bei allen staatlichen Maßnahmen, Gesetzen und Verordnungen, das Kindeswohl vorrangig zu berücksichtigen. So verlangt es die UN-Kinderrechtskonvention von 1989. Im Grundgesetz steht davon nichts. Dort ist der Tierschutz normiert, der Kinderschutz nicht. Gäbe es das Kindergrundrecht – hätten dann Kitas und Schulen in der Coronakrise so lang zugesperrt werden dürfen? Hätte es so rigorose Kontaktsperren geben dürfen?

Das Kindergrundrecht ist kein Gummibärchen-Grundrecht; es hat Geldwert. Im reichen Deutschland ist mehr als jedes fünfte Kind arm oder armutsgefährdet; das sind 2,8 Millionen Kinder und Jugendliche unter 18; sie sind weit weg vom Lebensstandard, der als normal gelten könnte. Aufwachsen in Armut oder Armutsnähe begrenzt, beschämt und bestimmt das Leben. Armut ist ein Erbgefängnis. Armut ist eine Form von Gewalt. Prügel demütigen; Armut demütigt auch. Es braucht daher ein Kinderschicksalskorrekturgesetz. Es sollte dies aber nicht dazu führen, dass Eltern armer Kinder noch mehr Anträge stellen müssen. Die Devise lautet: weniger Anträge, mehr Geld; also Kindergrundsicherung. Dazu gehören auch ein kosten-

loses Mittagessen an den Schulen und die Nachmittags-
betreuung durch gute Pädagoginnen und Pädagogen. Die
dreihundert Euro Coronabonus pro Kind, die im Rahmen
des Konjunkturpakets ausbezahlt wurden, sind für bedürftige Familien völlig unzureichend. Es braucht mehr, eine
verlässliche Basis; es braucht ein Kindergrundrecht. Seit
drei Jahrzehnten wird nun darüber diskutiert. Es zählt zu
den Themen, die schon so lange auf der Tagesordnung stehen, dass sie kaum noch zur Kenntnis genommen werden.
Das ist auf gefährliche Weise falsch.

Wer für Kindergrundrecht und Grundsicherung wirbt,
dem wird erwidert: Die Eltern geben das Geld doch nur für
Alkohol und große Fernseher aus. Gewiss gibt es solche
Fälle. Wahr ist aber in der großen Mehrzahl das Gegenteil: Arme Eltern sparen häufig an sich selbst, um ihren
Kindern möglichst viel zu ermöglichen. Die Gesellschaft
darf nicht zu Ausreden greifen, um zu rechtfertigen, dass
man weiterhin nichts tut; das reproduziert und potenziert
die Ungleichheit in der Gesellschaft. Dagegen hilft das
Kindergrundrecht. Was soll man mit einem Gesetzgeber
machen, der sich sperrt? Vielleicht hilft ein Wink mit dem
Rohrstock.

*PS: Die geplante und in der Merkel-Koalition schon vereinbarte
Grundgesetzänderung zur Einführung des Kindergrundrechts
scheiterte im Juni 2021 am Widerstand der CDU/CSU.*

Die Millionen Menschen, die von
Hartz IV leben müssen, werden oft als
»sozial schwach« bezeichnet. Das ist eine
Beleidigung. Sozial schwach ist ein Staat,
der nicht alles tut, um die Menschen aus
der Armut herauszuholen.

Demokratie und Sozialstaat gehören zusammen

Die Agenda 2010 hat ein Unsozialrecht geschaffen.

E s gibt Tage, die man nie vergisst. Man weiß noch Jahre und Jahrzehnte später, wie es einem an so einem Tag ergangen ist. Bei mir ist der Agenda-Tag so ein Tag, der Tag also, an dem im Jahr 2003 die sogenannte Agenda 2010 und die Hartz-IV-Gesetze im Bundestag verabschiedet wurden. Dieses Agenda-Gesetz war und ist eines, dessen Bedeutung man gar nicht überschätzen kann und konnte – es war das Gesetz, mit dem der Abstieg der SPD begann. Das Gesetz reduzierte die Auszahlung des Arbeitslosengeldes auf zwölf Monate, es schaffte die Arbeitslosenhilfe ab, es hat Zeitarbeit, Minijobs und Ich-AGs gefördert, der Niedriglohnsektor ist stark gewachsen.

Ich habe die Agenda damals sehr kritisch kommentiert. Ich schrieb davon, dass Hartz IV den sozialen Frieden schwer stören wird – und dass eine solche Politik nicht sozialdemokratisch, sondern unanständig sei. Das waren heftige Worte. Und duster war auch meine Ankündigung, dass dieses Gesetz der Startschuss für den Aufschwung »heute noch unbekannter Populisten« sein könnte. Aber, um der Wahrheit die Ehre zu geben, nicht dieser Befürchtungen wegen habe ich mir diesen Tag so genau gemerkt.

Im Hals quer gelegt

Es war vielmehr so, dass mir beim Verzehr von Fish and Chips eine Gräte im Hals stecken geblieben war; die hatte sich im Hals so quer gelegt und festgehakt, dass es eine ziemliche ärztliche Prozedur war, sie wieder herauszuholen. Das war just am Agenda-Tag; und seitdem ist die Agenda 2010 für mich das Gräten-Gesetz.

Ich habe mich an den lange zurückliegenden Gräten-Tag erinnert, als im März 2019 der naseweise Bundesgesundheitsminister Jens Spahn von der CDU viele Leute verärgert und empört hat mit seiner Äußerung, dass Hartz IV nicht Armut bedeute. Das war eine überhebliche Äußerung, die aber eine hoffentlich substanzielle und nachhaltige Diskussion über Hartz IV ausgelöst hat: Essen damals für 2,55 Euro am Tag, Bildung für 1,06 Euro im Monat: Das war zum Weinen und ist es heute noch – trotz jährlicher Anpassungen.

Wenn das Sozialrecht zum Strafrecht wird

Zum Weinen ist auch, dass mit dem Hartz-IV-Gesetz Elemente des Strafrechts ins Sozialrecht Einzug gehalten haben. Der Sanktionsparagraf 31 des Sozialgesetzbuchs II ist der Kern und das Zentrum des gesamten Hartz-Gesetzes und offenbar der wichtigste: Wie kann man die Hartz-IV-Empfänger zwiebeln? Der Paragraf behandelt die Leute als potenzielle Faulpelze, denen man die Faulpelzerei auf Schritt und Tritt austreiben müsse. Das trifft seit der Einführung des Gesetzes an die vier bis fünf Millionen Menschen im Jahr. Hartz IV ist bürokratische Armutsverwaltung; sein Hauptziel müsste sein, die Menschen aus Hartz IV wieder herauszubringen – aber das passiert nicht, und das ist das Schlimmste. Unter den sechs Millionen

Hartz-IV-Empfängern sind etwa eine Million Langzeitar-
beitslose. Das ist bitter, das ist ein Skandal.

Hartz IV ist der Name für das größte Debakel in der
Geschichte der deutschen Sozialdemokraten. Hartz IV
steht für die Entfremdung der SPD von den neuen sozialen Unterschichten und von all denen, die sich nach
der Decke strecken müssen; die SPD ist nicht mehr ihre
Partei. Hartz IV ist für die Sozialdemokraten das, was
einst für die Römer die Schlacht im Teutoburger Wald
war, nur noch schlimmer. Bei dieser Schlacht im Jahre 9
nach Christus vernichteten germanische Aufständische
unter ihrem Anführer Arminius drei römische Legionen;
das war etwa ein Achtel des gesamten römischen Heeres.
Mit Hartz IV vernichtete sich die SPD selbst; sie verlor die
Hälfte ihrer Wähler, viele ihrer Mitglieder und ihre Glaubwürdigkeit. Der römische Feldherr Publius Quinctilius
Varus stürzte sich seinerzeit angesichts der Katastrophe
in sein Schwert. Bei den Sozialdemokraten stürzt angesichts der Katastrophe ein Parteivorsitzender nach dem
anderen.

Varus, Bebel, Schröder

Kaiser Augustus soll, als er von der römischen Niederlage
erfuhr, gesagt haben: »Varus, Varus, gib mir meine Legionen wieder.« Der Arbeiterkaiser August Bebel, ein Grün-
dervater der SPD, dürfte, wenn er vom Arbeiterparadies
aus dem Treiben seiner Nachfolger zugesehen hat, etwas
Ähnliches gerufen haben: »Gerhard, Gerhard, gib uns unsere Wähler wieder.«

Die Millionen Menschen, die in Deutschland von
Hartz IV leben müssen, werden oft als »sozial schwach« be-
zeichnet. Die Bezeichnung ist in dieser Pauschalität eine
Beleidigung. Jemand, der keine Arbeit hat, aber eine will

und partout keine kriegt oder jedenfalls keine, von der er und seine Familie leben können, der deshalb jeden Euro drei- und viermal umdrehen muss, der ist arm, nicht sozial schwach. Sozial schwach ist freilich ein Staat, der nicht alles tut, um die Menschen aus der Armut herauszuholen. Und besonders sozial schwach ist ein Minister, der leugnet, dass Hartz IV Armut bedeutet. Gewiss: Die Armut in Deutschland ist eine andere Armut als die in Kalkutta. Arme in Deutschland verhungern nicht; sie sind aber ausgeschlossen aus einer Welt, die sich nur den einigermaßen Situierten entfaltet. Arm in Deutschland sind diejenigen, die nur mit knappster Not über die Runden kommen. Arm sind die Menschen, die komplett überschuldet sind – meist nicht wegen Kaufsucht, sondern wegen Krankheit, Scheidung und sonstiger Notlagen. Viele dieser Armen sind nicht absolut, aber relativ arm – sie sind arm dran, auch deswegen, weil ihnen von Politikern wie Jens Spahn auch noch die Anerkennung ihrer Bedürftigkeit genommen wird.

Eine Rutsche in die Armut

Es mag sein, dass es einen Überdruss an den Armutsberichten gibt. Es ist ein Überdruss, weil die Armut in einem reichen Land als Störung empfunden wird. Diese Störung existiert. Der vormalige Generalbundesanwalt Kay Nehm hat kurz vor dem Ende seiner Amtszeit im Jahr 2006 vor einem »Auseinanderdriften der Gesellschaft« gewarnt, das den inneren Frieden gefährden könnte. So ist es: Es gibt eine Rutsche in die Armut, genannt Hartz IV, und es gibt eine gewaltige Angst davor, dass man sich auf einmal selbst darauf befinden könnte.

Für sie alle, für sie alle, die Angst haben, hat das Bundesverfassungsgericht am 9. Februar 2010 in seinem fulminanten Hartz-IV-Urteil ein Grundrecht auf ein menschenwürdiges Existenzminimum geschaffen – und dem Staat aufgegeben, die Armutsgrenze in Deutschland neu festzusetzen, die Leistungen an Arbeitslose und, dies vor allem, an ihre Kinder deutlich zu erhöhen. Der Gesetzgeber folgte dem aber nicht elanvoll, sondern nur sehr zögerlich und sehr mürrisch.

In seinem zweiten Urteil zu Hartz IV aus dem Jahr 2019 folgte sich das Bundesverfassungsgericht selbst nur noch zögerlich und mürrisch. Es nahm, neu besetzt und mit dem ehemaligen CDU-Politiker Stephan Harbarth als Vorsitzendem (der mit Hartz IV im Bundestag vorbefasst gewesen war), sein eigenes Urteil aus dem Jahr 2010 zum Existenzminimum nicht richtig ernst: Das Verfassungsgericht erlaubte nämlich die Minimalisierung dieses Existenzminimums zwar nicht in der bisherigen Höhe, aber doch dem Grundsatz nach. Das Karlsruher Urteil von 2019 lässt das kalte Herz von Hartz IV weiterschlagen, nach Implementierung von ein paar Stents. Es bleibt dabei, dass Elemente des Strafrechts im Sozialrecht eine große Rolle spielen: Wer sich nicht konform verhält, wer echt oder angeblich zumutbare Arbeit nicht annimmt, nicht zur gemeinnützigen Arbeit antritt, Termine nicht wahrnimmt oder Dokumente nicht beibringt – dem werden die Leistungen bis weit unter das Existenzminimum gekürzt, wenn auch nicht mehr ganz so brutal und pauschal wie bisher; er kann aber womöglich auch künftig seine Stromrechnung nicht mehr bezahlen.

Armut ist auch Armut an Demokratie

Karlsruhe hat dazu nicht Nein, sondern nur Jein gesagt. Im Jahr des siebzigsten Grundgesetzjubiläums hätte man sich ein Urteil gewünscht, das mehr Gespür dafür hat, dass Armut auch Armut an Demokratie ist, und das der Bedeutung des Sozialstaatsgebots mehr und besser Rechnung getragen hätte. Man hätte sich ein Urteil gewünscht, das die Spaltung der Gesellschaft nicht hinnimmt, sondern sie überwinden hilft. Man hätte sich ein Urteil gewünscht, das aufzeigt, wie Arbeitslose gut gefördert werden können. Man hätte sich ein Urteil gewünscht, das nicht schwarze Pädagogik unterstützt, sondern den Sozialstaat als Schicksalskorrektorat beschreibt. Das Übel, dass so viele Menschen in einem reichen Land ein armes Leben führen, besteht nicht darin, dass viele andere Menschen ein reiches Leben führen. Das Übel besteht darin, dass ein armes Leben arm und ein schlechtes Leben schlecht ist. Und das Gute ist, dass den Rentnern und den Arbeitslosen, deren Leben arm ist, geholfen werden kann – auch mittels Steuern und Beiträgen derjenigen, die ein gutes und begütertes Leben führen.

Blinddarm der Demokratie

In der Debatte um Grundrente und Grundeinkommen tun die Fundamentalkritiker solcher Projekte so, als sei der Sozialstaat der Blinddarm der Demokratie – leicht entzündlich, daher gefährlich. Das Gegenteil ist richtig. Ohne einen sich klug weiterentwickelnden Sozialstaat wird das Gemeinwesen entzündlich und der innere Frieden prekär; er ist es schon. Für die Demokratie ist es deshalb durchaus systemrelevant, wie der Staat mit den Hartz-IV-Beziehern umgeht. Ein guter Sozialstaat sorgt dafür, dass der Bürger, auch derjenige ohne Arbeit, Bürger sein kann und Bürger sein will. Demokratie und Sozialstaat gehören zusammen.

Es gibt eine Gesellschaft außerhalb
der eigenen Blasen.

Ein Anti-Egoismus-Jahr

Das soziale Pflichtjahr wäre eine gute
Sache – für alle: Ein Beitrag
zu einer wehrhaften Demokratie

Dies ist ein Plädoyer für die Wiedereinführung der allgemeinen Wehrpflicht – aber einer ganz anderen Wehrpflicht, als es sie bis 2011 gab. Bis dahin war der Wehrdienst Pflicht und Regel; der Zivildienst war Ausnahme; den Zugang zu dieser Ausnahme musste man sich mit einer Gewissensprüfung erkämpfen. Das gilt es grundsätzlich zu verändern: Der Dienst müsste für junge Männer und Frauen zur allgemeinen Pflicht werden; und diese Pflicht sollte dann in der Pflege, im Naturschutz, in der Feuerwehr, im Katastrophenschutz – oder eben auch in der Bundeswehr geleistet werden können.

Was eine Gesellschaft zusammenhält

Das wäre Wehrpflicht in einem neuen, umfassenden Sinn: Dienstpflicht für eine wehrhafte Demokratie. Wehrhaftigkeit muss man nämlich weiter verstehen als bisher üblich; mit Landesverteidigung, Verfassungsschutz und Vereinsverboten ist sie nicht ausreichend beschrieben. Zur Wehrhaftigkeit gehört alles, was eine Gesellschaft zusammenhält; der beste Verfassungsschutz ist eine lebendige, solidarische Zivilgesellschaft; ein verpflichtendes soziales Jahr kann und wird sie stärken.

Dieses soziale Pflichtjahr ist ein Beitrag zu einer starken, wehrhaften Demokratie. Warum? Demokratie ist eine Gemeinschaft, die ihre Zukunft miteinander gestaltet. Dafür braucht man Menschen, die erfahren haben, dass es eine Gesellschaft gibt auch außerhalb der eigenen Blasen und Bubbles und dass für deren Nöte nicht ein abstrakter Staat, sondern eine konkrete Gemeinschaft zuständig ist. Das verpflichtende soziale Jahr ist ein Erfahrungsraum. Viele von denen, die seinerzeit ihren Zivildienst widerwillig angetreten hatten, zählen ihn heute zur beeindruckendsten Zeit ihres Lebens. Es mag eine erzwungene, aufgedrängte Bereicherung sein – eine Bereicherung bleibt es trotzdem.

Im Jahr 2004 hat der damalige Bundesverteidigungsminister Peter Struck den berühmten Satz formuliert, dass »unsere Sicherheit nicht nur, aber auch am Hindukusch« verteidigt werde. Und wo noch? Nicht nur dort, wo Panzerketten rattern und Tornados starten. »Unsere Sicherheit« wird auch in Krankenhäusern, Kindergärten, Pflegeheimen verteidigt, dort wo die Caritas arbeitet und die Innere Mission, dort, wo Essen auf Rädern ausgefahren wird, und dort, wo Biotope geschützt werden. Eine solche Beschreibung von Sicherheit mag ungewöhnlich sein, sie ist aber richtig. Sicherheit addiert sich aus äußerer und innerer Sicherheit; zur inneren Sicherheit gehört die soziale Sicherheit.

Ein soziales Erfahrungsjahr

Ein soziales Pflichtjahr kann für viele junge Menschen der Einstieg sein in die soziale Wirklichkeit, es kann ein soziales Erfahrungsjahr, ein demokratisches Basisjahr, ein

Anti-Egoismus-Jahr werden. Das verpflichtende Jahr wäre dann die erste Bürgerpflicht, die Fortsetzung der Schulpflicht mit anderen Mitteln und anderen Inhalten. Es wäre eine bescheidene Rücknahme der Segregation unter den Jugendlichen, die durch das dreigliedrige Schulsystem und soziale Ungleichheiten geschaffen wird. Und als Europäisches Soziales Jahr, mit Möglichkeiten des Einsatzes in Frankreich, Griechenland oder Polen, wäre es ein Beitrag zu einem »Mehr Europa wagen«. Es kann jungen Menschen helfen, Fähigkeiten an sich zu entdecken, die in der Schule nicht geschätzt wurden. Und es kann politisches Engagement beflügeln.

Die Aussetzung der Wehrpflicht, mit der die Stornierung des Zivildienstes Hand in Hand ging, war das übers Knie gebrochene Werk des damaligen Verteidigungsministers Karl-Theodor zu Guttenberg. Dessen Rücktritt im Zuge der Plagiatsaffäre hat Markus Söder den Weg an die Spitze der CSU geöffnet. Und so sind zum einen Söder und zum anderen das Ende von Wehr- und Zivildienst das, was von zu Guttenberg übrig geblieben ist.

Es war so eine Art Witwenverbrennung damals, im Jahr 2011. Als die deutsche Wehrdienstpflicht abgeschafft wurde, wurde die Zivildienstpflicht, die die Partnerin des Wehrdienstes gewesen war, gleich mit beerdigt. Das war kein Verbrechen, es war ein Fehler. Natürlich hingen die beiden Dienste rechtlich aneinander, daher hieß der Zivildienst ja auch »Ersatzdienst«: Wer den Kriegsdienst aus Gewissensgründen verweigerte oder aus sonstigen Gründen zur Bundeswehr partout nicht wollte, der machte ersatzweise sozialen Dienst – im Krankenhaus, Jugendzentrum, Altenheim, im Rettungsdienst oder Naturschutz. Die pazifistische und die emanzipatorische Bewegung, die eher linken und liberalen Parteien hatten den Zivildienst durchgesetzt, auch als »Stütze für den Sozialstaat«. Es erstaunt, dass sie ihn 2011 sofort wieder fallen ließen und nicht dafür warben, ihn ins Grundgesetz zu schreiben. Es erstaunt noch mehr, dass die gesellschaftlichen Gruppen, die einst für den Zivildienst gekämpft und ihn für den Ausdruck gesellschaftlichen Fortschritts gehalten haben, ihn heute, da er immer wieder von der CDU/CSU ins Gespräch gebracht wird, für suspekt erklären – und das Werben dafür den Konservativen überlassen.

Eine Voraus-Einlage

Es sei »menschenrechtswidrig«, so kann man bei den Kritikern eines sozialen Pflichtjahres lesen, junge Menschen zwischen Schul- und Berufsausbildung zu einem sozialen Dienst zu verpflichten. Das ist grotesk: Es soll menschenrechtswidrig sein, sich fürsorglich um Menschen zu kümmern? Gar von Freiheitsentziehung reden Kritiker. Dann ist die Schule auch Freiheitsentziehung. Man könnte das Soziale Jahr als Europäisches Soziales Jahr in die schulische und berufliche Ausbildung integrieren. Es kann der Berufsorientierung dienen und dem Absprung von zu Hause. Ein soziales Pflichtjahr hilft womöglich auch, Fähigkeiten an sich zu entdecken, die in der Schule nicht wertgeschätzt wurden. Es baut, wenn es gut geht, Vorurteile ab gegenüber den Verlierern der Gesellschaft; es kann Motivation sein für politisches Engagement. Man kann es auch als Voraus-Einlage für die eigene spätere Pflegebedürftigkeit betrachten. Es gibt jedenfalls viel mehr Vorteile als Nachteile. Es ist ein Beitrag zu persönlicher und politischer Resilienz. Die Argumente, die auf »Vergeudung von Lebenszeit« hinauslaufen – man kennt sie: Das ökonomistische Gerede hat dazu geführt, dass die Schulzeit verkürzt und das Studium verschult wurde. Das Soziale Jahr ist die Gegenbewegung.

Die Wohlfahrtsverbände winden sich: Sie wollen kein soziales Pflichtjahr, weil ihnen der Organisationsaufwand zu hoch ist; sie halten die jungen Leute eher für Störer im professionalisierten Geschäft und setzen lieber auf den Ausbau des Bundesfreiwilligendienstes. Mag sein; der logistische Aufwand, den Wohlfahrtsverbände für Freiwillige einsetzen müssen, ist nicht hoch, schon deswegen nicht, weil es nicht so viele gibt. Verpflichtete Jugendliche schaden mehr, als sie nützen, heißt es auch gelegentlich. Das ist eine beleidigende Unterstellung, weil sie den jungen Leuten Herz und guten Willen abspricht. Denn die Motivation folgt der Pflicht, nach dem Motto »wenn schon, denn schon«. Sprich: Wenn ich schon etwas tun muss, weil es alle müssen, dann lieber gern als widerwillig. Zum guten Willen der Politik gehört es, die Jungen nicht als billiges Personalreservoir zu betrachten – sondern ihnen reiche Lebenserfahrung zu ermöglichen. Das verpflichtende soziale Jahr darf und wird nicht den Pflegenotstand mildern. Aber mit den jungen Leuten wird die Erkenntnis in die Gesellschaft getragen, dass es diesen Pflegenotstand gibt und er behoben werden muss.

Herkömmlich nicht, bekömmlich schon

Allerdings heißt es im Artikel 12 Grundgesetz: »Niemand darf zu einer bestimmten Arbeit gezwungen werden, außer im Rahmen einer herkömmlichen Dienstleistungspflicht.« Dieser Verfassungssatz richtet sich gegen die Wiederkehr des Reichsarbeitsdienstes der Nazis. Das Bundesverfassungsgericht hat dazu geurteilt, dass als »herkömmlich« nur Gemeinpflichten gelten, die schon vor der NS-Zeit üblich waren – Feuerwehr, Katastrophenschutz, Deichsicherung. Herkömmlich wäre das Pflichtjahr also nicht.

Bekömmlich wäre es. Es hat schon weit weniger bekömmliche Grundgesetzänderungen gegeben.

Und die Kosten? Eine Regierung, die mit unendlichen Milliarden die wirtschaftlichen Folgen des Coronalockdowns abzumildern versucht, sollte nicht damit kommen, dass man die zwanzig Milliarden nicht aufbringen kann, die der Pflichtdienst jährlich kostete. Der gesellschaftliche Nutzen ist ungleich höher. Demokratie ist eine Gemeinschaft, die ihre Zukunft miteinander gestaltet. Dafür braucht man Menschen, nicht Narzissten. Man braucht Menschen, die wissen und erfahren haben, dass es eine Gesellschaft gibt und dass für deren Nöte nicht ein abstrakter Staat, sondern eine konkrete Gemeinschaft zuständig ist. Ein verpflichtendes soziales Jahr tut den jungen Menschen gut, es tut dem Gemeinwesen gut, es tut dem Land gut. Es ist der Einstieg in die soziale Wirklichkeit, es ist ein soziales Erfahrungsjahr. Es ist ein Anti-Egoismus-Jahr.

»Frauen stützen den halben Himmel«,
sagt Mao. »Der Himmel der Frauen ist
unter den Füßen ihres Mannes«, sagt
ein islamisches Sprichwort. »Männer
und Frauen sind gleichberechtigt«,
sagt das Grundgesetz.

Gleichberechtigung: Mission erfüllt?

Von Hänsel und Gretel, der Schnecke auf Eis und den Paritätsgesetzen

Gehirne von Frauen seien zu klein für rationales Denken: So argumentierten 1913 die Gegner des Frauenwahlrechts. Heute sitzen die angeblich kleinen Gehirne im Bundesverfassungsgericht und haben dort künftig die Mehrheit. Der Bundesrat wählte im Juli 2020 Ines Härtel, Professorin an der Europa-Universität Viadrina Frankfurt/Oder, zur Richterin des Bundesverfassungsgerichts; sie ist Nachfolgerin von Johannes Masing. Jetzt urteilen am höchsten deutschen Gericht in Karlsruhe neun Frauen und sieben Männer.

Parität, die hälftige Besetzung mit Männern und Frauen, in deutschen Parlamenten noch ferne Zukunftsmusik, ist am Bundesverfassungsgericht erreicht. Es ist dort noch mehr erreicht als Parität, nämlich Normalität – denn es sollte normal sein, dass Frauen in der Mehrheit sein können. Wie wird sich die Karlsruher Frauenmehrheit auswirken auf die Urteile zur Gleichberechtigung? Wie wird sich das auswirken auf die Beurteilung von Quotenregelungen auf die verfassungsrechtliche Beurteilung der Paritätsgesetze? Diese Paritätsgesetze sollen dafür sorgen, dass mehr Frauen in den Parlamenten vertreten sind – nämlich halbe-

halbe. In Brandenburg und in Thüringen wurden solche Gesetze erlassen, aber dann von den jeweiligen Landesverfassungsgerichten für verfassungswidrig erklärt. Für die anderen Landtage und den Bundestag werden solche Gesetze diskutiert. Es wird das Bundesverfassungsgericht entscheiden müssen. Dort wird dann abgewogen werden zwischen der den Parteien vom Grundgesetz zugesicherten Freiheit, sich nach demokratischem Gusto zu organisieren – und der im Grundgesetz formulierten Verpflichtung des Staates, auf »tatsächliche Durchsetzung der Gleichberechtigung von Männern und Frauen hinzuwirken«.

Ein Reißverschluss für die Parlamente

Ist ein gesetzliches Reißverschlusssystem verfassungsgemäß oder verfassungswidrig – ein System, das die Parteien verpflichtet, auf ihren Wahllisten jeweils im Wechsel einen Mann und eine Frau zu nominieren? Und wie steht es um Gesetze, die es den Parteien vorschreiben, quotierte Vorschläge auch bei den Direktkandidatinnen und Direktkandidaten zu machen – wie es sie zum Beispiel in Frankreich schon gibt? Für solche Gesetze streitet Rita Süssmuth, die große Frauenrechtlerin der CDU; es ist ihr Lebenskampf. Die mittlerweile 84-Jährige streitet mit dem Mut der Verzweiflung, weil sie fürchtet, dass – auch im Gefolge der Coronakrise – Frauen wieder in die alten Rollen zurückgepresst werden. Süssmuth war Gesundheits-, Familien- und Frauenministerin im Kabinett Kohl, sie war zehn Jahre lang Präsidentin des Bundestags. Sie hat versucht, der CDU den Feminismus beizubringen; sie ist damit immer wieder gescheitert. Ihr Motto »Wer nicht kämpft, hat schon verloren« gilt nun ihrer letzten Kampagne, der für Paritätsgesetze. Sie hat erfahren, dass die Gleichberechtigung ohne gesetzliche Vorgaben nicht vorankommt. Es gehe ihr, sagt sie, nicht einfach um mehr Frauenrechte, sondern darum, die Gesellschaft mit allen Beteiligten zu verändern. Oder gesagt: Sie will nicht ein größeres Stück vom Kuchen, sondern einen anderen, besseren Kuchen backen. Süssmuth hat die Hoffnung, dass ihr das Bundesverfassungsgericht dabei hilft. Dort haben jetzt Frauen die Mehrheit. Die Gleichberechtigung braucht aber nicht nur die Frauen, sie braucht auch die Männer. Und die Männer brauchen sie.

Vor hundert Jahren durfte zum ersten Mal in Deutschland eine Frau Juristin werden. Sie hieß Maria Otto, sie wurde damals zur Großen juristischen Staatsprüfung und dann als Rechtsanwältin zugelassen. »Wurde zugelassen« – klingt so selbstverständlich, klingt wie ein Automatismus. So war es aber nicht: Sie musste zugelassen werden, sie ertrotzte sich am 6. Februar 1922 den Zutritt zur Staatsprüfung. Teilnehmen durfte sie aber nur unter dem Vorbehalt, dass mit der erfolgreichen Prüfung, also mit der Befähigung zum Richteramt, keine Ansprüche auf einen klassischen juristischen Beruf verbunden seien. Aber dann kamen der Fabrikantentochter aus Weiden/Oberpfalz glückliche Umstände zu Hilfe: die Weimarer Verfassung und die erstmals in den Reichstag eingezogenen Parlamentarierinnen. Letztere erreichten, dass im Juni 1922 den Frauen per Gesetz der Zugang zu juristischen Berufen eröffnet wurde. Maria Otto war dann fünfzig Jahre lang eine engagierte Rechtsanwältin in München. Sie starb 1977.

Paritätsgesetze sind so umstritten wie einst das Frauenwahlrecht

Das ist eines der Beispiele dafür, dass die Gleichberechtigung nicht von selbst, sondern nur per Gesetz kommt. Daran hat sich bis heute wenig geändert – siehe die Gesetze für mehr Frauen in Chefetagen, zuletzt in den Vorständen:

Das Führungspositionengesetz *FüPoG* verpflichtet deshalb – bloße Appelle hatten nichts genutzt – Unternehmen in Deutschland, sich Zielgrößen für mehr Frauen in Führungspositionen zu setzen. Die Unternehmen müssen für ihre Aufsichtsräte, Vorstände und obersten Managementebenen Ziele bestimmen und öffentlich darüber informieren. Solche Gesetze waren und sind Schrittmachergesetze. Daran muss man erinnern, wenn jetzt über die Paritätsgesetze gestritten wird, die erzwingen wollen, dass die Parlamente halb mit Männern, halb mit Frauen besetzt werden. Paritätsgesetze sind so umstritten, wie es 1918/19 im Reichstag das Frauenwahlrecht und 1948/49 im Parlamentarischen Rat der Gleichberechtigungssatz war.

Geköpfte Emanzipation

Gleichberechtigung kommt, so hat das Willy Brandt einmal gesagt, »voran wie eine Schnecke auf Glatteis«. Der Vergleich ist fünf Jahrzehnte alt. Er ist mittlerweile historisch, es handelt sich um einen Satz, der nicht mehr für die Gegenwart, aber für eine unendlich lange und bittere Emanzipationsgeschichte steht. Da muss man gar nicht zurückgehen bis zum Jahr 1789, zur Erklärung der Menschen- und Bürgerrechte. Als Olympe de Gouges dagegen protestierte, dass die Proklamation von Freiheit, Gleichheit und Brüderlichkeit nur für die Männer galt, als sie öffentlich forderte, dass die Frau dem Mann »gleich in allen Rechten« sein muss, wurde sie geköpft. Man muss auch nicht zurückgehen bis ins Jahr 1849, als die Schriftstellerin Louise Otto-Peters in der von ihr gegründeten politischen *Frauen-Zeitung* über die Verfassungsverhandlungen in der Paulskirche schrieb: »Ja, es ist auch viel und schön von den unveräußerlichen Menschenrechten geschrieben worden, aber bei alledem ist nur von Männerrechten die

Rede gewesen – an die Rechte der Frau hat man nicht gedacht.« Frauen durften damals in der Paulskirche nur auf den Zuschauerrängen des Balkons in gesonderten Abschnitten Platz nehmen und dort den Debatten der Männer schweigend lauschen – obwohl sie im Vormärz für die Freiheits- und Gleichheitsrechte mit auf die Barrikaden gegangen waren.

Nur Herren auf Herrenchiemsee

Es gibt eine wunderbare Geschichte darüber, wie die Gleichberechtigung ins Grundgesetz kam. Ich weiß nicht, ob es sich wirklich so zugetragen hat, wie diese Geschichte erzählt. Vielleicht ist es ja auch nur eine schöne Legende. Aber dann ist es jedenfalls meine Lieblingslegende. Sie stammt aus dem Jahr 1948, als 33 Fachleute aus den zerbombten Städten der Westzonen zum Verfassungskonvent in der Idylle der Insel Herrenchiemsee zusammenkamen, um eine Verfassung zu entwerfen. Sie haben sich dabei an Martin Luther gehalten. Sie hatten befürchtet, dass die Welt untergeht – und trotzdem Bäumchen gepflanzt. Es war die erfolgreichste Pflanzaktion der deutschen Geschichte. Glaubensfreiheit, Gewissensfreiheit, Meinungsfreiheit, Pressefreiheit, Versammlungsfreiheit, Koalitionsfreiheit, Berufsfreiheit – »Freiheit« war das Zauberwort nach den Jahren der Unfreiheit. Die Freiheiten waren Garantie und Verheißung zugleich.

Eine Freiheit fehlte: die Freiheit der Frau von männlicher Bevormundung, die Befreiung der Frau von der »Folgepflicht«. Der Mann bestimmte »Art und Umfang des Lebensaufwandes, den Ablauf des häuslichen Lebens, die Erziehung der Kinder, Wohnort und Wohnung«. Der Mann hatte »die Herrschaft über das Frauenvermögen«, und er konnte den Arbeitsplatz der Frau kündigen, »sofern die ehelichen Interessen beeinträchtigt sind«. Die Kompetenz der Frau beschränkte sich auf ihre persönlichen Angelegenheiten. Hier beginnt die Geschichte, die ich erzählen will: »Sag mal Carlo, ich finde in den Herrenchiemsee-Protokollen gar nichts zu der Frage der Gleichberechtigung. Wann habt ihr denn das besprochen?« So fragt Elisabeth Selbert, damals 51 Jahre alt, Rechtsanwältin aus Kassel, ihren berühmten Parteikollegen Carlo Schmid, SPD.

Die Beratungen auf der Insel Herrenchiemsee, die bis zum 28. August 1948 gedauert hatten, waren zu Ende, am 1. September trat in Bonn der Parlamentarische Rat zusammen, der auf der Basis des Herrenchiemsee-Entwurfs das Grundgesetz formulierte. Carlo Schmid und Elisabeth Selbert waren beide für die SPD Abgeordnete im Parlamentarischen Rat. »Wann wir die Gleichberechtigung besprochen haben? Gar nicht, waren ja nur Herren anwesend auf Herrenchiemsee.« Aber der Staatsrechtler aus Württemberg räumte ein: »Die Frauenrechte sind auf dem Stand der Jahrhundertwende, und wenn sich da was ändern soll, brauchen wir eine neue Formulierung im Grundgesetz. Lass es mich doch bitte wissen, wenn du einen konkreten Entwurf hast.« Das klang ein wenig gönnerhaft; aber Elisabeth Selbert ließ sich nicht lange bitten: »Den habe ich«, sagte sie. »Männer und Frauen sind gleichberechtigt.«

Eine abenteuerliche Formulierung, völlig inakzeptabel. Das bisherige Recht wird »in sich zusammenfallen«, prophezeite der CDU-Abgeordnete Hermann von Mangoldt. Ohne die Überzeugungskraft der Elisabeth Selbert hätte es den Gleichberechtigungsartikel nicht gegeben. Die am Ende einstimmige Verabschiedung dieses Artikels im Parlamentarischen Rat war ihre Sternstunde. Aber der Gesetzgeber brachte es viele Jahre lang nicht fertig, den Verfassungsauftrag einzuhalten. Die Männer im Bundestag warfen ihr Sakko über den Artikel 3 und machten weiter, wie gewohnt.

Die ewige Schöpfungsordnung

Noch 1953 erhoben wichtige Rechtsgelehrte ihre Stimme gegen das Gleichberechtigungsgebot des Grundgesetzes und gegen die Abschaffung des Patriarchats. Der Rechtsprofessor Friedrich Wilhelm Bosch, Gründer der *Zeitschrift für das gesamte Familienrecht*, ein einflussreicher und angesehener Familienrechtler der Nachkriegszeit, Doyen seines Fachgebiets, Dekan der juristischen Fakultät in Bonn und in Bochum, erklärte: »Träger familiärer Autorität ist der Mann und Vater, natürlicher Wirkungskreis der Frau ist der häusliche Bereich. Diese Ordnung ist ursprünglich und länger gültig als die Autorität des Staates, der sich dieser Ordnung bei seiner Gesetzgebung beugen muss.« So war auch der Inhalt der juristischen Lehrbücher von damals. Der Mann als Bestimmer mit Herrschaftsbefugnis und Entscheidungsrecht, die Frau leistet Folge. Und das Ganze galt als Teil der ewigen Schöpfungsordnung, die auch schon Philosophen, Hegel zum Beispiel, oder Naturwissenschaftler wie Max Planck beschworen hatten. Planck, der Begründer der Quantenphysik, warnte: »Die Natur selbst hat der Frau ihren Beruf als Hausfrau und Mutter vorgeschrieben. Naturgesetze aber können unter keinen Umständen ohne schwere Schädigungen, die sich besonders am nachwachsenden Geschlecht zeigen würden, ignoriert werden.« Friedrich Wilhelm Bosch, der juristische Patriarch, steht heute noch ehrend auf dem Titelblatt des von ihm gegründeten Fachblatts für Ehe-, Familien- und Kindschaftsrecht *(FamRZ)*. Bosch ist im Jahr 2000 88-jährig gestorben.

Klein Erna und Miss Marple

Glücklicherweise hat sich das Bundesverfassungsgericht den angeblichen Naturgesetzen und der ewigen Ordnung, wie sie von Bosch und Co verfochten wurden, nicht gebeugt und stattdessen das Gleichberechtigungsgebot des Grundgesetzes Urteil für Urteil durchgesetzt: 1959 verkündete das höchste Gericht die Verfassungswidrigkeit des väterlichen »Stichentscheids«, der bis dahin dem Vater das Letztentscheidungsrecht in der Kindererziehung gegeben hatte. Weil Gebhard Müller, der Präsident des Ersten Senats, krank im Bett lag, verkündete die Verfassungsrichterin Erna Scheffler das Urteil.

Scheffler, eine großmütterliche und resolute Frau, wurde »Klein Erna« genannt, weil sie nur 1,58 Meter groß war. Sie war die erste und ganz lange Zeit die einzige Richterin am Bundesverfassungsgericht. Das Urteil gegen das Patriarchat war ihr Urteil, die »Krönung meines Werkes«, sagt sie; ein Leben lang hat sie darauf hingewirkt, jahrelang war sie bei den Kollegen vom Verfassungsgericht Antreiberin gewesen – mit bewundernswert unerbittlicher Brillanz im Argumentieren. Klein Erna lächelte, als sie das Urteil der Öffentlichkeit vorstellte. Sie wusste im Geiste hinter sich: Maria Otto, 1922 in Deutschland als erste Rechtsanwältin zugelassen; Marie Munk, 1924 zur ersten Richterin Deutschlands ernannt; Elisabeth Selbert, die 1949 den Gleichberechtigungssatz im Grundgesetz durchgesetzt hatte. Erna Scheffler hoffte, dass ihr andere Frauen folgen würden.

Ein Glück, dass es so kam: Im September 1994 wurde Jutta Limbach zur ersten (und bisher einzigen) Präsidentin des Bundesverfassungsgerichts gewählt. Auch Limbach war von kleiner Gestalt, aber besaß große Ausstrahlung; Jutta Courage nannten sie manche, andere »Miss Marple«, nach der scharfsinnigen Detektivin in Agatha Christies Romanen. Ein Jahrzehnt vor dem Beginn der Kanzlerschaft von Angela Merkel bereitete Jutta Limbach den Weg für Frauen in höchste Staatsämter; sie besaß ein gelassenes Selbstbewusstsein und ein unerschütterliches Vertrauen in die Grundrechte.

Parteien sind das Nadelöhr

Die heftigen Debatten um die Paritätsgesetze zeigen, dass die Geschichte des Kampfs um die Gleichberechtigung noch nicht zu Ende ist. Die Paritätsgesetze, die für Mann-Frau-Parität in den Parlamenten sorgen sollen und den Parteien Vorgaben für die Aufstellung der Kandidatinnen und Kandidaten machen, sind eine neue Wegmarke. Parteien sind, so formuliert das die frühere Bundesverfassungs-richterin Christine Hohmann-Dennhardt, »das Nadelöhr, durch das Frauen durchgelassen werden müssen, damit aus ihrer formalen Wählbarkeit die reale Chance erwächst, auch gewählt werden zu können«. Das Frauenwahlrecht sei nicht erkämpft worden, »um eine parlamentarische Män-nerdemokratie zu erhalten und zu zementieren«. Verstößt eine per Gesetz vorgeschriebene Parität nicht gegen das Prinzip der repräsentativen Demokratie? Ist die Parität ein Rückfall in den Ständestaat, wie Kritiker behaupten, weil so die »Gruppeninteressen« der Frauen befördert würden? Abgeordnete sind ja laut Grundgesetz »Vertreter des gan-zen Volkes« – nicht nur eines Teilvolkes, einer Partei oder von Bevölkerungsgruppen. Aber: Frauen sollen ja nicht als Gruppenvertreterinnen gewählt werden, um Fraueninte-ressen zu vertreten. Sie sollen als Vertreterinnen des »gan-zen Volkes« gewählt werden. Sollen nur Männer das ganze Volk vertreten können?

Mit Frauenquoten die Männerquote durchbrechen

Es reicht nicht, wenn Frauen theoretisch alles werden dür-fen, sie müssen es praktisch werden können. Die umstrittenen Paritätsgesetze sind Quotengesetze. Kritikerinnen und Kritiker sagen, dass Frauen wegen ihrer Fähigkeiten, nicht wegen einer Quote, ausgewählt werden sollen. Das ist ein Grund für ihre partielle Abneigung gegen gesetzliche Quoten – verständlich, aber falsch. Die gesamte Emanzipationsgeschichte lehrt, dass es ohne konkrete und offensive gesetzliche Hilfe keine Emanzipationsfortschritte gibt. Quotengesetze sind notwendige und probate Hilfsmittel. Nur auf diese Weise ist die Männerquote zu durchbrechen, die in den Vorständen der Wirtschaft bei fast hundert Prozent und in den Parlamenten bei durchschnittlich siebzig Prozent liegt. Eine bloß formale rechtliche Gleichbehandlung führt nicht zur Gleichberechtigung, wenn diese formale Gleichbehandlung auf ungleiche Lebenssituationen von Männern und Frauen trifft. Also müssen Frauenförderungsgesetze einschließlich Quoten, daher müssen Paritätsgesetze verabschiedet werden.

Frauenförderungsgesetze sind keine Übertreibung, Paritätsgesetze auch nicht. Die Warnung vor Übertreibungen hatte und hat verschiedenen Zungenschlag, aber immer das gleiche Ziel. Einmal wurde die Bibel beschworen, wonach eine Frau dem Mann untertan sein solle. Ein andermal musste die Natur herhalten, wobei man die natürliche Bestimmung der Frau aus ihrer Gebärfähigkeit herleitete. Wenn den Frauen so der Weg in den Beruf erschwert und der Aufstieg versperrt wurde, geschah das angeblich zu ihrem Schutz. Der erste bundesdeutsche Familienminister Franz-Josef Wuermeling warnte 1953 vor einer »totalen Gleichberechtigung«, die bei Zwangsarbeit für Frauen in Bergwerken enden könnte. Eine restaurative Politik betrachtete Frauen als bessere Haustiere. Gegen Quote und Parität wird heute angeführt: Das sei Planwirtschaft, ein Eingriff in die unternehmerische beziehungsweise politische Freiheit, ein Verstoß gegen das Leistungsprinzip,

Diskriminierung von Männern. Im Grundgesetz heißt es freilich: »Der Staat wirkt auf die Beseitigung bestehender Nachteile hin.« Ein Quotengesetz, ein Paritätsgesetz realisiert dieses Gebot auf kluge Weise.

Hänsel und Gretel

In vielen alten Märchen geht die Story so: Die jungen Männer ziehen hinaus in die Welt, sie bestehen dort Abenteuer und kommen als Helden zurück. Die Mädchen aber bleiben zu Hause und warten darauf, dass sie befreit, erlöst oder geheiratet werden. Es gibt ein Märchen, in dem das ganz anders ist – Hänsel und Gretel. Es ist ein besonderes Märchen, weil es mit den klassischen Rollenmustern bricht: Als die Geschwister sich im Wald verirren, sind sie gemeinsam schwach und stark. Erst die Hexe weist den beiden wieder die klassischen männlichen und weiblichen Rollenmuster zu: Der Hänsel wird eingesperrt, weil er vermeintlich der Stärkere und Gefährlichere ist; die Gretel muss für die Hexe die Dienstmagd machen. Aber dann passiert, womit die Hexe nicht gerechnet hat: Gretel ist mutig und stark, sie wird zur Heldin, die ihren Bruder aus seinem Gefängnis befreit. Sie bricht also aus der Rolle aus, die ihr die Hexe gegeben hat. Die Verfassungsgerichte sollten sich, wenn sie über das Paritätsgesetz zu urteilen haben, nicht wie die Hexe verhalten.

Die versteckte Freude an Väter- und
Männerdominanz: Hat sie in Hoch-
zeitsritualen ein festliches Reservat?

Wer wen zum Altar führt

Führt die »amerikanische Eröffnung«
in den Himmel oder in die Hölle? Ein Streit
über Symbole und Rollenbilder

B ei der »amerikanischen Eröffnung« handelt es
sich weder um eine besondere Taktik beim Schach-
spielen noch um die Einweihung der neuen US-
Botschaft in Jerusalem. Es ist dies auch nicht ein prekä-
res Detail aus dem Handelskrieg von Donald Trump mit
China. Der Hinweis auf den Handel führt uns allerdings zum deutschen Lebensmitteldiscounter Lidl, der
10 500 Filialen in 29 Ländern besitzt und der, wie man
aus der *Lebensmittel Zeitung* erfährt, seine US-Strategie
derzeit grundlegend geändert hat: Lidl will in den USA
nicht mehr große Glaspaläste bauen, sondern kleine
Läden in regionalen Zentren, und bis Ende nächsten Jahres hundert davon betreiben, vor allem an der Ostküste.
Das ist sehr interessant, weil der Konzern nach einem
Fehlstart in den USA dort einen neuen Chef namens
Johannes Fieber hat und man gespannt verfolgen wird,
wie sich Lidl in der Konkurrenz mit dem Discounter Aldi
schlägt, der in den USA schon 1800 Filialen betreibt.

Aber auch diese prickelnde Rivalität der deutschen Discounter in den USA ist hier mit »amerikanische Eröffnung«
nicht gemeint.

Den Denver-Clan im Herzen

Gemeint ist die in Deutschland um sich greifende, sehr patriarchalische Sitte, dass bei einer kirchlichen Trauung der Vater der Braut seine Tochter in die Kirche und an den Altar führt und sie dann dem dort wartenden Bräutigam übergibt. In Zeiten von Patchworkfamilien, in denen oft kein Vater zur Hand ist, wird seine Stelle dann von einem anderen Mann eingenommen, vom Bruder oder vom Trauzeugen. Weil diese Art der Brautübergabe aus dem US-Amerikanischen kommt und sich via »Dallas«, »Denver« und anderer Filme aus Hollywood in die Herzen von deutschen Brautpaaren geschlichen hat, wird dieser durchaus umstrittene Auftakt »amerikanische Eröffnung« genannt.

Wie umstritten dieser Auftakt ist, hat im Sommer 2019 ein Brautpaar aus Ostbevern im Münsterland erfahren. Die Braut wollte sich, weil sie das für einen schönen Brauch hielt, von ihrem Vater zum Altar führen und dort dem Bräutigam übergeben lassen. Der katholische Pfarrer Marco Klein, erst seit Mai an der St.-Ambrosius-Gemeinde in Ostbevern tätig, lehnte das ab: Er wolle kein antiquiertes Rollenbild unterstützen. »Ich halte es für nicht zeitgemäß, dass die Frau damit symbolisch aus dem Rechtsbereich des Vaters in den Rechtsbereich des Ehemanns übergeben wird.« Der Pfarrer fand, dass die »amerikanische Eröffnung« nicht der Realität der Paare entspreche, die ja meist schon lange zusammenlebten. Und sie habe »mit der lange erkämpften Gleichberechtigung von Mann und Frau nichts zu tun«, sagte der vierzig Jahre alte Geistliche den *Westfälischen Nachrichten*. Er wolle, dass die Symbolik im Hochzeitsgottesdienst die Gleichberechtigung und die Selbstständigkeit der Frau zum Ausdruck bringe.

Pfarrer Klein erntete einen Hurrikan der Empörung im Internet, in dem viele stürmisch die Ehre des Brautvaters verteidigten und sich vor allem über die katholische Kirche lustig machten, die es doch ansonsten mit Emanzipation und Gleichberechtigung nicht so habe.

Ein festliches Reservat für Männerdominanz

Die Basis rebelliert gegen den vermeintlichen Paternalismus ihres Priesters, indem sie seine emanzipativen Vorstellungen beschimpft und auf einem durch und durch paternalistischen Ritual beharrt. Ohne Ironie ist das nicht, so etwas wie eine paradoxe Intervention. Und da war natürlich auch ein bisschen versteckte Freude an Väter- und Männerdominanz, die in einem solchen Hochzeitsritual ein festliches Reservat hat. Das alles wurde noch angereichert durch die Haltung: Der Kunde ist König. Es ging im Kern um die Frage: Wer hat das Sagen? Der Priester oder die, die zum ihm kommen? Ist die Kirche eine Art Eventagentur, die man mit der Kirchensteuer vorab schon bezahlt hat?

In der Lokalzeitung wurden auch Experten aus den Kirchen befragt: Bernd Tiggemann vom Landeskirchenamt der Evangelischen Kirche von Westfalen berichtete, dass von den letzten zwanzig Brautpaaren, die er getraut habe, 18 die »amerikanische Eröffnung« wollten. Und auch sein Hinweis, dass es sich dabei um einen ursprünglich germanischen Ritus handele, bei dem der Vater die Tochter im jungfräulichen Zustand an den künftigen Ehemann überreichte, habe daran nichts geändert. Der Kirchenmann schlug allerdings vor, Menschen, die ja oft nur noch einen losen Kontakt zur Kirche hätten, nicht vor den Kopf zu stoßen. Er riet dazu, ihren Wunsch nach einer amerikanischen Eröffnung etwas zu verbiegen: Man solle doch auch die Mutter oder die Eltern des Bräutigams dazuholen. Die Kirchenrechtlerin Reinhild Ahlers, zuständig für das Beschwerdemanagement im Bistum Münster, zitierte aus dem Trauritus der katholischen Kirche. Da stünde:»Im Eröffnungsteil empfängt der Zelebrant in der Regel das Brautpaar, Trauzeugen und Hochzeitsgäste am Kirchenportal und heißt sie willkommen. Dabei kann der Zelebrant zur Erinnerung an ihre Taufe Weihwasser reichen«. Es gehöre zu einem partnerschaftlichen Eheverständnis, »dass die Brautleute gemeinsam in die Kirche einziehen«.

Von Männerhand in Männerhand

Die evangelische Pfarrerin Silke Niemeyer aus Lüdinghausen im Münsterland erzählt, dass die »amerikanische Eröffnung« schon seit mehr als zwanzig Jahren gang und gäbe sei. »Uns jungen Pfarrerinnen, die sich gerade ihren Platz in der Männerkirche erobert hatten, standen Augen und Mund offen, als Bräute mit dieser Vorstellung ins Traugespräch kamen.« Nach anfänglichem »Mundfusseligreden« habe sie das dann doch mitgemacht – weil der Widerstand gegen das, was bereits fest zum Traum einer perfekten Trauung gehörte, die jungen Frauen verletzt habe. Man müsse sich, meint Pfarrerin Niemeyer, klarmachen, dass Hochzeitsvorbereitungen hochemotional seien und Konflikte in den Familien des Brautpaars heraufbeschwören darüber, wer was darf, muss oder soll. Sie, die Pfarrerin, habe sich entschieden, deswegen »hier nicht in den Machtkampf zu gehen und für Gleichberechtigung an anderer Stelle zu kämpfen«. Nur auf eines dringe sie immer: »dass die Hand der Braut bitte nicht vor dem Altar von Männerhand in Männerhand gelegt wird und dass die Braut die letzten Schritte allein geht«. In beiden Kirchen sei es schon lange selbstverständlich geworden, die persönlichen Wünsche des Paars zu erfragen und in den Gottesdienst einzubeziehen.

Der Shitstorm gegen den katholischen Kollegen zeigt allerdings, wie groß die Wut gegen die Kirchen ist, die ihre Gläubigen so lange arrogant bevormundet haben. Der Pfarrer der Ambrosius-Gemeinde habe, so meint seine evangelische Kollegin, diese geballte Wut abbekommen. Trotzdem hat Pfarrerin Silke Niemeyer einen Wunsch: Dass die Geistlichen, die den Brauch problematisieren und das patriarchale Gesicht der Kirche ändern wollen, »nicht mit Dreck beworfen werden. So verwerflich sind ihre Gründe doch nicht, oder?«

Da hat die evangelische Pfarrerin recht. Und zum Zeichen, dass es den Kirchen ernst ist mit dem Abschied vom alten Denken, sollten sie sich gute Segensrituale für homosexuelle Paare überlegen. Die evangelischen Kirchen führen gerade nach jahrelangen inneren Kontroversen Trauungen für homosexuelle Paare ein. Bei gleichgeschlechtlichen Paaren steht die »amerikanische Eröffnung« übrigens nie zur Diskussion, obwohl auch sie alle Söhne und Töchter von Vätern sind. Der Pfarrer von St. Ambrosius, der sich mit seinen Brautleuten gestritten hatte, hat mittlerweile zusammen mit ihnen eine, wie er sagt, »gute Lösung« gefunden.

In wenigen Jahrzehnten haben
Ehe und Familie mehr Änderungen
erlebt als zuvor in vierhundert Jahren.
Patchworkfamilien sind normal,
Regenbogenfamilien auch. Was ist
heute Familie?

Recht queer: Schwule und lesbische Paare als Eltern

Der Staat achtet und schützt alle Lebensformen.

Bisweilen erlaube ich mir einen kleinen Spaß: Dann stelle ich mir vor, der Reformator Martin Luther säße als Bundesverfassungsrichter in Karlsruhe. Immerhin hatte der junge Luther, bevor er Reformator wurde, Jura studiert. Er änderte aber seine Lebenspläne, als er in ein Unwetter geriet und der Heiligen Anna das Gelübde tat, Mönch zu werden, wenn sie ihn überleben lässt. Ich stelle mir also vor, der wort- und denkgewaltige Mann hätte heute zu entscheiden über Emanzipation, Homo-Ehen und die Verhältnisse von Kindern, die in Regenbogenfamilien groß werden.

Diese Vorstellung kitzelt schon deswegen, weil die Einheit aus Vater, Mutter, Kind, also die klassische Familie, für Luther Teil der ewigen Schöpfungsordnung war – »das entscheidende Glied zwischen Gott und Staat«. Die Familie hatte für ihn den Zweck, der Obrigkeit gute Untertanen zu erziehen; diese dienende Funktion wurde im Inneren noch verstärkt durch das Dienen der Frau. »Aus der Obrigkeit der Eltern«, schrieb Luther, »fließt und verbreitet sich alles andere.« Würde ein Luther heute also die Einhaltung der Schöpfungsordnung beschwören und gegen einen »familiären Wirrwarr« agitieren, würde er Patchwork- und Regenbogenfamilien kritisieren und von einem großen Werteverlust reden? Nein – weil Luther, lebte er heute, nicht von vorgestern wäre.

Werteverlust? Werteverlagerung!

Als einer, der der Wirklichkeit ins Auge sah, wüsste er, was geschehen ist: In wenigen Jahrzehnten haben Ehe und Familie mehr Änderungen erlebt als zuvor in vierhundert Jahren. Der angebliche Werteverlust ist eine Werteverlagerung: Der Rang der Ehe nimmt ab, die Bedeutung der Familien und nicht ehelichen Lebensgemeinschaften nimmt zu. Im Zentrum des Rechts steht die Sorge um die Kinder. Normalfamilie war jahrhundertelang die einst von Luther gepriesene Familie: ein Vater, eine Mutter, die Kinder. Es gibt aber eine neue Normalität. Dazu gehört heute, als Folge von Trennungen, Scheidungen und Wiederverheiratungen, eine Elternschaft in Stief- und Patchworkfamilien; Beziehungen zu Kindern lösen sich nach Trennungen selten ganz auf. Zur neuen Normalität gehört auch die Erweiterung der verschiedengeschlechtlichen Elternschaft durch die gleichgeschlechtliche. Die Reproduktionsmedizin hat zu Entwicklungen geführt, die man kaum erahnen konnte. Lesbische Paare können sich ihren Kinderwunsch mit Samenspendern, schwule Paare der Leihmutterschaft erfüllen. Hier verbotene Methoden werden von deutschen Paaren, die dazu ins Ausland reisen, immer öfter in Anspruch genommen. Das Recht ist einerseits dafür da, das Leben zu akzeptieren; andererseits soll es dieses Leben ordnen. Es ist auch Sicherheitsrecht: Es soll Ordnung bringen in des Lebens Fülle. Das Abstammungsrecht hat die Aufgabe, eine stabile Grundlage für das Aufwachsen der Kinder in den vielfältigen Verhältnissen zu bieten.

Vor fünf Jahren schon hat der Gesetzgeber eine Reform in Angriff genommen; es gibt einen detaillierten Gesetzentwurf: Die erste Elternstelle bleibt dort der Frau vorbehalten, die das Kind geboren hat. Für die zweite Elternstelle wird in lesbischen oder diversen Beziehungen die »Mit-Mutterschaft« eingeführt; die Stellung der Ehefrau der Mutter wird also stark ausgebaut: Sie wird von Gesetzes wegen »Mit-Mutter«, wenn sie mit der biologischen Mutter verheiratet ist; das orientiert sich an der Regelung der Vaterschaft in heterosexuellen Ehen: Bekommt da eine Frau ein Kind, ist ihr Ehemann automatisch Vater, egal, ob das auch biologisch zutrifft. Das soll nun auch für lesbische Paare gelten; der Samenspender bleibt draußen.

Wie viele Eltern braucht ein Kind?

Die Union blockiert das Gesetz. Solange das so ist, wird die Ehefrau der Mutter beim Standesamt nicht automatisch als Elternteil eingetragen. Sie muss das Kind erst als Stiefkind adoptieren, um dann zusammen mit ihrer Frau Eltern sein zu können. Das ist kompliziert, langwierig und diskriminierend. Und wenn die Frau bei der Geburt stirbt, ist das Kind elternlos. Diesen Zustand haben nun zwei Obergerichte für diskriminierend gehalten und das noch geltende Recht dem Verfassungsgericht vorgelegt. Dessen Entscheidung wird die geplanten neuen Abstammungsregeln beschleunigen. Karlsruhe wird wohl für ein moderneres Abstammungsrecht votieren, auch für die Mit-Mutterschaft. Das höchste Gericht hat nämlich, still und peu à peu, das Grundgesetz schon um ein Grundrecht ergänzt, das man so formulieren könnte: »Der Staat achtet und schützt alle Lebensformen.«

Und der Reformator als Verfassungsrichter würde wohl »Familie« einfühlsam beschreiben: als den Ort, an dem ein

Kind in seiner Entwicklung geschützt wird. Es gibt viele dieser Orte, an denen Kinder die wichtigste aller Erfahrungen machen können: »Ich kann dem Leben vertrauen« – nicht nur die Vater-Mutter-Kind-Familie. Auch die Vater-Vater-Kind-Familie; auch die Mutter-Mutter-Kind-Familie. Auch die Mutter-Kind-Familie. Auch die Vater-Kind-Familie. Auch die Patchwork-Familie. Die Hauptsache ist, dass Kindern das Gefühl gegeben wird: »Ich bin wertvoll.« Als Familie schützenswert ist jeder der Orte, der Kindern Geborgenheit und Schutz verspricht.

Zerstückelte Welten

Das mag und soll in vielen Fällen die Vater-Mutter-Kinder-Familie sein. Aber das Recht darf sie nicht als den einzig richtigen Ort idealisieren. Familie ist der Ort verlässlicher Bezugspersonen. Es können leibliche, rechtliche oder soziale Eltern sein, die dem Kind die Ruhe und Gefasstheit geben, die es braucht. Das Recht muss dabei helfen, diese Orte zu organisieren. Es gibt sogar Vorschläge, eine Elternschaft von mehr als zwei Personen zuzulassen. Aber: Man dient dem Kindeswohl nicht unbedingt dadurch, dass man die Lebenswelt des Kindes auch rechtlich zerstückelt – so warnt Dieter Schwab, der Doyen des deutschen Familienrechts: Könnte es sein, dass sich eine Linie, »die das Kind einem Ansturm von sich kreuzenden Erwachsenenrechten aussetzt, als generell kinderschädlich erweisen wird«?

Dies alles zu wägen und zu richten ist kompliziert, selbst für einen Reformator. Vielleicht lockert der die Anspannung mit der Neuauflage eines alten Kalauers über ein Familiengespräch bei Tisch. Sohn: »Papa, stammt der Mensch wirklich vom Affen ab?« Vater: »Du vielleicht, ich nicht!«

»Sehr geehrter Mensch«: Wie
redet man diverse Menschen an?
Ist die Anrede »sehr geehrte Damen
und Herren« diskriminierend?

Formel der Gerechtigkeit: »m/w/d«

Das dritte Geschlecht: Die Rechts-, Gesellschafts- und Partnerordnung orientiert sich neu.

Das Personenstandsgesetz gehört nicht zu den Gesetzen, die üblicherweise im Mittelpunkt der öffentlichen Aufmerksamkeit stehen. Es ist ein Gesetz für die Standesämter und für die Standesbeamten, die die »familienrechtlichen Umstände«, nämlich Geburten, Eheschließungen und Sterbefälle, nach den Regeln des Personenstandsrechts in ihren Büchern sorgfältig registrieren.

Am 1. Januar 2019 ist nun aber eine Änderung des Personenstandsgesetzes in Kraft getreten, die man getrost als gesellschaftspolitische Revolution bezeichnen kann. Diese Revolution findet sich in der Neufassung des Paragrafen 22 Absatz 3. Dort heißt es jetzt: »Kann ein Kind weder dem männlichen noch dem weiblichen Geschlecht zugeordnet werden, so ist der Personenstandsfall ohne eine solche Angabe oder mit der Angabe ›divers‹ in das Geburtenregister einzutragen.«

»Oder mit der Angabe ›divers‹«, das ist neu – und das heißt: Die bloße Mann-Frau-Betrachtung der Geschlechtlichkeit im deutschen Recht ist zu Ende. Es gibt nun, ganz offiziell und amtlich anerkannt, das dritte Geschlecht. Das ist juristisch und gesellschaftspolitisch spektakulär. Das hat Auswirkungen, die man womöglich noch nicht überschauen kann. Die ersten Auswirkungen zeigen sich in diesen Tagen in den Stellenausschreibungen und Stellenanzeigen. Dort heißt es jetzt, wenn das neue Gesetz beachtet wird, nicht mehr nur, wie bisher, dass ein Bauleiter gesucht wird »m/w«, sondern m/w/d – männlich, weiblich, divers. Im Folgenden ist von einer nur schon ein paar Jahre zurückliegenden Gesetzesänderung die Rede, weil sie weit in die Zukunft wirken wird.

Die Rechts-, Gesellschafts- und Partnerordnung, bisher ausgerichtet auf Mann/Frau, Frau/Frau, Mann/Mann, muss sich neu orientieren. Mit der Möglichkeit der Angabe »d« im Personenregister des Standesamts ist die Anerkennung des dritten Geschlechts verwaltungsrechtlich vollzogen. Das Bundesverfassungsgericht hatte in seiner Entscheidung vom 10. Oktober 2017 festgestellt, dass es nicht nur Männer und Frauen, sondern auch ein unbestimmtes Geschlecht mit nicht eindeutigen Geschlechtsmerkmalen gibt – und dass dieses Geschlecht von der gesamten Rechtsordnung anerkannt und respektiert werden soll.

»Sehr geehrter Mensch«: Wie redet man diverse Personen an?

Wie gesagt: Die gesetzliche Anerkennung ist nun vollzogen, sie steht im Personenstandsgesetz. Der gesellschaftliche Respekt wird noch wachsen müssen; und da geht es fürwahr nicht nur darum, dass neben öffentlichen Toiletten für Frauen und Männer auch solche ohne Geschlechtszuweisung zur Verfügung gestellt werden.

»Wird eine registerrechtliche Problemlösung imstande sein, unser Kulturverständnis grundlegend zu verändern?«, fragt der emeritierte Regensburger Ordinarius

Dieter Schwab, in der *FamRZ*, der *Zeitschrift für das gesamte Familienrecht*. Ein Schaden ist es jedenfalls nicht, wenn eine Versammlung nicht mit »Meine sehr verehrten Damen und Herren«, sondern zum Beispiel mit »Verehrte Anwesende« oder »Liebe Leute« eröffnet wird. Bei der künftigen Benutzung des Wortes »divers« wird man im allgemeinen Sprachgebrauch allerdings aufpassen müssen: Man sollte künftig beispielsweise nicht mehr formulieren, dass sich zum Dieselskandal »diverse Experten« geäußert haben. Und wie redet man eigentlich diverse Personen an? »Sehr geehrte Person«? Oder: »Sehr geehrter Mensch?« Ist die Anrede »Sehr geehrte Damen und Herren« jetzt diskriminierend?

Die Umarmung von Hermes und Aphrodite

Die AfD lehnte das neue Gesetz als einzige Fraktion im Bundestag ab. Sie nahm für sich im Gesetzgebungsgang in Anspruch, auf diese Weise die natürliche Ordnung zu verteidigen. Zur Natur gehört freilich auch die geschlechtliche Vielfalt. Der Kirchenlehrer Augustinus beispielsweise, geboren 354 nach Christus, war da sehr tolerant: Gerade in der Abweichung von der Mehrheit manifestiere sich, so schrieb er, das Göttliche. Und bei den alten Griechen beschrieb Ovid, wie aus der Umarmung von Hermes und Aphrodite ein »Hermaphrodit«, ein göttliches Wesen entstand, das beide Geschlechter in sich vereint. »Divers«: Es handelt sich gewiss um eine etwas seltsame Bezeichnung, sie erinnert ein wenig an die Sammelbezeichnung in einem Hängeregistratursystem; aber eine bessere Bezeichnung haben weder das Bundesverfassungsgericht noch Sachverständige noch der Gesetzgeber gefunden. »Divers« – diese Eintragung im Personenstandsregister gilt für die Intersexuellen, also für die Menschen mit nicht eindeutigen Geschlechtsmerkmalen; früher hat man von Hermaphroditen oder Zwittern gesprochen. Diese Intersexualität ist von der Transsexualität zu unterscheiden. Transsexuell sind Menschen, die körperlich eindeutig zum männlichen oder weiblichen Geschlecht gehören, sich aber als Angehörige des anderen Geschlechts fühlen und als solche anerkannt werden wollen.

Im falschen Geschlecht

Die Anerkennung der Transsexuellen ist bisher unbefriedigend geregelt. Im Transsexuellengesetz geschah sie nur sehr schleppend. Das Bundesverfassungsgericht musste hier mehrfach nachhelfen. Es monierte die Verfassungswidrigkeit mehrerer Bestimmungen dieses Gesetzes und stellte schon in einer Entscheidung aus dem Jahr 2008 fest: »Die Zugehörigkeit zu einem Geschlecht hängt wesentlich auch von der psychischen Konstitution eines Menschen und seiner nachhaltig selbst empfundenen Geschlechtlichkeit ab.«

Und 2011 entschieden die höchsten Richter: »Die Dauerhaftigkeit und Irreversibilität des empfundenen Geschlechts eines Transsexuellen lässt sich nicht am Grad der Anpassung seiner äußeren Geschlechtsmerkmale an das empfundene Geschlecht mittels operativer Eingriffe messen, sondern ist daran festzustellen, wie konsequent der Transsexuelle in seinem empfundenen Geschlecht lebt und sich in ihm angekommen fühlt.« Deshalb erklärten sie das Erfordernis einer operativen Geschlechtsanpassung und auch das der Zeugungsunfähigkeit für eine rechtliche Anerkennung im empfundenen Geschlecht für verfassungswidrig und die entsprechende Norm im Transsexuellengesetz bis zu einer gesetzlichen Neuregelung für nicht mehr anwendbar. Es ist beschämend, dass es der Gesetzgeber dabei belassen und die längst fällige Neuregelung des gesamten, an einzelnen Stellen immer noch nicht verfassungsgemäßen Transsexuellengesetzes bisher nicht vorgenommen hat.

Die Anerkennung der Uneindeutigkeit

Die gefühlte geschlechtliche Zuordnung, wie sie die Transmänner und Transfrauen haben, gibt es bei den Intersexuellen nicht. Das Bundesverfassungsgericht wollte es den intersexuellen Menschen daher ersparen, sich eindeutig zu einem Geschlecht bekennen zu müssen – deshalb wurde die Uneindeutigkeit ausdrücklich als drittes Geschlecht anerkannt.

Was dies im Alltag bedeutet, wird sich noch zeigen. Es ist erfreulich, wie die Homosexualität inzwischen rechtlich und gesellschaftlich Akzeptanz gefunden hat. Auch die Transsexualität von Menschen wird mehr und mehr akzeptiert. Der Wunsch, im empfundenen anderen Geschlecht leben zu können, ist vielen nachvollziehbar und verständlich. Sich daran zu gewöhnen, dass es ein drittes Geschlecht jenseits von Mann und Frau gibt, wird vielleicht etwas schwererfallen und eine größere Umstellung bedeuten. Aber bei gutem Willen wird es gelingen – im Interesse aller. Denn es sollte jedem selbst überlassen sein, wie er sich geschlechtlich zuordnet. So will es unsere Verfassung.

Das höchste Gericht hat in seiner Entscheidung von circa 160 000 Menschen gesprochen, die das neue Recht unmittelbar betrifft. Artikel 6 Grundgesetz, der die Ehe und die Familie unter den Schutz der staatlichen Ordnung stellt, schützt auch die Ehe und Familie dieser Menschen. Die Diskussion, was das bedeutet und was daraus folgt, hat mit der Änderung des Personenstandsgesetzes erst begonnen.

EINE NEUE HEIMAT

Drinkeldodenkarkhof. Das zungenbrecheri-
sche Wort springt einen an auf der Insel
Spiekeroog, auf dem Weg zum Strand. Da
liegt der Drinkeldodenkarkhof, der Kirchhof für Ertrunkene. Auf dem Platz steht ein
Kreuz, an dessen Fuß ruht ein Anker. Das
lustig fremde Wort Drinkeldodenkarkhof
offenbart seine todernste Bedeutung, wenn
man die Erklärtafeln liest. Hier liegen die
Ertrunkenen der gekenterten »Johanne« begraben. Das Segelschiff »Johanne« stach im
November 1854 in Bremerhaven in See. Es
trug 216 Auswanderer an Bord, Alleinstehen-
de, Familien mit Kindern und Säuglingen.
Die Vollmers und die Friedrichs zum Beispiel.
Sie hatten mühsam Geld zusammenge-
kratzt, um an Bord gehen zu können. Auf sie
warteten: Enge, Dunkelheit, Seekrankheit,
Gestank. Und das andere Ufer: Amerika!

Jahr für Jahr wanderten damals hunderttausend und mehr Deutsche in die USA ein;
215 000 waren es 1854, in dem Jahr, in dem
die »Johanne« unterging. New York war
damals, nach Berlin und Wien, die Stadt mit
der meisten deutschsprachigen Menschen.
Dort angekommen, blieben die deutschen
Einwanderer am liebsten unter sich: Sie

bauten sich ihre eigenen Kirchen, kauften in deutschen Geschäften, lebten in deutschen Vereinen, gingen in deutsche Theater, trugen deutsche Trachten, kochten deutsches Essen und setzten sich gern in den Biergarten. Den eingesessenen puritanischen Amerikanern gefiel das gar nicht. Die feindliche Stimmung wuchs sich aus zum Deutschenhass. Das Deutsche Theater in New York wurde angezündet. In Chicago verbot der Bürgermeister, er gehörte zur Partei »Americans only«, den Bierausschank am Sonntag. Viele Dutzend Deutsche wurden verhaftet, weil sie sich nicht daran hielten. Es wurde geschossen.

Das alles erleben die Vollmers und die Friedrichs aber gar nicht mehr. Wer sich aufs Meer begibt, der kommt darauf um. Der Atlantik war ein Massengrab geworden. »Wir werden es schon überleben«, hatten sie geglaubt. Nur weg aus diesem Kartoffelland Deutschland. Sie hatten Geschichten vom freien Leben dort gehört und dass man da sein Glück machen kann. Doch es kam schweres Sturmwetter, sie kenterten. Ein furchtbares Unglück. Die Bewohner eilten zum Strand. Doch sie konnten nichts tun. Ein Rettungsboot gab es nicht. Die Flut hatte den Weg zum Schiff abgeschnitten. Die Spiekerooger hörten die Schreie. Erst bei Ebbe konnten sie helfen. Sie retteten hundertfünfzig Schiffbrüchige und nahmen sie in ihre dreißig Häuser auf. Die vielen Toten, die noch Tage später angespült werden, unter ihnen die Familien Vollmer und Friedrch, bestatteten sie auf jenem Fleck, der nun Drinkeldodenkarkhof heißt.

Das Schicksal der »Johanne« war damals der Weckruf für den Aufbau einer Seenotrettung. Im Jahr 2000 haben die Vereinten Nationen den 20. Juli zum Weltflüchtlingstag erklärt, um an die Vollmers und Friedrichs von heute zu erinnern, die andere Namen haben, afrikanische, arabische, persische, afghanische – aber dieselben Hoffnungen.

Flüchtlingslager sind die Hölle
auf Erden. Sie sollen Flüchtlinge
abschrecken. Solche Lager sind
keine Hilfe, sie sind eine Schande.

Wenn wir selbst Flüchtlinge wären

Vom Glück, in einem Aufnahmeland Zukunft und Heimat zu finden

Wenn Sie eine Mutter wären in der zerbombten syrischen Stadt Idlib, was würden Sie tun? Idlib war einst eine Provinzstadt mit offiziell 160 000 Einwohnern; nun leben hier eine Million Menschen, im Chaos. Idlib wird von einem islamistischen Bündnis kontrolliert. Raketen schlagen ein. Die Truppen Assads, unterstützt von der russischen Luftwaffe, stehen wenige Kilometer vor der Stadt. Das Regime betrachtet die Menschen in Idlib als Landesverräter, auch die Zivilisten, auch Frauen und Kinder. Angst geht um, schreckliche Angst. Beobachter bezeichnen die Region als »Killbox«. Wenn Sie eine Mutter wären, was würden Sie tun? Sie würden, irgendwie, irgendwo, mehr Sicherheit suchen. So viel Sicherheit wie möglich. Vor allem für Ihre Kinder.

Vierhundert Kilometer Beton

Idlib-Stadt ist dreißig Kilometer von der türkischen Grenze entfernt. Dort hat Erdoğan eine vierhundert Kilometer lange Betonmauer bauen lassen, um Flüchtlinge aufzuhalten. Türkische Soldaten schießen auf Menschen, die hinüber klettern wollen. Dutzende von Zeltstädten sind vor dieser Mauer entstanden. Wenn Sie als Familienvater mit Ihren Kindern in einer dieser windigen und eiskalten Zeltstädte hausen müssten, die sich dort gebildet haben – was würden Sie tun? Die Böden sind matschig von Regen und Schnee. Um sich vor dem Frost zu schützen, heizen die Flüchtlinge in ihren Zelten. Es sind nicht wenige erstickt an Kohlendioxidvergiftung. Kriminalität grassiert, Prostitution. Wenn Sie als ein Vater mit Ihren Kindern dort wären, was würden Sie tun? An mehreren Stellen, so schreiben die Korrespondenten des Berliner *Tagesspiegel*, wurden Tunnel unter die Betonmauer gegraben. Schmuggler nehmen dreihundert Euro pro Person. Was würden Sie machen, wenn Sie noch Geld hätten?

Aufgeben, umkehren?

Was würden Sie machen, wenn Sie es als Vater oder Mutter, als Großvater oder Großmutter, mit Kindern und Enkelkindern schon in den letzten Jahren in die Türkei geschafft hätten? Was würden Sie machen, wenn Präsident Erdoğan Sie nun aus dem Land weisen, wenn er die Grenzen Richtung Griechenland, Richtung Europa öffnen würde? Sie würden vielleicht doch versuchen, der Not und Perspektivlosigkeit zu entrinnen, irgendwie. Und wenn Sie es versuchen, nachdem Ihnen Schmuggler das letzte Geld, das Handy und die Schuhe abgenommen haben, was würden Sie tun: Aufgeben? Umkehren?

Was würden Sie tun, wenn griechische und europäische Sicherheitskräfte Sie mit Tränengas beschießen? Wenn scharf geschossen wird, um Sie am Überqueren der Grenze zu hindern? Und was würden Sie hoffen, wenn Sie auf der Flucht Ihre Kinder verloren haben? Was würden Sie hoffen, wenn Sie Ihre Kinder irgendwo in dreckig-unsicherer Sicherheit glauben, in Moria zum Beispiel, in einem der Lager auf den griechischen Inseln Lesbos, Kos oder Samos? Was wären Ihre ersten Gedanken, wenn Sie überhaupt nicht mehr wüssten, ob und wo Ihre Kinder leben? Was wären Ihre letzten Gedanken, wenn Sie spüren, als Familie zersprengt, dass es mit Ihnen selbst zu Ende geht nach all den Strapazen?

Der Name »Moria« steht nicht erst heute für ein furchtbares Geschehen. Er steht für die Praxis des Menschenopfers und zugleich für dessen Abschaffung. Moria ist der Ort, an dem ein Vater seinen Sohn töten will – weil der Gott dies befiehlt. Der Vater ist Abraham, der Urvater und Namensgeber der abrahamitischen Weltreligionen; deren Urmythos ist die Erzählung von der »Bindung Isaaks«. In der christlich-jüdischen Variante findet man die grausige Geschichte im Buch Genesis: Abraham soll zur Prüfung seines Gehorsams in Moria seinen Sohn Isaak töten – als Brandopfer, als Menschenopfer.

Kinder opfern, um Gott zu befrieden

Abraham folgt der göttlichen Stimme; er hat seinen Sohn schon festgebunden auf den Holzscheiten und hebt das Messer – da öffnet sich der Himmel: »Leg deine Hand nicht an das Kind und tu ihm nichts«, ruft ein Bote Gottes im letzten Moment und macht so dem schaurigen Spuk, der angeblichen Gehorsamsprüfung, ein Ende. So sadistisch diese Geschichte anmutet, wenn man sie von ihrem Anfang her sieht, so humanisierend ist sie, wenn man sie von ihrem Ende her betrachtet. Religionsgeschichtlich markiert diese Erzählung einen Wandel im Gottesbild, nämlich die Abkehr von einem Gott, dem man Kinder opfern muss, um ihn zu befrieden.

Es ist eine Geschichte, die empört und beunruhigt und provoziert, für heutige Leser wirkt sie archaisch und aus der Zeit gefallen. Sie ist aber nicht so aus der Zeit gefallen, wie man meint: Auch heute sind Menschen bereit, für einen Gott, für eine Religion, für eine höhere Sache Menschen zu opfern. Ersetzen wir das Wort Gott durch ein anderes – durch das Wort »Realpolitik« zum Beispiel, oder durch das Wort »Sachzwänge«: Es gibt eine Politik, die den Tod von Menschen wegen angeblicher Sachzwänge, wegen höherer Interessen in Kauf nimmt. Diese Politik heißt Flüchtlingspolitik. Sie wird exekutiert im Mittelmeer. Die Zahl der Flüchtlinge, die dort ertrinken, steigt und steigt. Es sind hier aber nicht, wie bei Corona, die Rettungsmaßnahmen alternativlos, sondern, so vermittelt es die Politik, das Elend und das Sterben.

Der Himmel hat sich nicht geöffnet

Das Moria von heute liegt auf der Insel Lesbos, ein riesiges Flüchtlingslager ist dort im September 2020 abgebrannt, die Flüchtlinge wurden obdachlos, zum Teil nächtigten sie auf dem Friedhof. Der Himmel hat sich aber nicht geöffnet. Es gab keine Rettungsaktionen, die diesen Namen verdienen. Es gab keine Hilfe, die diesen Namen verdiente. Es gab das Versprechen von Deutschland und Frankreich, ein paar Hundert Kinder aufzunehmen. Moria war, Moria ist ein Lager, das der Abschreckung dient – dort werden Flüchtlinge, Familien, Kinder der Abschreckung geopfert.

Refugee lives don't matter: Das ist das heimliche Motto der Flüchtlingslager in der Ägäis. Im Lager Moria leben – lebten, muss man nach dem großen Brand dort sagen – zwanzig- oder dreißigtausend Menschen unter unbeschreiblichen Zuständen: einen Wasserhahn für jeweils Tausende. Versprechungen der deutschen Politik, wenigstens ein winziges Kontingent von Kindern und Jugendlichen von der Insel nach Deutschland zu holen, sind nicht neu, die gibt es nicht erst, seitdem Moria abgebrannt ist. Die gab es schon vorher. Sie wurden nicht oder nur zögerlichst erfüllt. Man überließ die Flüchtlinge dem Dreck, dem Virus, dem offenen Meer – zur Abschreckung.

Fanal der Verzweiflung

Wie gesagt: Das Moria von heute liegt auf der Insel Lesbos, das Flüchtlingslager dort ist abgebrannt. Es hat nicht, wie in der Brandopfer-Geschichte von Abraham und Isaak, ein rettender Engel eingegriffen. In Moria 2, dem Nachfolgelager, ist es nicht anders. Die hygienischen Bedingungen, die Versorgungs- und Sicherheitslage im Lager Kara Tepe auf der Insel Lesbos sind zum Erbarmen. Der deutsche Entwicklungshilfeminister Gerd Müller (CSU) wird so grausam plastisch. Müller hat nach einem Besuch im Lager Moria gesagt hat: »Wer einmal in diesem Lager war, der wird nicht von einem Flüchtlingslager sprechen, sondern von einem Gefängnis.« Er sprach von »unterirdischen Zuständen«. Und er folgerte: »Jetzt muss sofort geholfen werden. Die Menschen müssen verteilt werden.« In Moria 2 standen an Weihnachten 2020 viele Zelte unter Wasser, überall Schlamm. Nachts wurde dort ein dreijähriges Kind vergewaltigt. Im Lager Vathy auf Samos wurden Babys und Kleinkinder von Ratten gebissen; die Tetanusimpfung durch Hilfsorganisationen ist dann das Weihnachtsgeschenk.

Es könnte Hilfe geben, aber es soll sie nicht geben, weil Europa das nicht will. Die Lager sollen Orte der Abschreckung bleiben.

Unrecht, Unsicherheit, Frechheit

Die EU nennt sich Raum des Rechts, der Sicherheit und der Freiheit. Freiheit? In den Flüchtlingslagern sind Unrecht und Unsicherheit so groß, dass man von einer schandbaren europäischen Frechheit reden muss. Es gibt in der Flüchtlingspolitik einen Lockdown der Menschlichkeit.

Von den Rattenbissen im Flüchtlingslager hat Gerd Müller, der Bundesminister für Entwicklungshilfe berichtet. Mir ist dabei eine der ergreifendsten Erzählungen der Nachkriegszeit eingefallen, Wolfgang Borcherts Kurzgeschichte »Nachts schlafen die Ratten doch« aus dem Jahr 1947. Sie spielt am Ende des Zweiten Weltkriegs in den Trümmern einer deutschen Großstadt: Der neunjährige Jürgen wacht seit Tagen, mit einem Stock in der Hand, in den Ruinen eines Hauses. Sein vierjähriger Bruder liegt tot unter den Trümmern, von einer Bombe getötet. Von seinem Lehrer hat Jürgen erfahren, dass Ratten Leichen fressen; er will das verhindern.

Ein fremder alter Mann kommt mit ihm ins Gespräch, hat Mitleid mit dem übernächtigten und halb verhungerten Jungen. Der Mann greift zu einer Lüge und versichert Jürgen, dass die Ratten nachts schlafen und er deshalb jetzt nicht auf seinen toten Bruder aufpassen müsse. Er bietet dem Jungen an, bei ihm etwas zu essen und dann zusammen mit ihm für ein Kaninchen, das er ihm schenkt, einen Stall zu bauen. Der Mann versucht, das traumatisierte Kind langsam wieder ins Leben zurückzuführen. Ob es ihm gelingt, sagt die Geschichte nicht. Es ist trotzdem eine hoffnungsvolle Geschichte. Die Geschichte der EU-Flüchtlingspolitik ist hoffnungslos. Die Europäische Union unternimmt nicht einmal den Versuch, den traumatisierten Kindern zu helfen. Die Ratten in Europa schlafen nachts nicht.

Das Flüchtlingslager Moria ist abgebrannt. Der Brand hat die Blicke, aber auch die Gehässigkeiten nach Moria gelenkt: Wahrscheinlich waren es, so sagt es die griechische Regierung und so wiederholen es genüsslich die extremistischen Populisten in ganz Europa, Flüchtlinge, die das Lager angezündet haben. Jugendliche wurden als Brandstifter verurteilt. Brandstiftung – wenn es so war, dann war es auch ein Fanal der Verzweiflung. Darf man deswegen die Hilfe verweigern, eine Hilfe, die obdachlose Familien, die verzweifelte Kinder bitter nötig haben? Darf man, wenn es so war, den Brandstiftern sagen: selber schuld? Schickt man bei einer Massenkarambolage, die ein betrunkener Autofahrer verursacht hat, die Rettungswägen nicht? In der Stunde der Not fragt man nicht, wie jemand in diese Not gekommen ist. Man hilft – so gut es nur geht. Danach, wer den Schaden angerichtet hat, fragt man später.

Eine Schande, keine Hilfe

Handeln wir so, wie wir behandelt werden wollten, wenn wir Flüchtlinge wären: Wir würden nicht wollen, dass wir mit der Aussicht auf angebliche europäische Lösungen abgespeist werden. Die Rede von den europäischen Lösungen, vom angeblichen europäischen Verantwortungszusammenhang gibt es nun schon seit Jahrzehnten. Damals, es war 1995, hat der Bundesinnenminister Manfred Kanther (CDU) die Richter des Bundesverfassungsgerichts damit eingewickelt und sie auf diese Weise daran gehindert, die Einschränkungen des Asylgrundrechts zu verwerfen. Aber: Die europäischen Lösungen existieren nicht, sie stehen nicht in Aussicht. In Aussicht steht nur, dass Europa an den EU-Außengrenzen Lager nach dem Muster von Lesbos einrichtet: Abschreckungslager. Solche Lager sind keine Hilfe, sie sind eine Schande. Die EU tötet, sie tötet durch Unterlassen, durch unterlassene Hilfeleistung. Pontius Pilatus wusch sich die Hände in Unschuld. Europas Politiker waschen sie in dem Wasser, in dem Flüchtlinge ertrinken. Der französische Historiker Fernand Braudel, der Ende der 1940er-Jahre eine Universalgeschichte des Mittelmeerraums verfasst hat, nannte die Migration eine zivilisatorische Unentbehrlichkeit. Ganz und gar entbehrlich dabei ist, dass die Migranten sich auf Todesrouten nach Europa begeben müssen.

Von Rembrandt bis Salvini

Die alten Moria-Bilder, von der Opferung des Isaak, hat Rembrandt gemalt, sie hängen in der Eremitage von Sankt Petersburg und in der Münchner Alten Pinakothek. Im Kölner Dom gibt es ein großes Mosaik davon. An Kloster- und Kirchenportalen findet man Reliefs. Heute gibt es die Bilder in den Fernsehnachrichten – Bilder vom brennenden Flüchtlingslager Moria. Moria heute. Matteo Salvini, ein Politiker der rechtsradikalen Lega Nord, er war von Juni 2018 bis September 2019 italienischer Innenminister und stellvertretender Ministerpräsident, hat mit brutal-populistischer Offenheit gesagt, worum es ihm bei der Flüchtlingspolitik geht: um »Menschenopfer«, zur Abschreckung.

Viele andere europäische Politiker denken das auch. Sie sagen das nur nicht so brutal. Und sie verweigern sich einer großen Hilfsaktion für die obdachlosen Flüchtlinge des Lagers Moria, weil sie fürchten, dass solche Hilfe neue Flüchtlinge anlocken könnte. Deswegen blieben die Bitten, die Forderungen von Teilen der deutschen Bürgergesellschaft, die Flüchtlinge in Deutschland aufzunehmen, unerhört. Die Hilfsbedürftigen werden Mittel zum abschreckenden Zweck. Ihnen wird nicht geholfen, sie werden in den Dreck getreten. Die Regierungspolitik, zumal die der Christlich Demokratischen Union und der Christlich Sozialen Union, fürchtet sich vor der AfD und deren Agitation. Diese Furcht ist größer als der Respekt vor den Grundsätzen der Menschlichkeit. Wenn es bei der Rettung des Euro so kläglich wenig Einsatz gegeben hätte wie bei der Rettung von Flüchtlingen – es gäbe den Euro schon längst nicht mehr.

Der Deutsche Bundestag hat einen Antrag abgelehnt, wenigstens Frauen und unbegleitete Kinder aufzunehmen und aus dem Dreck und der Not der Flüchtlingslager auf den griechischen Inseln zu erlösen. CDU/CSU und SPD warten lieber auf europäische Initiativen, auf europäische Lösungen. Diese angeblichen europäischen Lösungen beruhten bisher auf dem jetzt gescheiterten Deal mit dem türkischen Präsidenten Erdoğan und auf dem Motto: »Aus den Augen, aus dem Sinn.« Was soll mit den Geflüchteten geschehen? Was sollen wir, was soll der Deutsche Bundestag, was sollen deutsche und europäische Politiker mit ihnen machen? Die Antwort auf diese Frage ist eine Schlüsselantwort: Handeln wir, wie wir behandelt werden wollten, wenn wir Flüchtlinge wären.

Was du nicht willst, das man dir tu

Es ist dies eine Urregel, die »aurea regula«, die Goldene Regel. Als Sprichwort lautet sie so: »Was du nicht willst, das man dir tu, das füg auch keinem andern zu.« Niemand würde es wollen, dass man auf ihn oder seine Kinder mit Tränengas schießt. Niemand würde es wollen, dass er oder seine Kinder im Flüchtlingslager auf den griechischen Inseln verkommen. Auch Alexander Gauland und Alice Weidel würden das nicht wollen, auch die Pegidisten würden das nicht wollen. Handeln wir so, wie wir behandelt werden wollten, wenn wir Flüchtlinge wären: Die Konsequenz aus dieser Regel waren und sind die Flüchtlingskonventionen, die Charta der Menschenrechte, die Europäische Grundrechtecharta.

Es ist ein gewaltiger Fortschritt, dass es all dies gibt. Es war ein historischer Fortschritt, dass sich also die Völker und die Nationen verpflichtet haben, Flüchtlinge zu schützen. Aber das Papier allein schützt die Flüchtlinge nicht. Im Angesicht der Not der Flüchtlinge aus Syrien und aus den Hunger- und Bürgerkriegsländern Afrikas muss sich zeigen, ob diese Konventionen mehr sind als ein Meer von Phrasen. Wenn europäische Kernländer Menschen in höchster Not nicht aufnehmen, weil sie angeblich den falschen Glauben oder die falsche Kultur oder Hautfarbe haben – dann ist das ein Hochverrat an den Werten, deretwegen die Europäische Union gegründet wurde, und ein Vorwand für verbrecherische Hitzköpfe, vermeintliche Notwehr zu üben gegen die Flüchtlinge.

Menschenwürde ist nicht aus Seife

Europa lebt nicht nur vom Euro; es lebt von seinen Werten, von der Glaubens- und Gewissensfreiheit, der Freiheit der Person, der Gleichheit der Menschen vor dem Gesetz und der Freizügigkeit. Europa lebt davon, dass es die Menschenwürde schützt. Die Menschenwürde ist nicht aus Seife, sie nützt sich nicht ab, nur weil es angeblich zu viele sind, die sich auf sie berufen. Handeln wir so, wie wir selbst behandelt werden wollten, wenn wir Flüchtlinge wären. Dieser Satz löst das »survival of the fittest« ab. Nicht Stärke und Anpassungsfähigkeit sind es, die das Leben sichern – nein, die Geltung des Rechts ist die Lebensversicherung. Wer das Recht, auch das Recht der Flüchtlinge, abwehrt, der verwandelt die Gesellschaft in ein Haifischbecken. Das Wesen des Rechts besteht darin, dass es aus dem Haifischbecken eine Gesellschaft formt.

Handeln wir so, wie wir selbst behandelt werden wollten, wenn wir Flüchtlinge wären. Dieser Satz ist also nicht nur eine Grundlage für die Gewissenserforschung von Staats- und Kommissionspräsidenten, von Ministern, Parlamentsabgeordneten und Parteipolitikern, er ist nicht nur moralische Handlungsanleitung für den politischen Betrieb und für jedermanns Alltag. Handeln wir, wie wir behandelt sein wollten: Es ist dies eine Maxime, die Recht schafft. Handeln wir, wie wir behandelt sein wollten, wenn wir Flüchtlinge wären: Als moralischer Imperativ allein trägt nämlich der Satz nicht. Denn die Vorstellung, selber so ein elender schutzbedürftiger Mensch zu sein, kann geradezu die Unmoral anstacheln, diese Vorstellung kann den Impuls verstärken, die Fremden abzuwehren, weil man den Anblick der Hilflosigkeit nicht erträgt. Es ist jedoch gerade das Recht, das verhindern soll, dass man selbst schutz- und hilflos wird. Das zu erklären, ist Aufklärung. Und diese Aufklärung ist nie zu Ende. Sie ist immer und immer wieder notwendig, weil das Recht nicht einfach da ist und dableibt, sondern immer wieder erkannt und verteidigt werden muss.

Zwischen Ja und Nein und Aber

Die Gesellschaft in Deutschland ist – wie die in ganz Europa – hin- und hergerissen zwischen aufgeklärter Hilfsbereitschaft einerseits und Ratlosigkeit, Abwehr und Hetze andererseits. Viele sagen Ja zu den Flüchtlingen, darauf folgt, in verschiedener Größe, ein Aber; die Größe des Aber hängt auch und vor allem davon ab, wie die Politik agiert. Sie agiert nicht mit entschlossener Humanität, sie agiert mit Ausreden; wenn es um Hilfe geht, wartet jeder europäische Staat, bis der andere anfängt. Es gibt eine immer giftigere flüchtlingsfeindliche Szene, die nicht nur Aber sagt, sondern zu deren Kommunikationsmitteln Unverschämtheiten, Morddrohungen und Brandsätze gehören. Man darf sich nicht einschüchtern lassen von denen, die Gift und Galle spritzen und Brandsätze werfen, von denen, die nicht die Zivilgesellschaft, sondern die Unzivilgesellschaft repräsentieren. Es gibt auch Zigtausende von Menschen in Deutschland, die den Flüchtlingen helfen beim Deutschlernen, beim Umgang mit den Behörden, beim Fußfassen in diesem Land. Von ihnen soll sich die Politik beeindrucken lassen. Sie handeln nach der Regel: Handeln wir, wie wir behandelt werden wollten, wenn wir Flüchtlinge wären.

Wie Yusra Mardini ans rettende Ufer schwamm

Es ist ein unglaubliches Glück für die Flüchtlinge und für ihr Aufnahmeland, wenn das gelingt, was Yusra Mardini, einer jungen Frau aus Syrien, gelungen ist. Sie wurde 2017 zur jüngsten Botschafterin des UNHCR ernannt, der Flüchtlingsorganisation der Vereinten Nationen. Sie war in einem Vorort von Damaskus aufgewachsen, war Landesmeisterin im Freistilschwimmen. Das Haus der Familie wurde im Bürgerkrieg zerstört, die Schwimmhalle von einer Bombe getroffen, zwei Schwimmkollegen starben. Yusra und ihre Schwester, ebenfalls eine Nationalschwimmerin, flohen über Beirut nach Istanbul, setzten in Izmir mit weiteren 18 Menschen in einem für sieben Personen ausgelegten Schlauchboot auf die griechische Insel Lesbos über.

Während der Überfahrt versagte der Außenbordmotor, das überfüllte Schlauchboot drohte zu sinken, die beiden Schwestern zogen mithilfe zweier weiterer Flüchtlinge das

Boot mit den Insassen über mehrere Stunden schwimmend bis ans rettende Ufer der Insel Lesbos. Schließlich kam Yusra Mardini nach Wien, München und Berlin. Heute startet sie für die Wasserfreunde Spandau bei Schwimmwettkämpfen. Im Jahr 2016 trat sie für das erste olympische Flüchtlingsteam bei den Olympischen Spielen in Rio de Janeiro an. Bei den Sommerspielen in Tokio war sie auch wieder dabei. Sie gehört zu den sieben heute in Deutschland lebenden Geflüchteten, die vom Internationalen Olympischen Komitee für die Olympischen Spiele in Tokio nominiert wurden. Bei der Eröffnungsfeier am 23. Juli lief Yusra Mardini mit ihrem Team an zweiter Stelle hinter Griechenland unter der Olympischen Flagge ins Stadion ein.

Welch ein Glück! Aber die Europäische Union tut viel zu wenig, um so ein Glück zu organisieren.

Die Medea-Sage fragt nach den Bedingungen menschlicher Würde: Was kann
uns alles genommen werden, bevor wir
zu Verbrechern werden?

Medea ist eine Frauengestalt aus der
griechischen Mythologie. Die Medea-
Sage gehörte seit der Antike zu den
beliebtesten Stoffen der Weltliteratur:
Medea, zauberkundige Tochter des
Königs Aietes von Kolchis, hilft den Ar-
gonauten unter Führung von Jason beim
Raub des Goldenen Vlieses, das ihr Vater
hütet. Jason und Medea heiraten, leben
in Korinth. Jason verstößt Medea, um
die Tochter des Königs Kreon von Korinth
zu heiraten. Aus Rache dafür ermordet
Medea Kreon, dessen Tochter und ihre
eigenen Kinder. Sie flieht nach Athen und
heiratet dort den König Aigeus.

Medea heute

Monolog einer AfD-Vorsitzenden: Warum Flüchtlinge angeblich selbst schuld sind, wenn sie auf Ablehnung stoßen

D iese Medea war keine von uns; und es wäre gut gewesen, wenn sie nie zu uns gekommen wäre. Sie war ein Flüchtling, sie kam mit Mann und Kindern von weit her. Eine Königstochter soll sie gewesen sein, angeblich, aber, mein Gott, was zählt das schon. Wir brauchen keine merkwürdigen Königstöchter, Adel, echten alten Adel, haben wir selber. Königstochter! Wahrscheinlich stimmt das ja eh nicht, und wenn es stimmt, ist es egal. So etwas interessiert in einer modernen Demokratie zum Glück nicht mehr. Hier sind wir alle gleich, die sollte lernen, dass sie hier nicht gleicher ist als andere. Aber Flüchtlinge erzählen und lügen viel, wenn der Tag lang ist. Und wenn sie dann wirklich reden sollen, wenn sie befragt werden darüber, warum sie eigentlich gekommen sind, dann erzählen sie nichts oder nur wenig. Sie seien traumatisiert, sagt dann irgendein Rechtsanwalt.

Traumatisiert? Wir hier in unserem Land sind traumatisiert von den Untaten, die diese Medea bei uns begangen hat. Tagelang war dieses Verbrechen in allen Nachrichten. Sie, diese Medea, ist schuld daran, dass die Menschen hier keine Flüchtlinge mehr wollen; die Menschen haben Angst davor, dass wir uns Kriminalität importieren. Diese Medea hat ein furchtbares Verbrechen begangen; sie hat ihre Kinder umgebracht – aus Verzweiflung über ihren Mann Jason, wie es heißt. Der habe sie, kaum dass er hier aufgenommen war, mitsamt den Kindern sitzen lassen, um eine Einheimische zu heiraten. Auf diese Weise wollte der sich ein dauerndes Bleiberecht sichern. Man sieht, zu welchen Mitteln diese Leute greifen; die eine bringt ihre Kinder um, der andere lässt seine Familie sitzen.

Beerdigt auf Staatskosten

Diese Medea hat das Gastrecht missbraucht. Die Medea-Kinder hätten wir hier ja vielleicht noch brauchen können. Der eine Junge war acht Jahre alt und Klassenbester in der zweiten Grundschulklasse. Der andere, der ältere, hatte – das zeigt doch, wie großzügig wir sind – eine schöne Lehrstelle als Schreiner; sein Meister soll gesagt haben, es sei der beste Lehrling gewesen, den er je gehabt hat. Und jetzt? Beerdigt sind sie auf Staatskosten. Wenn wir so weitermachen, schaffen wir uns ab und können wir uns selbst beerdigen. Man muss es einmal laut sagen, das gebietet die Ehrlichkeit, die wir uns schuldig sind: Flüchtlinge sind erstens eine Fehlinvestition und zweitens eine Gefahr.

Der Fall zeigt doch, dass es nicht stimmt, was die Bundesregierung sagt: Dass die Aufnahme von Flüchtlingen auch eine Investition in die Zukunft sei. Eine solche Zukunft wollen wir nicht. Was hilft denn in so einem Fall ein Integrationsgesetz? Wie kann man Leute integrieren, die zu solcher Raserei fähig sind? Wir brauchen kein Integrations-, sondern ein Abweisungsgesetz. Medea soll bei den polizeilichen Vernehmungen gesagt haben, sie habe furchtbar gelitten bei uns: Von ihrem Mann sei sie behandelt worden wie sein Eigentum, er habe sie eingesperrt, sie

verraten, sie gedemütigt; er habe alle seine Versprechen
gebrochen, sie in der Fremde alleingelassen. Was können
wir dafür? All das wäre nicht passiert, wenn wir die Flüchtlinge nicht aufgenommen hätten. Sie wären dann womöglich im Mittelmeer ertrunken? Ich frage: Sind die jetzt besser dran?

Nehmen wir einmal an, diese Medea war tatsächlich
eine Königstochter, Tochter irgendeines gewalttätigen
Potentaten aus einem Land, das sich Kolchis nennt. Es ist
ein primitives Land, ein Land mit anderen Sitten, anderen Gebräuchen, einer anderen Religion, mit einer Kultur
also, die das Wort Kultur nach unserer Definition wohl gar
nicht verdient. Mord und Totschlag sollen dort geherrscht
haben. Wie man hört, war Medea selbst darin verwickelt.
Man tut sich keinen Gefallen, wenn man solche Menschen
aufnimmt – und diesen Leuten auch nicht. Diese Leute
sind fremd, und sie bleiben fremd. Sie fügen sich nicht ein,
sie sind undankbar, sie fallen auf. Wir sollten nicht Aggression und Hass importieren. Wir müssen uns schützen
vor der Gewalt dieser Fremden, sie transportieren ihre Abgründe zu uns.

**Aus den Notizen des Leitenden Oberstaatsanwalts
für die Pressekonferenz zum Fall Medea:**

Frau Medea war Opfer von Schikanen und Übergriffen des
Hausmeisters des Heimes, in dem sie untergebracht war.
Sie hatte in den vergangenen Wochen öfter davon gesprochen, dass sie sich am liebsten umbringen würde, dies aber
ihren Kindern nicht antun könne. Vor dem Heim kam es
seit vier Wochen zu Demonstrationen und Protesten gegen
Flüchtlinge; der achtjährige Sohn der Medea war auf dem
Heimweg von der Schule von Demonstranten bespuckt
worden. Zwei Monate vor den Mordtaten an den eigenen

Kindern fand eine Polizeiaktion im Heim statt, bei der nach Flüchtlingen mit mehreren Aufenthaltstiteln gesucht wurde. Frau Medea fürchtete, die Beamten wollten sie und ihre Familie zur Abschiebung mitnehmen. Die Situation eskalierte. Medea nahm den kleineren Sohn in den Arm. Augenblicklich hatte sie nach einem Messer gegriffen und es gegen sich selbst gerichtet. Das Messer konnte ihr entwunden werden. Bei der Aufnahme in die Psychiatrie wirkte sie apathisch und verzweifelt. Sie wurde ruhiggestellt und nach dreiwöchigem Aufenthalt entlassen. Die Familie hatte seit zwei Wochen kein Geld mehr. Die Stadt hatte von Bargeldzahlung auf bargeldlosen Zahlungsverkehr umgestellt. Dazu benötigte Medea ein Girokonto, zu dessen Eröffnung sie ausdrücklich aufgefordert worden war; beigefügt war ein Schreiben der städtischen Sparkasse an Medea. Darin stand, dass die Eröffnung des beantragten Girokontos leider nicht möglich sei. Die Recherchen des Geldinstituts hätten ergeben, dass Medea ausreisepflichtig sei. Daher könne sie hier kein Girokonto eröffnen. Man bitte um Verständnis.

Die Ausländerbehörde hatte per Aktenvermerk festgestellt: Medea und ihre Kinder sind zwar ausreisepflichtig, können aber nicht abgeschoben werden, weil die Mutter akut suizidgefährdet sei und überdies ihr Land Kolchis nicht bereit sei, sie aufzunehmen.

Im Evangelium heißt es: »Ich war
verfolgt, ihr habt mir Schutz gewährt.«
Ist das ein Satz für das Jenseits –
oder auch für das Diesseits?

Christliche Heimatkunde

**Das Strafgericht hat einen Mönch frei-
gesprochen, der einem Flüchtling Kirchenasyl
gewährt hatte. Das Urteil gibt dem Gewissen
und der Nächstenliebe Gewicht.**

K irchenasyl – das ist ein Wort und ein Wert, der sich
aus alter Zeit hineingerettet hat in den Rechtsstaat. Es steckt in diesem Kirchenasyl etwas von
der Kraft des Heiligen und von der Aura des heiligen Orts.
In der Verfassung freilich steht kein Wort vom Kirchenasyl,
es wird auch in keinem Gesetz garantiert. Das Kirchenasyl
ist, ähnlich wie die Begnadigung, ein gesetzloses Wunder,
eine wunderbare Form der Nächstenliebe. Der Staat hat die
besondere Würde von Kirchenmauern respektiert; er wollte Flüchtlinge, die dahinter Schutz gefunden hatten, nicht
mit polizeilicher Gewalt herauszerren. Einige Male hat er
es getan; diese Taten gehörten bisher nicht zu denen, derer sich Minister bei ihrem Abschied gebrüstet haben. Sie
spürten und spüren, dass der Staat von Voraussetzungen
lebt, die er selbst nicht schaffen kann – und die man mit
Polizeiaktionen in Gotteshäusern und Pfarrhöfen beschädigt. Wäre der Rechtsstaat perfekt, dann bräuchte es kein
Kirchenasyl; aber er ist es nicht.

Verwaltungs- und Migrationsbehörden haben die
Ernsthaftigkeit und die Gewissenhaftigkeit der Kirchen-
gemeinden, die einen Flüchtling in Schutz genommen ha-

ben, in der Vergangenheit immer wieder zum Anlass genommen, dessen Fall vor der Abschiebung noch einmal zu überprüfen; und der Staat hat dann oft seine negative Entscheidung korrigiert; die Fälle insgesamt mögen über die Jahrzehnte hin im Bereich der niedrigen Tausender gelegen haben; wirklich keine wilde Zahl. Es geht um ein Symbol.

Ich war fremd

Kirchenasyl sei ein »unverzichtbares Regulativ des Rechtsstaats auf der Suche nach Gerechtigkeit«, hat der Erlanger Rechtsprofessor Max-Emanuel Geis vor 25 Jahren in der *Zeitschrift für Rechtspolitik* geschrieben. Das Kirchenasyl ist, so sehen es viele engagierte Christinnen und Christen, die moderne Übersetzung des berühmten 25. Kapitels des Matthäusevangeliums: »Ich war fremd, und ihr habt mich beherbergt. Ich war verfolgt, und ihr habt mir Schutz gewährt.« Es handelt sich um die Kernsequenz der christlichen Botschaft, in der Jesus dann sagt: »Was ihr dem Geringsten meiner Brüder getan habt, das habt ihr mir getan.« Kirchenasyl ist der Versuch, der Radikalität des Evangeliums nach sorgfältiger Prüfung gerecht zu werden. Das Bundesamt für Flüchtlinge antwortet nun darauf: »Tut uns leid, lieber Jesus. Die Zeiten sind zu stürmisch. Wir bitten um Verständnis.« Es wäre befremdlich, wenn die Kirchen ihren Protest deswegen zähmen würden. Es geht um den Kern ihres Selbstverständnisses. Es ist gut, wenn ein Gericht das achtet.

Das Sprichwort sagt, ein gutes Gewissen sei ein sanftes Ruhekissen. Ob der Benediktinermönch Abraham Sauer wirklich gut geruht hat, als ihn die Staatsanwaltschaft wegen einer Gewissenstat strafrechtlich verfolgte? Bruder Abraham hatte einem Flüchtling geholfen – und musste deswegen vor Gericht. Seit Ende April 2021 jedenfalls ist der Klosterbruder sehr erleichtert: Das Amtsgericht hat ihn freigesprochen unter Hinweis auf den Rang der Gewissensfreiheit. Das war, das ist eine ungewöhnliche Entscheidung. Die Gewissensfreiheit ist ansonsten eher Anlass für juristische Schwurbelei und feierliches Pathos, aber nicht für einen Freispruch.

Das Gewissen ist ein schwer zu beschreibendes seelisches Phänomen; aber es hat einen festen Platz im Zentrum des Rechts, im Grundgesetz. Dort ist die Freiheit des Gewissens garantiert. Das Gewissen teilt mit anderen Schutzgütern wie »Glaube«, »Wissenschaft« oder »Kunst« das Schicksal, dass es juristisch kaum fassbar ist. Das Bundesverfassungsgericht hat 1960, in seiner ersten Entscheidung zur Kriegsdienstverweigerung, eine Definition versucht; die ist kompliziert ausgefallen: Gewissen sei als »real erfahrbares seelisches Phänomen zu verstehen, dessen Forderungen, Mahnungen und Warnungen für den Menschen unmittelbar evidente Gebote unbedingten Sollens sind«. Und wenn diese Gebote des Sollens den staatlichen Regeln in die Quere kommen? Wie schaut dann der Respekt vor dem Gewissen aus? Ist die Gewissensfreiheit dann ein Zuspruch für zivilen Ungehorsam? Oder folgt man besser dem Hinweis des Dichters Stanisław Jerzy Lec, der gemeint hat: »Sein Gewissen war rein. Er nutzte es nie.«

Das Gewissen in Recht und Politik

Fragen wir die Parlamentarier des Bundestags. Ihrem Gewissen gibt das Grundgesetz einen besonderen Rang. Seine Idealvorstellung von Abgeordneten beschreibt es nämlich so: »Sie sind an Aufträge und Weisungen nicht gebunden und nur ihrem Gewissen unterworfen.« Das klingt gewissensstark, aber im Alltag ist es anders. Da sind die Abgeordneten vor allem ihren Parteien und Fraktionen verpflichtet; wer dauernd quer im Stall steht, der wird zum Außenseiter. Der Fraktionschef entscheidet, ob das Gewissen eines Fraktionsmitglieds berührt ist oder nicht. Seinerzeit, als in der Regierung Schröder über die Hartz-IV-Gesetze zu entscheiden war, erklärte Fraktionschef Franz Müntefering kategorisch, da gehe es nicht um eine Gewissensentscheidung, sondern nur um einen Interessenausgleich. Das Gewissen sei nur berührt bei Entscheidungen über die Abtreibung oder das Klonen, da gehe es um existenzielle Fragen. Ist soziale Sicherheit nicht auch existenziell? Und wie ist es bei Entscheidungen über Krieg und Frieden? Als vor zwanzig Jahren 19 SPD-Abgeordnete gegen die Beteiligung der Bundeswehr am NATO-Einsatz in Ex-Jugoslawien stimmten, drohte ihnen der Fraktionschef, sie würden künftig nicht mehr für den Bundestag aufgestellt. Das Grundrecht der Gewissensfreiheit ist in so einem Fall schwächer als die Kraft des Faktischen. Nur ganz ausnahmsweise wird die Fraktionsdisziplin aufgehoben, zuletzt bei der Sterbehilfe. Die Abgeordneten müssen dann nicht der Fraktionsführung folgen, sondern dürfen, ungestraft, ihrem Gewissen folgen und tun, was im Grundgesetz als Normalfall gilt.

Gewissensfreiheit

Nun ist Abraham Sauer, um den es hier geht, nicht Parlamentarier, sondern Klosterbruder in der Benediktinerabtei Münsterschwarzach, in der seit 1200 Jahren nach dem Grundsatz des heiligen Benedikt gehandelt wird: »Damit in allem Gott verherrlicht werde.« Bruder Abraham organisiert zusammen mit Mitbrüdern und Helfern die Flüchtlingsarbeit des Klosters, erledigt Behördengänge, organisiert Deutschkurse, hilft bei der Suche nach Arbeit. Er hat, mit ausdrücklicher Erlaubnis seiner Fraktionsführung – in diesem Fall ist das der Abt des Klosters – einem 25-jährigen Flüchtling Kirchenasyl gewährt und ihn so vor der nach den Dublin-Regeln gebotenen Abschiebung nach Rumänien bewahrt. Die Staatsanwaltschaft warf dem Mönch »Beihilfe zum unerlaubten Aufenthalt« vor und beantragte vor Gericht eine Geldstrafe von sechzig Tagessätzen zu je vierzig Euro, also 2400 Euro. Die Richterin am unterfränkischen Amtsgericht Kitzingen machte da nicht mit: Der Mönch habe sein Handeln auf Gewissensgründe gestützt. Er wurde freigesprochen. Er habe zwar rechtswidrig gehandelt, aber nicht schuldhaft. Der Gewissenskonflikt wurde als schuldausschließend gewertet, das Gewissen als schuldbefreiende Instanz betrachtet.

Recht auf Ungehorsam

Das war mutig und grundrechtskonsequent zugleich. Üblicherweise wiegeln die Jura-Handbücher nach allerlei schönen Sätzen über das »Urgrundrecht« wieder ab und sagen, dass »die Gewissensfreiheit keine Selbstermächtigung zur Dispensierung« einräume und auch keine »strafrechtliche Freizeichnung« bedeute. Dass die Gewissensfreiheit nicht zum Einsatz von Gewalt berechtigen kann, ist eh klar, weil Friedlichkeit die Voraussetzung jedes Freiheitsgebrauchs ist. Aber wie sieht es aus, wenn man sich der Schuld- oder Eidespflicht entzieht? Dann warten ja Sanktionen, dann droht das Strafrecht. Im exzeptionellen Konfliktfall, so hat Ernst-Wolfgang Böckenförde, der 2019 verstorbene große Rechtsgelehrte, gemeint, müsse der Staat der Gewissensfreiheit wegen auf seinen Strafanspruch verzichten: Es geht um das Recht zur Gehorsamsverweigerung, um situative Normdurchbrechung, ohne dass damit die Gewissensfreiheit die allgemeine Geltung der Gesetze infrage stellt.

Ich war verfolgt

Das Wohlwollen für Gewissenstäter findet üblicherweise erst beim Strafmaß Beachtung – das dann niedriger ausfällt. Die Strafrichterin in Kitzingen hat eine Stufe früher angesetzt: Der Mönch habe zwar rechtswidrig, aber nicht schuldhaft gehandelt. Das ist eine rechtliche Nobilitierung einer Gewissensentscheidung. Das Kirchenasyl ist seit 35 Jahren ein Stachel im Fleisch staatlicher Asylpolitik. Es ist der Versuch, der Radikalität des Evangeliums gerecht zu werden: »Ich war verfolgt, ihr habt mir Schutz gewährt.« Demnächst wird noch über die Äbtissin des oberfränkischen Konvents Maria Frieden geurteilt. Auch sie hat Kirchenasyl gewährt. Und es steht eine Grundsatzfrage im Raum: Sind es nur geistliche Gewissen, die zur Schuldlosigkeit führen – oder auch weltliche? Das ist eigentlich keine Gewissensfrage.

Integration ist mehr als die Addition
aller Döner- und Falafelbuden in
deutschen Fußgängerzonen.
1955 schloss Deutschland die ersten
Anwerbeabkommen für sogenannte
Gastarbeiter.

Insichnahme und Ansichnahme

Die Anwerbung der Gastarbeiter begann 1955, aber Integrationskurse begannen erst 2005.

Jura gilt als ein strohtrockenes Studium; aber das stimmt nicht. Schon ein einziger guter Rechtsprofessor macht es saftig; er erklärt Rechtsprobleme so, dass man ihre Lösung nie wieder vergisst. In meinem Journalistenleben begleitet mich nun schon lange ein unvergesslich lebenspraktischer Satz, den einst mein Strafrechtslehrer sagte, als es um folgendes Problem ging: Ein Dieb stiehlt Lebensmittel und verputzt sie an Ort und Stelle. Dazu der Professor: »Merken Sie sich, die Insichnahme ist die intensivste Form der Ansichnahme.«

Der Satz kam mir bei der Beschäftigung mit den Problemen der Migration und Integration immer wieder in den Sinn. Warum? Würde dieser Satz auch für eine Einwanderungs- und Integrationsgesellschaft gelten – Deutschland wäre ein Integrationsparadies. Die eingesessenen Deutschen haben die Insichnahme mit Vorliebe auf kulinarische Weise gelernt, sie haben gelernt, Auberginen, Paprika und Zucchini zu essen; sie haben gelernt, mit Knoblauch und fremden Gewürzen zu kochen. Noch in den Sechzigerjahren war es so, dass Gott einem Gastarbeiter und seiner Familie beistehen mochte, wenn sie Knoblauch gegessen hatten. »Dann spuckten die Deutschen einem fast ins Gesicht«, erinnert sich eine Frau, heute im Alter von Mitte achtzig. »Und jetzt essen die mehr Knoblauch als wir.«

Auch Rassisten essen Pizza

Wir Altbürger haben, als uns klar wurde, dass viele Einwanderer nicht mehr in ihre alte Heimat zurückkehren, mehr oder weniger fordernd auf deren Integration gewartet und geglaubt, wir erbrächten unsere Integrationsleistung dadurch, dass wir Döner Kebab essen. Aber Integration ist mehr als die Addition aller Döner- und Falafelbuden in den Fußgängerzonen. Es gilt ein Erfahrungssatz, der nicht aus dem Strafrechtsseminar stammt: Auch Rassisten essen Pizza.

Vor 65 Jahren, am 20. Dezember 1955, unterzeichneten Deutschland und Italien das erste »Gastarbeiter«-Anwerbeabkommen. Es folgten die Abkommen mit Spanien, Griechenland und 1961 mit der Türkei et cetera et cetera. 1964 wurde der einmillionste »Gastarbeiter« auf dem Bahnhof von Köln-Deutz begrüßt. Aber erst weitere 14 Jahre später wurde ein Amt gegründet, das sich um diese Leute und ihre Probleme kümmern sollte. Und dann dauerte es noch einmal dreißig Jahre, bis diese Probleme und das dafür zuständige Amt von der Regierungspolitik einigermaßen ernst genommen wurden. 1955 begann die Anwerbung der Gastarbeiter, Integrationskurse begannen erstmals 2005.

Alle in einem Topf

Die Arbeiter hießen Gastarbeiter, nicht etwa, weil der Gast ein König ist, sondern weil sie nur für gewisse Zeit in Deutschland bleiben und dann wieder in ihre alte Heimat zurückgehen sollten und zunächst oft auch wollten. Sie ermöglichten das deutsche Wirtschaftswunder. Die Rechtsgrundlage für sie war völlig unzureichend: Das Ausländergesetz von 1965 warf alle Ausländer in einen Topf; für Touristen, Geschäftsreisende, für ausländische Arbeitnehmer und für Einwanderer galten ein und dieselben Rechtsnormen. Das Recht kannte den Ausländer nur als Ausländer; es kannte ihn nicht als Vater oder Mutter, es kannte keine Kinder, keine Familien. Das blieb lange so. Als 1978 Heinz Kühn, der frühere SPD-Ministerpräsident von Nordrhein-Westfalen, der erste Ausländerbeauftragte wurde, forderte er alsbald einen völligen Neuanfang in der Ausländerpolitik. Die Bundesrepublik, so meinte er, müsse sich entscheiden: Wolle sie Eingliederung oder ein dauerndes Minderheitenproblem? Er plädierte für eine erleichterte Einbürgerung, für ein kommunales Ausländerwahlrecht, für den Abbau von rechtlichen Barrieren. Es ist reizvoll, sich auszumalen, um wie viel Deutschland besser dastünde, wenn die Empfehlungen befolgt worden wären.

Paragrafen-Irrgarten

Die Regierungen Helmut Schmidt und Helmut Kohl versuchten stattdessen, die Gastarbeiter mit Rückkehrprämien wieder loszuwerden. Statt des von Heinz Kühn geforderten Aufbruchs der Politik kam erst einmal der Abbruch. Friedrich Zimmermann, damals CSU-Bundesinnenminister, ließ 1988 einen Anti-Ausländer-Gesetzentwurf schreiben; er begriff den Ausländer als Störer, gegen den die nationale Kultur verteidigt werden müsse. Zimmermann verdanke ich es, dass das Ausländer- und Asylrecht damals zu einem meiner journalistischen Lebensthemen geworden ist. Der Minister war ein Haudegen, sein Gesetzentwurf ein Paragrafen-Irrgarten: Vor dem Betreten Deutschlands wird gewarnt! Die Zuwanderung von Ausländern, so hieß es in der Gesetzesbegründung, bedeute »den Verzicht auf die Homogenität der Gesellschaft … Die gemeinsame deutsche Geschichte, Tradition, Sprache und Kultur verlören ihre einigende und prägende Kraft«. Und: Die Bundesrepublik würde sich zu einem »multinationalen und multikulturellen Gemeinwesen entwickeln«. Mit solchen Sätzen kann man heute das Programm der AfD schreiben. »D'Leut wollen es so«, erklärte die CSU. So redete man die Nichtakzeptanz gerade herbei.

Die alte große und die neue kleine Tür

Die exklusive Veröffentlichung und Analyse des genannten Gesetzentwurfs war meine erste große Geschichte in der *Süddeutschen Zeitung*. Der Gesetzentwurf wurde zurückgezogen, der Geist des Gesetzentwurfs blieb präsent. Der nächste Bundesinnenminister, es war Wolfgang Schäuble, musste 1990 ein neues Gesetz schreiben; es war besser, aber nicht gut. Aber immerhin kam da zum ersten Mal im Ausländergesetz das Wort »Rechtsanspruch« vor. Es begann der unendlich mühselige Weg, Migration rechtlich zu regeln. Die Regierung Kohl sperrte sich massiv gegen ein Einwanderungsgesetz. Das Asyl blieb daher für Menschen, die nicht EU-Bürger waren, die einzige Tür nach Deutschland; davor und dahinter stauten sich die Migranten. Es begann die Zeit der furchtbaren Ausschreitungen gegen Flüchtlinge. Die politische Reaktion darauf: Die alte große Tür wurde durch eine neue kleine Tür ersetzt. Der Asylartikel 16 Absatz 2 Grundgesetz wurde abgeschafft.

Den Schritt nach vorn, wie ihn Heinz Kühn 1978 gefordert hatte, sollte dann 2005 das Zuwanderungsgesetz bringen (das nicht Einwanderungsgesetz heißen durfte). Nach Entwürfen einer Expertenkommission unter Leitung

von Rita Süssmuth, einberufen von Bundesinnenminister
Otto Schily, sollte das Gesetz einen großen Teppich weben,
auf dem Integration stattfinden kann. Es wurde nur ein
Topflappen daraus. Damit werden seitdem die Probleme
angepackt. 2006 beriefen die Kanzlerin Angela Merkel und
die Integrationsbeauftragte Maria Böhmer den Integra-
tionsgipfel ein. Bundesinnenminister Schäuble gründete
die Islamkonferenz. Der Tiefschlaf der Politik war zu Ende.

Aus Heimat wird »Heimatt«: In der Provinz herrschen Landfrust, Landflucht und Depression. Weil die Arbeit verschwindet, verschwindet auch das Leben; aus der Tradition wird Folklore.

Stadt, Land, Kuss

Die grassierende Entheimatung der Heimat: Die Provinz braucht neues Leben.

Nur München leuchtet. Nürnberg und Regensburg leuchten auch noch ein wenig – und dann ist es mit dem weiß-blauen Leuchten schon ziemlich zu Ende. Zwiesel, Hof, Schweinfurt und viele andere kleinere und größere Städte leuchten gar nicht mehr. Da ist zwar nicht gleich der Hund verreckt, aber es weht ziemlich viel Tristesse durch die Straßen. Bayern gliedert sich in sieben Regierungsbezirke, zerfällt aber in Wahrheit in vier Teile: Da sind ein paar boomende Großstädte; da ist ein Stadt-Land-Konglomerat, das immer größer und unansehnlicher wird; da sind die Provinzstädte, die sich gegen den Abschwung stemmen; und da ist das reine Land, das noch immer schön ist, aber abgehängt; ohne Auto ist man dort ein halber Mensch. In der Provinz herrschen Landfrust, Landflucht und Depression. Weil die Arbeit verschwindet, verschwindet auch das Leben; aus der Tradition wird Folklore, aus Heimat wird »Heimatt«; so hat 2019 die Kulturzeitschrift *Kursbuch* ihr Themenheft genannt.

Diese provinzielle Mattigkeit gibt es nicht nur in Bayern, sondern in ganz Deutschland; aber in Bayern fällt das besonders auf, weil die CSU Bayern zum Inbegriff von Heimat stilisiert hat. Kommunalpolitik hat die Aufgabe, etwas gegen diese Mattigkeit zu tun – das ist die Herausforderung für Bürgermeister, Land- und Gemeinderäte in Bayern wie in Nordrhein-Westfalen.

Landleben hat immer weniger Leben

Die Agenda 2020 der Provinz muss eine Anti-Mattigkeits-Agenda sein; das ist leichter gesagt als getan, weil eine fantasievolle Mikropolitik in Städten und Landkreisen zukunftsweisende Makropolitik von Land und Bund nicht ersetzen kann. Es braucht, zum Beispiel, eine Steuerpolitik, die das tut, was der Name sagt: steuern – und auf diese Weise Wirtschaftskraft aus den Ballungsräumen in die Provinz schiebt. Aus der Provinz muss wieder ein Lebensraum werden, der andere Qualitäten hat als München, Hamburg, Berlin oder Stuttgart – aber anziehende Qualität.

Gottes Segenshand, von der in der Bayernhymne gesungen wird, ruht vor allem über dem Großraum München. Aber auch dort, weit um die Landeshauptstadt herum, gedeihen vor allem Gewerbegebiete, Bausünden und ein Wahnsinnsverkehr. Die sogenannte Metropolregion bläst sich dort auf wie ein Luftballon, birst vor Wirtschafts-, Arbeits- und Anziehungskraft, die Bevölkerung wächst und wächst, der Verkehrsinfarkt ist nahe, und die Sorgen der prekären Provinz sind fern. Zwei Drittel Oberbayerns sind Metropolregion. Aber das bayerische Land stirbt, die Tourismusflecken ausgenommen. Das Landleben hat immer weniger Leben. Der ländliche Raum ist, so die Experten, ein »Teillebensraum« geworden.

Der Kulturgeograf Werner Bätzing beschreibt das in seinem Buch über das Landleben so: »In seinem Dorf wohnt man im Neubaugebiet am Dorfrand, der Arbeitsort liegt in der benachbarten Stadt, die Kinder gehen im Nachbardorf, später in der Kleinstadt zur Schule, eingekauft wird im Einkaufszentrum an der Kreuzung zweier Bundesstraßen, in der Freizeit sucht man entfernte Wälder und Seen auf.« Immer mehr Dörfer, Märkte und Städte haben keinen Kern mehr, sondern ein Loch. Sie sehen aus wie ein Donut, ein Lochkrapfen. Es gibt Hauptstraßen, in denen es keinen Bäcker oder Metzger, kein Lebensmittelgeschäft und keinen Kramerladen mehr gibt – dafür ein Matratzenoutlet.

Der Friedhof ist das Lebendigste

Mein Geburtsort Nittenau in der Oberpfalz ist da ein Exempel. In der Hauptstraße schauen einen die leeren Schaufensterhöhlen an wie gebrochene Augen. Aus einer heimelig-lebendigen Kleinstadt ist ein Gebilde geworden, das in seiner Mitte wie eine verlassene Westernstadt anmutet und in der das Lebendigste der Naturfriedhof Schlosswald im Ortsteil Stefling ist; dahin kommt man – dann auch gern aus München – zur Baumbestattung in den »Wald der Ewigkeit«. Wenn es in der Hauptstraße einen »Park der Gegenwart« gäbe, in den man Start-ups mit günstigsten Angeboten und schnellen Datenleitungen lockt, wäre das auch nicht schlecht. Es reicht nicht, wenn der Marktplatz alle paar Jahre andersrum gepflastert wird.

Seit 2010 mussten in Bayern siebentausend Einzelhandelsgeschäfte schließen, auch Arztpraxen, Schulen, Krankenhäuser, Postfilialen und Gasthäuser. Die Bundeswehr hat viele Garnisonsstandorte zugemacht, Post, Telekom und Bahn haben sich radikal aus der Fläche zurückgezogen. Gleichzeitig hat die Zersiedelung der Fläche unglaublich zugenommen. Es ist eine »zerrissene, chaotische Siedlungs- und Freiraumstruktur entstanden«, so beschreibt das der Geograf Bätzing; er schlägt eine neue »Ordnung im

Raum« vor: die bestehenden Siedlungsstrukturen gezielt verdichten; Innenentwicklung statt Außenentwicklung; und Reihenhaussiedlungen soll man wegen des großen Flächenverbrauchs gar nicht mehr zulassen. Da müssten die Kommunalpolitiker überörtlich kooperieren, da müssten die Kommunen aufhören, sich gegenseitig kaputt zu konkurrieren; da müsste eine fürsorgliche Landespolitik koordinieren.

Die Hohe Schule der Demokratie

Politik ist ein Prozess, in dem sich die Gesellschaft darauf verständigt, wie sie ihr Zusammenleben organisiert und was ihr dabei am wichtigsten ist. Nirgendwo zeigt sich das so anschaulich wie in der Kommunalpolitik. Die Politik, die in Berlin und Brüssel gemacht wird, nennt sich gern große Politik. Kommunalpolitik wäre dann die kleine Politik. Wenn die angeblich große Politik über die angeblich kleine Politik redet, klingt in der schönen Beschreibung, dass Kommunalpolitik »Schule der Demokratie« sei, auch ein wenig Herablassung mit – gerade so, als sei der Gemeinderat eine Schülermitverwaltung. In Wahrheit ist die kleine Politik, wenn man sie schon mit der Schule vergleichen will, die hohe Schule. Nirgendwo sonst muss sich ein Politiker auf Schritt und Tritt verantworten und Anfeindungen aushalten. Nirgendwo sonst merken die Leute so schnell, wenn ihnen einer ein X für ein U vormacht. Nirgendwo sonst ist die eigene Lebenswelt so unmittelbar berührt.

Kommunalpolitik ist demokratische Basispolitik. Deshalb sind Kommunalwahlen so wichtig. Heimat wird einem nicht von Amazon ins Haus geliefert. Man muss selber etwas tun; Kommunalpolitik ist der Ort dafür. Es geht darum, das Leuchten der Provinz zu organisieren. Die große Politik muss für gute Leuchtmittel sorgen.

Die Wohnungsnot in den Großstädten
sollte weder dem Gesetzgeber noch dem
Bundesverfassungsgericht egal sein.

Wohnungsnot, Wohnungsgebot

Eigentum verpflichtet – wozu?
Zum Beispiel dazu, den Mietendeckel
nicht einfach zu entsorgen.

Was hilft das Grundrecht auf Unverletzlichkeit der Wohnung, wenn man keine hat und keine findet? Und was hilft dieses Grundrecht, wenn das Wohnen so teuer ist, dass man es sich nicht leisten kann? Das Bundesverfassungsgericht hat sich diese Fragen bei seiner Entscheidung vom 15. März 2021 über den Mietpreisdeckel in Berlin nicht gestellt. Es hat den Berliner Mietpreisdeckel einfach weggeworfen, ohne sich um dessen Sinn und Zweck und um dessen Grundanliegen zu kümmern.

Nicht Muh, nicht Mäh

Das höchste deutsche Gericht hat den Deckel entsorgt, den das Land Berlin, in dem die Mieten horrend steigen, produziert hatte. Karlsruhe war der Meinung, dass für so einen Deckel das Land nicht zuständig ist, dass der Bund ihn produzieren müsste. Ob dieser Deckel passt, wie dieser Deckel passt, ob er zu groß oder zu klein oder objektiv untauglich ist, ob und wo und wie und wann so ein Deckel helfen könnte, um die Mietpreisexplosionen in Berlin zu stoppen – die höchsten Richterinnen und Richter sagen zu all dem weder Muh noch Mäh. Das, was sie zur Zuständigkeit schreiben, ist nachvollziehbar; aber war es auch zwingend, hier Schluss zu machen? Wie die gewaltigen Probleme auf dem Wohnungsmarkt zu lösen sind – dafür hat sich das Bundesverfassungsgericht anscheinend nicht interessiert. Es hat das Berliner »Mietendeckel-Gesetz« einfach formal vom Tisch gewischt. Kurzum: Es ist dies eine unbefriedigende, ja ärgerliche Entscheidung.

Was man nicht links liegen lassen darf

»Eigentum verpflichtet.« Das ist ein zentraler Satz des Grundgesetzes; er ist das Fundament des deutschen Sozialstaats. Es ist dies ein Satz, an dem man nicht vorbeischreiben, den man nicht links liegen lassen darf, wenn es um die Wohnungsnot geht. Es reicht daher nicht, wenn das Verfassungsgericht sich in seiner Entscheidung mit Akribie um die Kompetenzordnung im föderalen Staat kümmert. Eigentum verpflichtet. Der Satz kann auch dazu verpflichten, diese Kompetenzordnung bürgernah und gemeinwohldienlich auszulegen.

Das Eigentum wird gewährleistet. Das ist der eine Satz des Grundgesetzes. Der zweite: Eigentum verpflichtet. Das Verfassungsgericht hätte dem Wohl der Allgemeinheit dienen können, wenn es ein paar Wegweiser aufgestellt hätte, wie dieses Allgemeinwohl im Wohnungswesen und im Mietrecht verwirklicht werden kann. Eigentum verpflichtet: Wenn dieser Satz in den vergangenen zwanzig Jahren geachtet worden wäre, wären Wut und Zorn der Mieter nicht so groß. In einer früheren Entscheidung hat das Bundesverfassungsgericht festgestellt: »Die Privatwohnung ist als letztes Refugium ein Mittel zur Wahrung der Menschenwürde.« Dies zeigt das Gewicht der Fragen, um die es geht – und die das Verfassungsgericht diesmal nicht beantworten, ja nicht einmal ansprechen wollte.

Die steigenden Wohnkosten sind ein Armutsrisiko

Viele der deutschen Mietervereine sind oder werden derzeit hundert Jahre alt. Sie wurden gegründet oder wieder gegründet, als alles im Umbruch war in Deutschland, als die Weimarer Demokratie zu leben versuchte und es nicht richtig schaffte. Das waren die Jahre, in denen rührige Gewerkschafter in die Gaststätte zur Rose oder in den Weißen Hirschen einluden, um mit einem Verein das zu erreichen, was in der Weimarer Verfassung versprochen war: »Jedem Deutschen eine gesunde Wohnung und allen deutschen Familien, besonders den kinderreichen, eine ihren Bedürfnissen entsprechende Wohn- und Wirtschaftsstätte.« So stand es in Artikel 155 der Weimarer Verfassung vom 11. August 1919.

Gäbe es die Mietervereine nicht schon, man müsste sie erfinden und gründen. Die Situation auf dem sogenannten Wohnungsmarkt ist so angespannt, dass das Wort ein sehr verharmlosendes, ein fast zärtliches Wort ist. Deshalb organisiert das Bündnis Mietenwahnsinn bundesweit Proteste. Sozialverbände warnen, dass die steigenden Wohnkosten ein Armutsrisiko darstellen. Über eine Million Haushalte in den Großstädten haben schon jetzt nach Abzug der Miete weniger Geld zum Leben, als wenn sie den Hartz-IV-Regelsatz bekämen. In Berlin sagt fast jeder zweite Mieter, dass er Angst hat, sich seine Wohnung bald nicht mehr leisten zu können.

Diese Menschen zahlen die Quittung für einen politischen Grundfehler. Viele Städte und Länder haben, getrieben von Geldnot, dem langjährigen neoliberalen Zeitgeist und der unseligen Schuldenbremse, Zehntausende von Wohnungen in ihrer öffentlichen Hand an private Investoren verkauft. Wer, wie die Stadt München, am »kommunalen Eigenbestand« festhielt, galt als hoffnungslos antiquiert. Privatisierung war das tückische Zauberwort; je weniger Staat, desto besser, hieß es. Das war falsch, gefährlich falsch.

Goldgrube für Spekulanten

Die verscherbelten Häuser fallen oder fielen aus der Sozialbindung; und dann will der Investor, was sein Recht ist, Geld sehen – zulasten der Mieter. In den vergangenen dreißig Jahren verminderte sich der Bestand an Sozialwohnungen von gut vier Millionen auf deutlich weniger als anderthalb Millionen. Geblieben aber sind die Menschen, die solche Wohnungen brauchen – und es sind noch welche dazugekommen, wie Flüchtlinge und dringend gesuchte ausländische Arbeitskräfte. So viele Kranken- und Kinderpflegekräfte suchen Wohnungen; Sozialpädagogen suchen, Reinigungskräfte suchen, so viele Friseure, Bäcker und Lieferanten suchen, alle anderen schlecht bezahlten Arbeitenden suchen auch – und sie und ihre Familien brauchen die Wohnungen nicht irgendwo, sondern dort, wo Arbeit ist.

Die Zahl der verfügbaren Sozialwohnungen ist in den vergangenen Jahren drastisch gesunken, obwohl die Zahl der Anspruchsberechtigten steigt. Es werden viel zu wenige Wohnungen gebaut. Es fehlt in erster Linie an bezahlbarem Bauland. Die steigenden und horrenden Grundstückspreise sind der zentrale Grund, warum die Mieten und das Bauen so teuer geworden sind. Eine Neuordnung des Bodenrechts ist daher kein kommunistischer oder sozialistischer Unfug, sondern eine Notwendigkeit.

Eine Stadt muss anders funktionieren als Wetten auf Schweinehälften. Eine Stadt muss ein Gemeinwesen bleiben, sie darf nicht Goldgrube für Spekulanten sein. Es ist wichtig und notwendig, für ein gutes Gemeinwesen zu demonstrieren – gegebenenfalls auch dadurch, dass man zum Demonstrieren gegen die Mietendeckel-Entscheidung Topfdeckel mitbringt und aufeinander haut. Lärm-Demo nennt sich das.

»Enteignung. Jetzt erst recht!«

Die Karlsruher Mietendeckel-Entscheidung ist Wasser auf die Mühlen der Initiativen, die auf große Wohnungskonzerne zugreifen möchten, auf solche, die mehr als dreitausend Wohnungen halten; die Wohnungen dieser Konzerne sollen, gegen Entschädigung, in Gemeinschaftseigentum umgewandelt, also vergesellschaftet werden; das heißt: Sie sollen künftig nicht mehr privatwirtschaftlich, sondern von einer Anstalt des öffentlichen Rechts betrieben werden. »Enteignung. Jetzt erst recht!«, schrieben die Aktivistinnen und Aktivisten auf ihre Transparente beim Demonstrieren gegen die Mietendeckel-Entscheidung. Es geht ihnen um Unternehmen wie die Deutsche Wohnen AG, die allein in Berlin 114 200 Wohnungen ihr Eigen nennt; zu ihren Aktionären zählt der US-Vermögensverwalter BlackRock; man wirft den Konzernen vor, dass sie schuld seien an der extremen Entwicklung der Mietpreise.

Reibach auf dem Rücken der Mieter

Die Betreiber des Volksbegehrens in Berlin werfen den großen Wohnungskonzernen vor, auf dem Rücken der Mieter ihren Reibach zu machen – mit Mieterhöhungen und mit Luxussanierungen – anstelle von Instandhaltung der Wohnungen. Die Lust auf Enteignung ist deshalb gestiegen, weil Mietrechtsänderungsgesetze, Mietpreisbremsen,

Milieuschutzsatzungen und »städtebauliche Entwicklungs-
maßnahmen« nichts oder fast nichts bewirkt haben – und
jetzt ist auch noch die Mietendeckelung für verfassungswidrig erklärt worden; deshalb sind viele Menschen für
radikale Maßnahmen nach Artikel 15 Grundgesetz offen.

Der einschlägige Artikel 15 Grundgesetz, der die Vergesellschaftung von Grund und Boden vorsieht, ist noch
nie eingesetzt worden. Es gibt daher Leute, die sagen, er
sei durch Nichtgebrauch obsolet geworden. Ob das stimmt?
Ein Obstbaum bleibt auch dann ein Obstbaum, wenn seine
Früchte nicht geerntet werden. Das macht ihn nicht ungül-
tig. Man muss kein Freund von Vergesellschaftung sein, um
zu begrüßen, dass mit dem Volksbegehren notwendige Diskussionen angestoßen werden – über neue Großprogram-
me zum Bau von Sozialwohnungen; über Mietpreisbremsen, die wirklich greifen; über Zweckentfremdungs- und
Leerstandsverbote, die nicht nur aufgestellt, sondern auch
durchgesetzt werden; über eine Reform des Bodenrechts,
die die Spekulation mit Grund und Boden verhindert.

Ein Druckmittel des Grundgesetzes

Eigentum verpflichtet: Diese Verpflichtung braucht Druckmittel. Der Artikel 15 ist so ein Druckmittel. Auch wer die
Enteignung von Wohnungsbaugesellschaften heftig ab-
lehnt, wer sie für grundfalsch hält – er soll den Artikel 15
als ein Kernelement des Grundgesetzes achten. So hat dies
der Altliberale Gerhard Baum formuliert. Er hat recht. Es
ist gut, wenn das Grundgesetz nicht nur glatt und gefällig
ist. Es ist gut, wenn es auch widerborstig ist. Das Grundgesetz soll anstoßen, anregen; es darf auch aufregen. Der
Finanzkapitalismus hat den Satz »Eigentum verpflichtet«
auf seine Weise ergänzt: »…zu nichts, außer zur Gewinn-
maximierung«. Diese, von Recht, Gesetz und Gericht nicht

gebremste Grundeinstellung hat dann zur großen Finanzkrise geführt. Und die große Finanzkrise hat dazu geführt,
dass der deutsche Staat die Hypo Real Estate, eine Banken-
holding zur gewerblichen Immobilienfinanzierung, durch
Verstaatlichung retten musste – mit gigantischen Mitteln
aus dem Finanzmarktstabilisierungsfond. Man kann sich
mit Recht fragen, warum solche gigantischen Anstrengun-
gen nicht auch für die Leute unternommen werden, die der
Mietmarkt in den Ruin treibt. Es geht um den gesellschaftlichen Frieden. Für ihn zu sorgen, gehört zu den Aufgaben
des Rechts und des Bundesverfassungsgerichts.

Kuckucksei im Grundgesetz?

Der Artikel 15 steht an bester Stelle im Grundgesetz, mitten unter den Grundrechten. Er war den Müttern und Vätern des Grundgesetzes wichtig, weil ihnen das Gemeinwohl wichtig war. So meinte damals die CDU in ihrem
Ahlener Programm von 1947: »Inhalt und Ziel (der) sozialen und wirtschaftlichen Neuordnung kann nicht mehr das
kapitalistische Gewinn- und Machtstreben, sondern nur
das Wohlergehen unseres Volkes sein. Durch eine gemein-
wirtschaftliche Ordnung soll das deutsche Volk eine Wirt-
schafts- und Sozialverfassung erhalten, die dem Recht und
der Würde des Menschen entspricht.« Ist der Artikel 15
also eine Art Ahlener Kuckucksei? Gehört es aus dem Nest
der Verfassung geworfen, wie das die FDP schon wiederholt verlangt hat?

Das wäre falsch. Die Erinnerung daran, dass die Mütter
und Väter des Grundgesetzes das Land nicht auf Kapitalismus eichen wollten, ist und bleibt wichtig. Die deutsche
Verfassung ist wirtschaftspolitisch nicht festgelegt. Man
darf daran erinnern, dass die Verfassungsmutter Elisabeth
Selbert, die die Gleichberechtigung der Frau ins Grundge-

setz geboxt hat, als Abgeordnete im hessischen Landtag flammende Reden für die Vergesellschaftung großer Industrien gehalten hat – und zwar ohne Entschädigung.

Wenn das höchste Gericht über eine Wohnungsvergesellschaftung in Berlin entscheiden muss, könnte das ein Anlass sein, die Sozialstaatlichkeit neu zu justieren. »Eigentum verpflichtet«, heißt es im Grundgesetz: »Sein Gebrauch soll zugleich dem Wohle der Allgemeinheit dienen.« Das ist das vergessene Fundament des deutschen Sozialstaats. Wären diese zwei Sätze, wäre die Sozialbindung mehr geachtet worden – dann wären die Wohnungsnot in den Großstädten und der Zorn der Mieter nicht so groß. Bei der Vergesellschaftung handelt es sich um den härtesten und schärfsten Fall der Sozialbindung des Eigentums.

Eine Reform des Bodenrechts ist ein wohnungsbaupolitisches Thema und eines der Gerechtigkeit. Keinem anderen Thema wird schon so lange Unaufschiebbarkeit attestiert, seit über einem Jahrhundert. Und kein anderes Thema wird schon so lange aufgeschoben. Das Berliner Volksbegehren könnte, sollte, müsste ein Anstoß sein, das zu ändern.

Die Stärke eines Volks, so steht
es in der Präambel der Schweizer
Verfassung, misst sich am Wohl
der Schwachen. Sozialpolitik macht
aus dem Staat eine Heimat.
Die beste Kriminalpolitik ist eine
gute Sozialpolitik.

Das Wohl
der Schwachen

Venceremos – wir werden siegen!
Lobrede auf einen Heimatpolitiker

Der deutsche Sozialstaat hatte und hat ein Gesicht. Es ist das Gesicht von Norbert Blüm. Blüm hat für diesen Sozialstaat geworben, er hat für ihn gekämpft, er hat ihn ausgebaut; er hat sich nicht unterkriegen lassen, nie, auch dann nicht, wenn er sich zu diesem Zweck noch kleiner machen musste, als er es körperlich schon war. Wenn es um soziale Gerechtigkeit ging – da war er sich für fast nichts zu schade. Notfalls hat er den Büttenredner gegeben, notfalls hat er den Pausenclown gespielt, notfalls hat er sich, wie beim neoliberalen CDU-Parteitag in Leipzig im Jahr 2003, von der Bühne buhen und pfeifen lassen.

Damals, 2003, auf diesem merkwürdigen Parteitag, hat die CDU unter der Regie von Angela Merkel die sogenannte Kopfpauschale in der Krankenversicherung beschlossen – gegen den ebenso heftigen wie vergeblichen Protest von Blüm. Merkel und der damalige CDU-Generalsekretär Laurenz Meyer hatten für diese Kopfpauschale zuvor auf Regionalkonferenzen geworben, der Steuervereinfacher Friedrich Merz und der Altbundespräsident Roman Herzog gaben dieser Idee auf dem Parteitag den Anstrich einer

angeblich modernen Gerechtigkeit. Sie sollte darin bestehen, dass ein Bankdirektor nur so viel in die Krankenversicherung einzahlen sollte wie sein Fahrer, und der Chefarzt
nur so viel wie die Krankenschwester. Kopfpauschale eben.

Platt gewalzte Gerechtigkeit

Norbert Blüm redete sich in einem furiosen Auftritt die
Seele aus dem Leib gegen solchen Unsinn, er ließ sich
nicht bremsen von der feindseligen Stimmung im Saal:
»Die Kopfpauschale heißt, je mehr du verdienst, umso
weniger wirst du prozentual belastet. Das ist eine platt
gewalzte Gerechtigkeit, das ist eine auf den Kopf gestell-
te nivellierte Solidarität«. Blüm redete volkstümlich, aber
wissenschaftlich untermauert – doch kaum einer hörte
auf ihn. Am Ende entschieden sich die 1001 CDU-De-
legierten für den von Blüm bekämpften radikalen Kurswechsel – bei nur vier Gegenstimmen und einer Enthal-
tung. Es war der Versuch von Angela Merkel, der CDU im
Wettstreit mit der rot-grünen Koalition unter Kanzler
Gerhard Schröder ein scharfes neoliberales Profil zu verschaffen. Merkel korrigierte diesen Kurs aber wieder, die
Kopfpauschale kam nicht.

Blüm musste sich nicht korrigieren. Gute Sozialpolitik – er hat sie gern zusammen mit seinem 2017 verstorbenen Freund Heiner Geißler betrieben – war für ihn nicht,
den Leuten das Geld in den Hintern zu schieben. Sein
Credo war: Die Bürger einer Demokratie brauchen Ausbildung und Auskommen, sie brauchen eine leidlich ge-
sicherte ökonomische Existenz, sie müssen frei sein von
Angst um die eigenen Lebensverhältnisse. Und wenn er in
den vergangenen zwanzig Jahren einen seiner engagierten
und zornigen Aufsätze zum »Lob der Gewerkschaft« und
für den »Vorrang der Arbeit vor dem Kapital« schrieb und

mir in die Redaktion schickte, dann unterzeichnete er das Anschreiben schon mal mit einem revolutionären »Venceremos« – also: Wir werden siegen.

»Venceremos« – das ist ein politisches Kampflied aus Chile. Der Sänger Victor Jara hat einen berühmten Text dazu geschrieben. Sein Lied wurde im Chile des demokratischen Präsidenten Salvador Allende so etwas wie die inoffizielle Nationalhymne. Nach dem von den USA gestützten Militärputsch unter General Augusto Pinochet durfte es in Chile jahrelang nicht mehr gespielt werden. Victor Jara soll das Lied 1973, kurz vor seiner Ermordung durch die Schergen Pinochets, seinen Folterern gesungen haben. Venceremos. Blüm kämpfte 1987 in Chile bei Diktator Pinochet, von Franz Josef Strauß dafür heftig angegriffen, für die Freilassung von 16 zum Tod verurteilten Häftlingen – für »Kommunisten« und »Verbrecher«, wie Strauß höhnte. Im Januar 2004 stand Blüm in der Markthalle von Santiago, als ein alter Mann auf ihn zustürzte, ihn herzte und küsste. Es war einer der damals Geretteten.

Was bedeutet mein Unglück?

Venceremos? Am Schluss hat Blüm das noch in anderen Worten gesagt, als er mit seiner Krankheit kämpfte, auch wenn er ahnte oder wusste, dass er diesen letzten Kampf verlieren würde: »Was bedeutet mein Unglück?« So lautete die Überschrift, unter der Norbert Blüm im März 2020 öffentlich machte, dass er vom Hals ab gelähmt war und dass dieser hilflose Zustand auch lebenslang so bleiben werde. Wie lange lebenslang sein würde, wusste er damals nicht. Keine Hoffnung auf Genesung, keine Hoffnung, je wieder laufen zu können oder nur einen kleinen Finger zu krümmen. Die Überschrift lautete nicht einfach: Mein Unglück. Sie lautete: Was bedeutet mein Unglück?

Norbert Blüm hat danach gefragt, welchen Sinn dieses Geschick für ihn habe. Er hat davon geschrieben – schreiben lassen, weil er es selbst nicht mehr konnte und diktieren musste –, welche Qual allein ein kleiner Juckreiz unterm linken Auge auslöst. Er hat sich jeder Verkitschung seiner Lage verweigert, die dieses Unglück irgendwie in eine Art Glück oder höhere Weihe oder heroisches Martyrium umdeutet. Er hat zu einer seiner wirksamsten Waffen gegriffen, nämlich seiner unverdrossenen und optimistischen Selbstironie und das Fazit gezogen – es sind dies die letzten Worte, die er selbst veröffentlichte:

»Eigentlich genieße ich einen privilegierten Status. Ich lebe wie Gott in Frankreich. Rund um die Uhr werde ich bedient. Zwar fliegen mir keine gebratenen Tauben in den Mund wie im Schlaraffenland. Aber Essen und Trinken erreichen mich, ohne dass ich einen Finger dafür krumm gemacht habe. Ich werde gefüttert. So werde ich satt, aber das ist nicht alles, was ich als Mensch benötige. Ich bin mehr als mein Leib. Vor die Wahl gestellt, würde ich Defizite körperlicher Tüchtigkeit leichter ertragen als den Verlust von mentaler Selbstständigkeit. Mein Rollstuhl ist ein strenger Lehrmeister.«

Blüms Beispiel lehrt, was Lebensmut ist

Vollkommen angewiesen auf andere, um satt und sauber zu werden, hat Norbert Blüm über alles Mögliche nachgedacht, aber über eines gar nicht, zumindest nicht laut: ob es nicht besser sei, tot zu sein, ob dieses Leben überhaupt noch ein Leben sei, ob dieses Leben nicht nur ein Vegetieren sei. Norbert Blüm hat ein Unglück erlebt, das für viele das Abbild eines Lebens ist, von dem man erlöst werden möchte, das absolut nicht mehr lebenswert erscheint und von dem viele sagen würden, wenn sie gesund sind: Wenn es so weit ist, will ich unbedingt Sterbehilfe. Nicht wenige Menschen sagen das im gesunden Zustand zumal für den Fall ihrer Demenz. Norbert Blüm war nicht dement, er war geistig bis zuletzt sehr fit – der Kollege Hartmut Palmer hat das in seinem Onlinenachruf im Magazin *Cicero* beschrieben. Palmer hat ihn noch wenige Tage vor seinem Tod besucht.

Norbert Blüm starb am 23. April 2020 im Alter von 84 Jahren in Bonn. Sein Beispiel lehrt, was Lebensmut ist. Dieser Lebensmut ist kein Heldenmut. Blüm hat gelehrt, sich vom Rollstuhl belehren lassen, wie er selbst sagt, dass solcher Lebensmut aus einer komplett veränderten Sicht im Leiden selbst erwächst. Diese Sicht kann man nicht im Voraus kalkulieren und prognostizieren. Man kann sich bei den Versuchen, den zukünftigen Lebensmut im Leiden zu messen, so vermessen, wie es soeben das höchste niederländische Gericht getan hat: Es hat die Ärztin Catharina A. von jeder Schuld freigesprochen, die einer 74-jährigen Alzheimerpatientin eine tödliche Injektion verabreicht hatte.

Tötung auf Verlangen

Der Fall lag so: In einem Pflegeheim hatte die Ärztin der nichts ahnenden Frau erst ein Schlafmittel in den Kaffee gerührt, um der Frau kurz darauf die tödliche Infusion zu geben. Gerade als sie das tun wollte, wurde die Patientin wach, fluchte, setzte sich auf und schien die tödliche Injektion abwehren zu wollen. Die Ärztin setzte sich körperlich gegen die alte Frau durch (wie das genau geschah, darüber fehlt der Bericht); wenig später war die Patientin tot. Die Ärztin berief sich darauf, dass die Frau das vier Jahre vorher, als sie noch klar bei Verstand war, so verfügt habe: Sie wollte euthanasiert werden, wenn ihre Demenz so weit fortgeschritten sei, dass sie ins Pflegeheim müsse.

In Deutschland wäre das Handeln der Ärztin eine schwere Straftat – auch nach dem spektakulären Urteil des Bundesverfassungsgerichts vom Februar 2020. Das höchste deutsche Gericht hat zwar die Sterbehilfe, also die Beihilfe zum Suizid erlaubt. Es blieb aber bei der Strafbarkeit der Tötung auf Verlangen – die dann vorliegt, wenn der Sterbehelfer nicht nur hilft, sondern als Täter den Handlungsablauf dominiert. In den Niederlanden ist dagegen diese Tötung auf Verlangen, die aktive Sterbehilfe durch Ärzte, unter bestimmten Voraussetzungen erlaubt. Auch dann, wenn der Patient sich wehrt? Das war die Frage im soeben entschiedenen Fall. Auch dann, wenn er womöglich gar festgehalten werden muss?

Die Aufspaltung des Ichs

Das niederländische Gericht griff bei seiner Antwort zu einer Aufspaltung des von der Ärztin getöteten Menschen: Das frühere vermeintlich vernünftige Ich triumphiere hier über das gegenwärtige von der Krankheit gezeichnete Ich. Wirklich? Ist das nicht eine vermessene Meinung, weil sie dem dementen Menschen das volle Menschsein und einen rechtsbeachtlichen Lebenswillen abspricht? Es kann ein Wunder sein, wie Menschen, die das Unglück überfällt, mit diesem Unglück umgehen – sei dieses Unglück eine körperliche oder geistige Beeinträchtigung. Das Umgehen mit diesem Schicksal ist nicht vorhersehbar und voraussagbar. Es kann sein, dass diese Menschen, gegen ihre eigene Einschätzung von früher, an ihrem so sehr beeinträchtigten Leben hängen, dass sie dieses Leben neu entdecken und trotz allem, was ihnen zugemutet wird, finden: Ich will leben. Ich ringe um jeden Atemzug. Sterben will ich jetzt noch nicht.

Das sind, mitten in der Coronakrise, Gedanken zum Tod von Norbert Blüm und zur Tötungsentscheidung des höchsten Gerichts der Niederlande. Es ging und geht in dieser Krise ja auch um die Achtsamkeit für Alte und Schwache. Gute Politik in Coronazeiten ist mehr als Mund- und Infektionsschutz. Gute Politik in Coronazeiten muss eine gute Sozialpolitik sein.

EINE NEUE ARBEITSWELT

Charlie Chaplins Film »Moderne Zeiten« ist schon alt, er stammt aus dem Jahr 1936. Lehrreich ist er trotzdem – aus analogen für digitale Zeiten. Also: Charlie arbeitet am Fließband, er schraubt und schraubt und schraubt. In der Mittagspause kommt da ein Tross aus der Führungsetage in die Fabrikhalle. Ein Ingenieur stellt seine neueste Erfindung vor, eine Maschine, die die Arbeiter am Laufband ernähren soll. So können sie gleichzeitig essen und arbeiten. Beim Arbeiten am Computer ist das Alltag geworden.

Damals ist Charlie das Versuchskaninchen und soll die Maschine ausprobieren. Die läuft wie geschmiert. Die Manager sind begeistert. Aber auf einmal dreht das Gerät durch. Der arme Charlie steckt in den Klauen der Maschine. Doch keiner kommt ihm zu Hilfe. Alle wollen nur den Maschinenschaden beheben. Als Charlie endlich befreit ist aus seiner Gefangenschaft, dreht er durch. Mit seinen Schraubenschlüsseln jagt er der Sekretärin des Chefs nach, gerät auf die Straße, will dort an einer üppigen Passantin weiterschrauben. Und so nimmt das Unheil seinen Lauf.

Die Szene hält uns den Spiegel vor, was aus uns wird, wenn das einzige Maß des Lebens das der Maschine ist und der Mensch nur noch Rädchen in ihrem Getriebe; wenn er nur noch Homo digitalis ist, der mit und vom Computer lebt; wenn nur derjenige Mensch etwas wert ist, der verwertet werden kann; wenn Erwerbsarbeit Lebenszweck und Existenzberechtigung wird.

Geschichte, Gegenwart und Zukunft des
Maifeiertags: Die Digitalisierung wird
die Arbeitsgesellschaft und die Rolle der
Gewerkschaften sehr verändern.

1. Mai forever

Solidarität ist kein nachwachsender Rohstoff –
sie muss neu begründet werden.

E r ist ein ziemlich zäher Hund, der 1. Mai. Als gesetzlicher Feiertag ist er jetzt schon über hundert Jahre alt – die Nationalversammlung in Weimar hat ihn im April 1919 dazu erklärt; als Tag der Arbeiter ist er schon Jahrzehnte älter. Der 1. Mai war aber erst einmal nur ein einmaliger gesetzlicher Feiertag damals, allein für das Jahr 1919; ihn schon auf Dauer zu etablieren – das schaffte die Weimarer Republik nicht. Der 1. Mai hat viel ausgehalten seitdem; er hat viel erlebt und überlebt: Proteste und Provokationen, Jubel und Verbote, friedliche und unfriedliche, langweilige, spektakuläre und verbotene Demonstrationen. Er hat den Blutmai von 1929 überlebt, als Karl Zörgiebel, der sozialdemokratische Polizeipräsident von Berlin, ein Demonstrationsverbot verhängt hatte, das aber ignoriert wurde; die Polizei setzte Schusswaffen ein, der Munitionsverbrauch lag bei etwa 11 000 Schuss; 32 Zivilisten kamen ums Leben, nach anderen Zählungen 39.

Der 1. Mai hat auch seine Vereinnahmung durch Hitler überlebt, als er den Nazis als Kulisse für Paraden und Leistungsschauen der deutschen Industrie diente. Die Nazis kaperten das Soziale; sie machten das, was die Weimarer

323

Republik nicht hingekriegt hatte: der 1. Mai wurde von ihnen zum regulären Feiertag bei voller Lohnfortzahlung erklärt.

Militärparaden, Bratwurstfeste

Der 1. Mai hat auch die staatlich organisierten Feiereien samt Militärparaden in der DDR überlebt, bei denen die Massen »wie dressierte Pferde an der Tribüne vorbeitraben«, wie das die Bürgerrechtlerin Freya Klier 1988 in ihrem Tagebuch beschrieb. Mit dem Zusammenbruch der DDR verschwand fast alles, was diesen Staat einmal ausgemacht hatte, auch seine Feiertage; aber dieser 1. Mai blieb. In der Bundesrepublik wurde aus den gewaltigen Massenkundgebungen der frühen Fünfzigerjahre erst eine »Mai-Revue«, dann ein Bratwurstfest, eine Art Volksgaudi für die ganze Familie. Als Kampf- und Feiertag der Arbeit war der 1. Mai bald nicht mehr attraktiv. Er war nun ein Tag künstlicher Vitalität. Der 1. Mai wurde ein Tag zur individuellen Freizeitgestaltung.

Bedröppeltes Erwachen

Das begann sich erst wieder ein wenig zu ändern, als Globalisierung, Rationalisierung und Flexibilisierung um sich griffen. Der in den alten Mailiedern besungene »Mann der Arbeit« wachte bedröppelt auf, erkannte aber erst einmal nicht seine Macht, sondern seine Ohnmacht. Denn das Kapital hatte, von Grenzen befreit, die große Freiheit gefunden: Es setzte auf die Reduzierung von Lohnkosten, auf das Gegeneinanderausspielen von Standorten, auf Entlassungen. Der 1. Mai stand in der postindustriellen Gesellschaft zunächst mal da wie übrig geblieben aus einer alten Welt, in der die Arbeit noch mehr Wert und Kraft gehabt hatte. Der 1. Mai war wie ein Maiglöckchengruß an alte Zeiten.

Das hat sich wieder geändert, als Hartz IV kam und als die finanzkapitalistischen Spekulationsblasen platzten. Die Sorge vieler Menschen vor einem Abrutschen in prekäre Verhältnisse wuchs und weckte neue Widerständigkeit. Es wurde und wird wieder demonstriert und gestreikt – für mehr Lohn, für bessere Arbeitsbedingungen, für Beschäftigungsgarantien. Und es gab und gibt Verbindungen zwischen dem Gewerkschafts-Mai und den neuen sozialen Bewegungen. Der Traum freilich, den die Schriftstellerin Christa Wolf im November 1989 bei der großen Demo auf dem Berliner Alexanderplatz umjubelt träumte – dieser Traum realisierte sich nicht: »Vorschlag für den 1. Mai: Die Führung zieht am Volk vorbei.«

In Coronazeiten hat das Homeoffice ein neues Nachdenken über die Zukunft der Arbeit geweckt. Für die Gewerkschaften war der 1. Mai der Coronazeit ein vergleichsweise stiller erster Mai. Statt der ganz großen und rabauzigen Kundgebungen gab es, zum Beispiel, Gottesdienste. Ich habe in Bremen, in der Stadtkirche Unser Lieben Frauen, eine Kanzelrede halten dürfen: »Wie geht es weiter nach einem Jahr Corona«, war das Thema. Kirchen und Gewerkschaften hatten zum ökumenischen Gottesdienst eingeladen.

Etwas Besseres als den Tod

Direkt vor dem Eingang der Kirche steht das Denkmal mit den Stadtmusikanten. Das Motto, mit dem sich im Märchen Esel, Hund, Katze und Hahn auf die Wanderschaft nach Bremen machen, lautet bekanntlich: »Etwas Besseres als den Tod findest du überall.« Ich hatte deshalb nach Bremen eine bayerische Geschichte über das Leben und den

Tod mitgebracht – die Geschichte vom Brandner Kaspar, die zigtausendmal als Theaterstück aufgeführt und einige Male verfilmt wurde. Diese Geschichte hat Jubiläum, sie ist 150 Jahre alt, sie wurde 1871 erstmals in den *Fliegenden Blättern* veröffentlicht. Sie stammt von Franz von Kobell und geht so: Zum Brandner Kaspar, einem rüstigen 74-jährigen Mann, kommt der Tod in Person, als Boandlkramer, wie der im Dialekt heißt. Der Brandner Kaspar, ein Filou, lädt diesen Boandlkramer zum Kartenspielen ein, betrügt ihn dabei und ergaunert sich unter Einsatz von viel Kirschwasser zusätzliche Lebensjahre und die Zusage, dass der Tod ihn erst mit neunzig Jahren holt.

Der illegale Handel wird aber nach einigen Jahren aufgedeckt – und auf Befehl des Heiligen Petrus begibt sich der Boandlkramer wieder an den Tegernsee, um den längst Überfälligen nun endlich und endgültig abzuholen. Der Brandner Kaspar hat inzwischen sehr unter den schlechten Zeiten gelitten. Dennoch will er dem Tod nicht folgen. Er lässt sich nur dazu überreden, einmal einen kurzen Blick ins Jenseits zu werfen. Aber: Dieser Blick überzeugt ihn – und er bleibt dort.

Blick in die Zukunft

Was hat das mit Corona zu tun? Für viele Menschen war, für viele Menschen ist Corona so etwas wie eine unzeitige, eine vorzeitige Begegnung mit dem Tod. Der Einsatz diverser Mittel, um dem Tod zu entgehen, war und ist freilich, anders als in der genannten Geschichte vom Brandner Kaspar, gar nicht lustig, es ist nicht Kartenspiel und Kirschwasser. Das Leben in der langen Coronazeit mit all ihren Beschränkungen, mit all den Veränderungen des Lebens, ist beschwerlich. Den Brandner Kaspar hat der Blick in das Jenseits der beschwerlichen Wirklichkeit begeistert und überzeugt. Der Blick ins Jenseits der coronalen Wirklichkeit macht nicht unbedingt Freude. Kirchen und die Gewerkschaften zum Beispiel können von dem coronalen Blick in die Zukunft nicht so begeistert sein. Die leeren Kirchen während des Lockdowns könnten zum Sinnbild für die nahe Zukunft der Kirche werden: Steht die große Leere bevor? Wird sich das System Religion als der eigentliche Verlierer der Coronakrise erweisen? Tut das den Menschen gut? Für die Gewerkschaften stellt sich die Frage, wie die Zukunft der Arbeit aussieht: Findet die Erwerbsarbeit mehr und mehr außerhalb eines Betriebes statt? Besteht die Zukunft der Arbeit in leeren Büros, im Homeoffice und im Crowdworking all over the world? Tut das den Menschen gut?

Einen Tag lang ernähren

Im Gottesdienst zum 1. Mai wurde die Lesung von den Arbeitern im Weinberg vorgetragen. Sie steht beim Evangelisten Matthäus – und handelt vom Hausherrn, der am Morgen Arbeiter einstellt, die seinen Weinberg bestellen. Er vereinbart mit ihnen einen Tageslohn von jeweils einem Denar; ein Denar reicht gerade dazu aus, die Familie eines Arbeiters einen Tag lang zu ernähren. Der Weinbergbesitzer geht nach jeweils drei Stunden weitere dreimal und zum Schluss nach elf Stunden letztmals auf den Marktplatz, um Arbeiter einzustellen. Am Ende des Arbeitstages, nach zwölf Stunden, bezahlt er zuerst den zuletzt Eingestellten einen Denar – denen also, die nur eine Stunde gearbeitet haben. Auch alle anderen erhalten diesen Lohn. Die Arbeiter, die den ganzen Tag gearbeitet haben, beschweren sich darüber.

Es ist dies ein Gleichnis über Gerechtigkeit. Ist es gerecht, wenn ein Arbeiter von Sonnenaufgang bis Sonnenuntergang im Weinberg geschuftet hat für einen Silbergroschen – und dann kommt ein anderer Arbeiter erst kurz vor Feierabend und bekommt dasselbe? Ist es gerecht, wenn eine Frau sich heute mit vier Putzstellen über Wasser hält und eine andere das nicht tut und Arbeitslosengeld bekommt?

Der Habenichts und der Habewenig

Im Gleichnis von den Arbeitern im Weinberg kommt es zum Protest. Die einen zeigen mit den Fingern auf die anderen. Also: Der erste Arbeiter zeigt auf den letzten Arbeiter, die Putzfrau zeigt auf die Arbeitslose. Warum? Ihr Gerechtigkeitsgefühl ist verletzt. Man kann sie verstehen. Aber es gibt etwas, was mir unsympathisch ist an diesem Protest: Mit wäre es lieber, wenn da nach oben protestiert würde, wenn also die viel arbeitenden Leute mehr Geld, wenn sie einen Zuschlag verlangen würden. Nein, das tun sie nicht. Sie treten nach unten und protestieren gegen die Gleichstellung der anderen. Statt sich zu freuen, dass der Habenichts auch satt wird, schimpft der Habewenig über die Gleichmacherei. Das Gleichnis vom Weinberg will die Verrücktheiten solchen Gegeneinanders aufdecken und zur Solidarität ermuntern. Jeder kriegt das, was er braucht – das tägliche Auskommen. Egal, wann er gekommen ist, woher er kommt, wie viel er getan hat. Einfach nur, weil sie Menschen sind.

Was jeder braucht: demokratische Grundnahrungsmittel

Einfach nur, weil wir Menschen sind. Das führt zu Corona, das führt zu den Einschränkungen der Grundrechte. Grundrechte haben wir, einfach deswegen, weil wir Menschen, weil wir Bürgerinnen und Bürger sind. Wir müssen sie uns nicht durch Leistung, nicht durch Wohlverhalten verdienen. Wenn sie also eingeschränkt werden, weil so das Virus bekämpft werden soll, muss das mit Sorgfalt geschehen, und die Belastungen müssen gerecht verteilt werden – sie dürfen nicht einseitig den kleinen Freiberuflern, den Gastwirten, den Kulturschaffenden und den Jugendlichen auferlegt werden. Wenn junge Menschen nicht mehr in die Schulen, nicht mehr an die Unis dürfen, wenn auch noch die Sportstätten und die Gastronomie geschlossen sind – welche Räume verbleiben jungen Menschen dann noch? Sie dürfen durch die Akkumulation der Pandemiemaßnahmen nicht zu einer fast schon kontaktfreien Generation verdammt werden. Und Familien dürfen durch die Schließung von Schulen und Kitas nicht in den Wahnsinn getrieben werden. Kitas und Schulen gehören zu den unglaublich wichtigen Lern- und Lebensorten. Dieser gemeinsame Raum des miteinander und voneinander Lernens ist der größte und beste Pädagoge. Mit Distanzunterricht kann man ihn nicht herstellen, so verschärft man die Bildungsungleichheit. Das gefährdet die Zukunft der Kinder und die Zukunft der Gesellschaft. Es geht also um die gerechte Verteilung gesellschaftlich geschuldeter Solidarität, um gerechte Verteilung der Lasten. Grundrechte sind die Kernelemente, die Fixpunkte einer solidarischen Gesellschaft. Grundrechte sind ein Grundnahrungsmittel zum Leben. Auch in der Krise braucht jeder und jede das, was er oder sie zum Leben nötig hat.

Diffuse Brüderlichkeit, konkrete Solidarität

Hundert Jahre Maifeiertag. Es ist dies ein Tag, an dem man die Gewerkschaften loben darf. Sie haben aus dem schwächsten Glied in der Trias der Aufklärung, aus der Brüderlichkeit, ein ziemlich starkes Ding gemacht. Freiheit, klar; Gleichheit, auch klar; aber Brüderlichkeit? Aus diffuser Brüderlichkeit wurde, dank der Gewerkschaften, konkrete Solidarität – die erst einmal, im 19. Jahrhundert, eine Solidarität der Proletarier war, eine Solidarität, die auf der Basis gemeinsamer Erfahrungen in den Fabriken entstand. Die Arbeiter waren verbunden durch Ort, Zeit, Routine und Alltag; man teilte miteinander den Zeitrhythmus; das Fließband, Instrument und Symbol der ersten Rationalisierung, wurde zugleich das Band der verbindenden Erfahrung. Die gewerkschaftliche Solidarität der Arbeiter entstand im Gleichklang von Ort, Raum und Zeit der Produktion, auf der Basis geteilter Lebens- und Arbeitserfahrung. Die Gewerkschaften waren Sprachrohr dieser Gemeinsamkeit. Sie haben Solidarität organisiert und in individuelles und kollektives Arbeitsrecht übersetzt.

Die Trias der Aufklärung

Gewerkschafter sagen, dass man sich dem digitalen Wandel nicht ausliefern dürfe, sondern ihn in die richtige Richtung lenken müsse. Wie geht das? Insgeheim hat so mancher Funktionär Angst, dass das gar nicht geht. Es funktioniert jedenfalls nicht mit ein bisschen Bastelei an der Arbeitszeitverordnung. Wenn die fahrerlose Mobilität kommt, werden Taxi- und Busfahrer, Lieferanten, Lkw- und Gabelstapelfahrer ihre Arbeit verlieren. Im Bereich der Dienstleistung wird künstliche Intelligenz massenhaft die Arbeit von Büroangestellten übernehmen. Es ist die Zeit des großen Umbruchs. Schon immer gab es Erfindungen, die den Menschen ihre bisherige Arbeit wegnahmen. Der mechanische Webstuhl ersetzte die Werkstatt zu Hause; an die Stelle der Arbeit im eigenen Haus traten das Fließband in der Fabrik und dann der Industrieroboter. Die Großfamilie wurde von der Kleinfamilie abgelöst, es entstand die Arbeiterfamilie, deren Leben sich nach den Bedürfnissen von Arbeit und Kapital auszurichten hatte. Vater, Mutter, Kinder; die Kleinfamilie war nun die neue Normalfamilie, und normal waren auch die elenden Arbeits- und Produktionsbedingungen. Damit beginnt die große Geschichte der Gewerkschaften und die Geschichte der Arbeitersolidarität.

Die Brüderlichkeit – die die Schwesterlichkeit noch nicht an ihrer Seite hatte – war zunächst nur eine moralische Forderung, eine gefühlte Verbundenheit. Das änderte sich in der Industriegesellschaft: Die diffuse Brüderlichkeit der Französischen Revolution verdichtete sich zur konkreten Solidarität der Proletarier, die auf der Basis gemeinsam erlittener Erfahrungen in den Fabriken entstand. Die Arbeiter waren verbunden durch Ort, Zeit, Routine und Alltag. Das Fließband wurde zum Symbol verbindender Erfahrung. Die Solidarität der Arbeiter entstand in der Einheit von Ort, Raum und Zeit der Arbeit; sie wurde von Gewerkschaften organisiert, die das Wort Solidarität in Arbeitsrecht übersetzten. Aus dem schwachen Brüderlichkeitsbegriff wurde so ein starker Solidaritätsbegriff. Das war eine menschheitsgeschichtliche Leistung.

Gefahr von innen

Aber Solidarität ist kein nachwachsender Rohstoff. Sie bleibt nicht einfach da, wenn sich Arbeitsbedingungen völlig verändern, wenn es die Gleichartigkeit der Lebens- und Arbeitsbedingungen und die gemeinsamen Erfahrungen am gemeinsamen Arbeitsort immer weniger gibt. Deshalb nehmen Mitgliederzahl der Gewerkschaften und Tarifbindung dramatisch ab; deshalb verliert die konkrete Solidarität ihre bisherige Bedeutung. Es gibt hier zwei Entwicklungen: Zum einen entwickelt sie sich wieder zurück zur allgemeinen Brüderlichkeit, zu einem Wischiwaschiwort.

Zum anderen wird heute Solidarität von rechtsaußen entlang nationaler und völkischer Grenzen neu definiert. Bei der letzten Bundestagswahl haben 15 Prozent der Gewerkschaftsmitglieder AfD gewählt (im Osten 22 Prozent). Den Gewerkschaften droht also Gefahr von innen, wenn ihre Kritik an den ausbeuterischen Effekten der Globalisierung von extremen rechtspopulistischen Freund-Feind-Schemata und Volksgemeinschaftsdenken überlagert wird. Dann färbt sich Solidarität braun. Der Soziologe Klaus Dörre von der Uni Jena sagt dazu: Wenn die Gewerkschaften hier auch nur ein wenig nachgeben, wird es sie zerreißen.

Wie kann eine gute Zukunft der Gewerkschaften aussehen? Sie werden sich zu transnationalen NGOs entwickeln, und diese Nichtregierungsorganisationen werden sich mit den sozialen Bewegungen verbünden müssen; sie werden die Missstände in der digitalen Arbeitswelt benennen, anprangern und abstellen, gegen eine digitale Entgrenzung des Lebens antreten müssen. Solidarität ist kein nachwachsender Rohstoff. Sie bleibt nicht einfach da unter völlig geänderten Arbeitsbedingungen. Wenn die Gleichartigkeit von Lebens- und Arbeitsbedingungen immer weniger besteht, wenn es die gemeinsame Arbeitserfahrung am gemeinsamen Arbeitsort immer weniger gibt, weil das Crowdworking zunimmt und die künstliche Intelligenz die alte Arbeit ersetzt, dann entwickelt sich die konkrete Solidarität wieder zurück zur allgemeinen und diffusen Brüderlichkeit. Das bedeutet: Die Gewerkschaft muss in einer Zeit der zunehmenden Crowd- und Clickworkerei eine neue Rolle finden. Sie muss sich darauf einstellen, dass innerhalb weniger Jahre eine Million Beschäftigte im Mobilitätsgewerbe ihre Arbeit verlieren werden. Die Gewerkschaften müssen sich auf die künstliche Intelligenz einstellen, auf eine neue Automatisierungswelle – nicht nur in der Industrie, sondern in fast allen Bereichen der

Dienstleistung, wo künstliche Intelligenz die Arbeit von Büroangestellten – bis hin zu Betriebswirten und Juristen – übernehmen wird.

Die digitale Welt braucht eine neue Konkretion der alten Brüderlichkeit, sie braucht Utopien. Das ist wichtig für eine gute Zukunft der demokratischen Gesellschaften. Warum? Der Aufstieg des extremistischen Populismus begann, als nach 1990 der Tod der Utopien lauthals verkündet worden ist. Weil es noch keine großen neuen Ideen gibt, suchen die Menschen im Abfall der Geschichte nach den alten. Die Gewerkschaften werden den Aufstand gegen die Repression durch digitale Software organisieren müssen. Dann werden sie auch Anziehungskraft für viele Menschen entwickeln, die den Gewerkschaften heute eher fernstehen.

Digitale Kommerzialisierung

Die Digitalisierung wird den gesamten Wertschöpfungsprozess erfassen: von der Erfindung bis zur Entsorgung. Die Grenzen zwischen Arbeitnehmer- und Selbstständigenstatus werden fließend sein. Die Gewerkschaften werden sich also zu Organisationen gegen die digitale Kommerzialisierung des Lebens entwickeln müssen, zum Widerpart der Digitalkapitalisten, zu einer konzentrierten Interessenvertretung weit über den Kreis ihrer jetzigen Klientel hinaus. Die Gewerkschaften werden sich neu erfinden müssen. Dann könnte es sein, dass es den 1. Mai auch noch in fünfzig Jahren, im Jahr 2071 gibt.

Zurück zu den Wurzeln:
Das Beamtentum muss wieder
werden, was es einmal war.
Der Mief von 150 Jahren muss
weggeblasen werden.

Kerntruppe des modernen Staats

Das Berufsbeamtentum muss sehr viel kleiner werden und dann so, wie es einmal war: liberal, aufklärerisch, reformerisch.

Früher, in meinen ersten journalistischen Jahren, bin ich gern zur Jahrestagung des Deutschen Beamtenbundes gefahren. Ich genoss es, die Ansprachen des jeweils amtierenden Bundesinnenministers zu hören. Die Herren – Frauen als Bundesinnenminister gab es bisher noch nicht – verwandelten sich nämlich am Rednerpult jeweils in Aale und wanden sich sehr – indem sie einerseits die Beamten lobten und priesen, andererseits ihnen aber auch zu verstehen geben wollten, dass sie bei Gehalts- und sonstigen Forderungen doch bitte schön Zurückhaltung üben sollten. Ich bin wohl auch deshalb ganz gerne zu diesen Beamtentreffen gefahren, weil ich meine eigene Herkunft noch spürte: Unmittelbar vor meinem Wechsel zum Journalismus und zur *SZ* war ich Staatsanwalt, also Beamter gewesen.

Eine Reise in die Zukunft

Und so ist die Beamtentagung für mich einerseits eine nostalgische Angelegenheit; zum anderen eine Gelegenheit zum Sinnieren darüber, wie es wohl mit dem Beamtentum weitergehen wird. Ich will Sie gern bei diesem Sinnieren dabei sein lassen – und lade Sie daher ein, mit mir eine kleine Exkursion zu machen. Wir besuchen das Haus der Geschichte in Bonn, Willy-Brandt-Allee 14. Wir tun das allerdings nicht jetzt, sondern im Jahr 2050 – es ist eine Reise in die Zukunft. Wir schauen vom Jahr 2050 aus zurück, was damals ab 2021 und in den Jahren danach mit dem öffentlichen Dienst geschehen ist.

In der Abteilung Deutschland/Verwaltung/Reformen finden wir am Beginn einer Ausstellung über den Weg zu einer bürgernahen Verwaltung ein Plakat mit folgendem einführenden Text: »Mehr als zweihundert Jahre nach der Einführung des deutschen Berufsbeamtentums wurden in den Jahren 2022/23 die Grundlagen für eine fundamentale Reform der Staatsverwaltung gelegt. Das Beamtentum wurde wieder auf seinen Kernbereich reduziert. Lehrerinnen und Lehrer sind seitdem keine Beamten mehr. Siebzig Jahre lang hatte die Bundesrepublik nicht die Kraft zu solchen Reformen. Die Entwicklung des Staates zum Servicebetrieb und die ungeheure Ausweitung der Staatstätigkeit hatten das Berufsbeamtentum nicht verändert, sondern nur stark ausgedehnt. Diese Entwicklung wurde wieder umgekehrt. Das Grundgesetz wurde, gegen heftige Widerstände, entsprechend geändert.

Ein neues Recht für fünf Millionen

Der Grundgesetzartikel, in dem bis dahin die »hergebrachten Grundsätze des Berufsbeamtentums« verankert waren, so kann man es auf einer Schautafel des Museums nachlesen, ist 2019 wie folgt neu gefasst worden: »Die Bürgerinnen und Bürger sind Teilhaber des Staates. Die Rechtsverhältnisse aller Beschäftigten der öffentlichen Verwaltung sind im Rahmen eines einheitlichen Arbeits-

rechts zu gewährleisten. Soweit die Wahrnehmung hoheit-
licher Aufgaben dies erfordert, ist durch Gesetz zu gewährleisten, dass die damit betrauten Personen diese Aufgaben
wirksam und unparteiisch erfüllen können.« Im Ausstel-
lungskatalog des Jahres 2050 lesen wir weiter: »Fünf Millionen Beschäftigte in Deutschland waren in den Jahren
von 2019 an von dieser neuen Grundnorm betroffen. Ihre
Arbeitsverhältnisse, ihre Vergütung und Altersversorgung
wurden auf eine neue Basis gestellt. Die Tarifverträge für
die Angestellten wurden komplett neu und übersichtlich
gefasst; es endete damit eines der kompliziertesten Ent-
lohnungssysteme der Welt.«

So könnte es sein. Soll es so sein? Ja, denn dies wäre
keine wüste Zerstörung von Tradition, sondern eine Rück-
besinnung auf ihre Wurzeln. Das Berufsbeamtentum, das
heute vielfach als Relikt aus alten Zeiten betrachtet wird,
trägt nämlich von seiner Grundidee her höchst fortschritt-
liche Züge – die Beamten waren einst eine kleine Kerntruppe des modernen Staats. Sie waren vor zweihundert Jahren die neue Macht im Staat, die Gegenmacht zum Adel.
Die Beamtenschaft war in ihren Anfängen liberal, aufklärerisch, reformerisch. Aber aus einer aufklärerischen Macht
wurde dann ein autoritär-obrigkeitsstaatlicher Apparat,
der in der Weimarer Republik und in der jungen Bundesrepublik so tat, als stünde über der Demokratie und dem
Parlamentarismus noch etwas Höheres: der Staat selbst.

Beweglicher, mobiler

Das Beamtentum wurde zu einem unflexiblen Apparat. Es
gab viele Reformversuche, die im Sand verliefen. Lange waren es die Beamten selbst und ihre einflussreichen Organisationen gewesen, die sich gegen Veränderungen wehrten;
sie hielten die »hergebrachten Grundsätze des Berufsbe-

amtentums« wie einen Schutzschild gegen Reformen vor sich. Das hat sich geändert. Heute sind es sehr oft Beamtenvertreter, die am lautesten »Reform« rufen. Sie proklamieren eine viel stärkere Orientierung der Bezahlung am Leistungsprinzip, als die Gesetze sie heute vorsehen. Sie rufen nach mehr Flexibilität. Das Beamtentum erstickt, wenn nichts Grundlegendes passiert – das wissen viele Beamtinnen und Beamten selbst am besten. Die Beamten selbst wollen heute den öffentlichen Dienst beweglicher und mobiler machen; das Aussteigen aus dem Beamtentum in die Privatwirtschaft und das Einsteigen aus der Privatwirtschaft ins Beamtentum soll leichter gehen als bisher. Der Mief von 150 Jahren soll aus dem Beamtentum hinausgeblasen werden.

Dann ist die Zukunft golden.

Das Urheberrecht schafft die Originale, die man zum Kopieren braucht. Ohne geistiges Eigentum kann das Internet nicht atmen.

Digitale Klugheit

Das Urheberrecht verteidigt den Geist der Aufklärung gegen den Digitalkapitalismus.

Ende März 2019 konnte man das Gefühl haben, nun gehe die Welt unter – die Internetwelt, so wie wir sie kennen. Diese Internetwelt gehe angeblich unter, wenn und weil die Abgeordneten des Europaparlaments in Straßburg der Reform des Urheberrechts zustimmen. Dann sei es, so sagten die Youtuber, vorbei mit der Freiheit im Netz und vorbei mit dem freien Wissen. Dann sei die Meinungsfreiheit gefährdet. Von Überwachung wart die Rede, von Zensur, von einer Verschwörung der alten analogen Welt gegen die neue digitale. Deshalb liefen die Mitglieder der Internetcommunity, die Netzaktivisten und die Digitalkonzern-Lobbyisten Sturm gegen die Reform. Sie riefen dazu auf, den angeblichen Mördern des Internets in den Arm zu fallen. Das ist nicht nur verständlich, das wäre notwendig, wenn die großen Befürchtungen auch nur teilweise stimmten. Dann hätte ich mich den Protesten angeschlossen; dann würde ich die Nothilfe für das Internet propagieren.

Aber die Vorwürfe stimmen nicht, es handelt sich um Lügen und Finten der Internetgroßkonzerne. Sie haben die Netzgemeinde mit diesen Lügen eingewickelt.

Vor dem Karren der Konzerne

Diese Konzerne tarnen ihre Geschäftsinteressen mit heuchlerisch idealistischem Gerede. Angesichts der immer neuen, immer dreisteren Verstöße gegen den Datenschutz, die sich diese Konzerne weltweit, tagtäglich und rund um die Uhr leisten, ist es schwer zu begreifen, dass so viele kluge Menschen sich vor deren Karren spannen lassen. Sie wollen für das Internet auf die Straße gehen, sie tun es empört und in bester Absicht; sie tun es aber in Wahrheit für die Konzerne, für deren Gewinne und deren Macht. Google und Facebook sind noch keine 25 Jahre alt. Noch nie haben Unternehmen in so kurzer Zeit eine so gewaltige Marktmacht erlangt. Selbst Wikipedia, die Verkörperung der digitalen Klugheit, machte beim Aufstand mit – und hat aus Protest gegen die Urheberrechtsreform den Dienst einen Tag lang abgeschaltet. Wikipedia ist zwar als nicht kommerzielle Plattform von den Reformen nicht betroffen; die Pflichten, die die Reformen auferlegen, wenden sich nur an Plattformen, die mit urheberrechtlich geschützten Werken Geld verdienen; das tut Wikipedia nicht. Aber die Leute von Wikipedia befürchten, dass das »freie Wissen« selbst dann leiden wird, »wenn Wikipedia eine Oase in der gefilterten Wüste des Internets bleibt.«

Nicht das Internet ist bedroht, sondern das Urheberrecht

Aber: Nicht das Internet ist bedroht, sondern das Urheberrecht. Ohne Reform des Urheberrechts ginge es mit dem Urheberrecht zu Ende, dann würde das Urheberrecht im Internet zerrieben. Die Zahl illegaler Downloads von urheberrechtlich geschützten Werken wird schon jetzt auf monatlich eineinhalb Milliarden geschätzt; viele

Millionen Menschen sitzen jeden Tag am Computer und nutzen die Internettauschbörsen, auf denen es alles umsonst gibt, was der Mensch geschaffen hat und was in Einsen und Nullen zerlegbar und kopierbar ist. Das ist bequem, das kostet die Nutzer nichts – und die globalen Plattformen verdienen durch Werbung und Datenkommerz Milliarden.

Ich bin ein Freund des Urheberrechts. Ich mag das Wort »geistiges Eigentum«; es ist ein schönes Wort, weil es klarmacht, dass es ein Eigentum nicht nur an Motorrädern, Reihenhäusern und iPhones gibt. Mit dem geistigen Eigentum verhält es sich wie mit einem Wertpapier: Es ist mehr wert als das Papier, auf dem es gedruckt ist. Ich mag den Wert, den das geistige Eigentum verkörpert – den materiellen, den immateriellen und kulturellen Wert. Ich mag auch die Geschichte dieses Urheberrechts, sie ist eng mit der Geschichte der Aufklärung verbunden. Ich wünsche mir, dass die Aufklärung und das Urheberrecht eine Zukunft haben.

Und ich habe eine besondere persönliche Beziehung zu diesem Urheberrecht: nicht nur deshalb, weil ich als Journalist und Buchautor von diesem Recht profitiere; sondern auch deswegen, weil ich einst als junger Wissenschaftler auf diesem Feld geforscht habe. Meine Doktorarbeit handelt vom Urheberrecht und vom Leistungsschutzrecht, sie handelt davon, warum und wie diese Rechte entstanden sind, wie für sie gekämpft und was damit erreicht worden ist – und wo die Grenzen des Urheberrechts liegen. Die Arbeit stammt aus dem Jahr 1983; da gab es noch kein Internet; da waren die späteren Gründer der heutigen Internetkonzerne noch auf der Highschool, kein Mensch dachte an ein kommerziell nutzbares weltweites Netz. Damals waren gerade erst die Voraussetzungen für das Internet geschaffen worden, es war das Domain Name System (DNS) entwickelt worden, mit dem es möglich wurde, auf der ganzen Welt Rechner mit von Menschen merkbaren Namen anzusprechen.

Kant und das Internet

Und trotzdem ist die Geschichte des Urheberrechts lehrreich für das Heute; diese Geschichte lehrt, dass auch eine Jahrtausendtechnologie Regeln braucht: Als nach der Jahrtausenderfindung Gutenbergs, nach der Erfindung des Buchdrucks, immer mehr Nachdrucker von Büchern behaupteten, sie hätten das Recht dazu durch den Kauf eines Buchexemplars erworben, schrieb der Philosoph Immanuel Kant seine Abhandlung »Von der Unrechtmäßigkeit des Büchernachdrucks« und wies darin den Verfassern der Bücher das geistige Eigentum zu. Ein Werk (also ein Text, eine Komposition, die Interpretation eines Lieds) gilt seitdem als wirtschaftlich verwertbarer Teil seines Schöpfers. Das Urheberrecht bildet sozusagen eine Mauer, die die geistige Leistung des Urhebers umgibt. Wer hineinwill, der darf das; er muss aber in der Regel dafür zahlen – Honorare und Lizenzen.

Der Geist der Aufklärung

Das ist die Grundidee, die das geistige Schaffen nun zweihundert Jahre lang sehr befruchtet hat und weiblichen wie männlichen Schriftstellern, Regisseuren und Tonsetzern, Filmemachern und Drehbuchschreibern, Künstlern und Kreativen aller Sparten, Buch- und Presseverlegern, Film- und Fernsehproduzenten ein Auskommen verschafft. Dann aber kamen die Digitalkonzerne und argumentierten, wie einst die Nachdrucker argumentiert hatten: Alles gehört uns. Das aber stimmt nicht. Das EU-Parlament verteidigt also nicht einfach irgendein Recht. Es verteidigt den Geist der Aufklärung. Es verteidigt ihn gegen den Digitalkapitalismus.

Es geht um die kreativen Berufe und um ihr geistiges Eigentum, das sich Urheberrecht nennt. Es ist dies das Recht der Menschen, die von dem, was sie denkend schaffen, leben müssen; das geht nicht mehr, wenn ein jeder ohne Entgelt darauf zugreifen kann, wie dies die Internetkonzerne und ihre Lobby gerne tun und wie sie es auch in Zukunft gern so hätten. Wer die Urheber und ihre Rechte gegen diese Praktiken verteidigt, der verteidigt den Gehalt, der verteidigt den Content des Internets. Der Sauerstoff für das Internet ist nämlich das Urheberrecht; es schafft die Originale, die man zum Kopieren braucht. Wenn das Urheberrecht seinen Geist aufgibt, verliert ihn langfristig auch das Internet. Schadet das Urheberrecht der Demokratie, weil es den Zugang zu digitalen Daten erschwert oder verhindert? Das behaupten Kritiker des Urheberrechts, aber auch das stimmt nicht. Das Urheberrecht hat noch nie bloße Informationen geschützt; Informationen waren und sind nicht exklusivierbar. Das Urheberrecht verhindert nicht den Austausch von Informationen, es reserviert nicht Wissen für einzelne Personen, es schützt nur die besondere Verarbeitung und Gestaltung, also das Werk, das aus Informationen gemacht wird – und gibt auch hier der Allgemeinheit reichlich Nutzungsmöglichkeiten.

Plattformen werden verpflichtet, urheberrechtlich geschützte Werke nicht mehr unerlaubt zugänglich zu machen; sie sollen Vorkehrungen dafür treffen, dass das nicht geschieht – sonst müssen sie haften. Das gilt jedenfalls für die großen, für die kommerziellen Konzerne; für kleine Plattformen, für Start-ups, gibt es Sonderregeln; für sie ist eine Art digitaler Welpenschutz vorgesehen. Die Urheberrechtsreform passt das Urheberrecht an das Digitalzeitalter an.

Es gibt einen Zusammenhang von Arbeit und Muße, von Produktion und Besinnung, von Rentabilität und Menschlichkeit. Der Sonntag als geschäftigkeitsfreier Tag steht für diesen Zusammenhang.

Synchronisation der Gesellschaft

Warum der Sonntag so wichtig ist

D er Sonntag ist nicht irgendein beliebiger Tag. Er ist erst einmal – kein Werktag. Er ist der Tag der Arbeitsruhe, sagen die Gewerkschaften. Er ist der Tag des Herrn, sagen die Kirchen. Er ist also ein Tag der Erholung und ein Tag der Erhebung. Das ist nicht einfach ein schönes Sprüchlein, das ist keine Verfassungslyrik, das ist geltendes Verfassungsrecht. Die Achtung des Sonntags, die Sonntagsruhe, die Beachtung der Besonderheit dieses Tages – sie sind ein Grundrecht. Vielleicht ist in Coronazeiten, in den Zeiten des Homeoffice, in den Zeiten also, in denen die Tage im Einerlei des Zuhauses immer gleich ablaufen, das Bewusstsein dafür wieder erwachsen, dass die Sonntagsruhe, dass die Pause von der Alltagsarbeit ein Grundbedürfnis ist.

Die Kirchen verteidigen den Sonntag. Und sie haben in den Gewerkschaften Streithelfer. Beide verteidigen den Sonntag gegen seine Kommerzialisierung. Die Kirchen verteidigen ihn nicht nur mit Gebet, Predigt und Inbrunst, sondern, wie die Gewerkschaften, auch mit Klagen vor den Gerichten. 2009 haben die Kirchen damit vor dem Bundesverfassungsgericht in Karlsruhe einen für viele unerwarteten Sieg errungen. Und die Gewerkschaft Verdi hat im November 2020 eine Eilentscheidung des Oberverwaltungsgerichts Münster gegen das vom Land Nordrhein-Westfalen geplante Sonntagsshopping erwirkt.

Gottes Hammerschläge

Die Kirchen argumentieren mit einer jahrhundertealten Tradition, die Rainer Maria Rilke in seinem »Stunden-Buch« sprachmächtig beschreibt. Der Dichter lässt seinen Mönch zu Gott sprechen: »Du bist, der niemals Sonntag hat. Wenn bei uns Mühle steht und Säge, und alle trunken sind und träge, dann hört man deine Hammerschläge, an allen Glocken in der Stadt.« Die Kirchen streiten dafür, dass der Sonntag der Tag bleibt, an dem man Gott und seine Hammerschläge hören kann. Und die Gewerkschaften wollen, dass der Sonntag der Tag bleibt, an dem man Ruhe haben kann. Man muss weder Christ und Kirchgänger noch Gewerkschafter sein, um den Sonntag zu verteidigen.

Die Rettung des Sonntags ist nicht nur eine Sache von Tradition, Religion und Arbeitsschutz. Gewiss: Es ist gut, wenn die Kirchen ihn als den Tag der religiösen Erhebung und die Gewerkschaften als soziale Einrichtung erhalten wollen. Der Sonntag ist aber mehr: Er ist ein Tag, der das Leben der Gesellschaft taktet, gliedert und einteilt. Er ist nicht nur einfach der freie Tag für den Einzelnen. Wäre er nur dies, dann wäre es egal, wer an welchem Tag seinen Sonntag hat; es wäre egal, ob man am Dienstag oder Donnerstag seinen Sonntag feiert. Der Sonntag, das macht ihn so wichtig und so unersetzlich, ist auch ein Tag der Synchronisation der Gesellschaft. Wenn aus dem Sonntag ein individuell gleitender Tag würde, dann wäre jeder Tag Werktag. Dann verschwände ein Fixpunkt der Woche. Es gilt also, den Sonntag als den gemeinsamen Ruhe-, Erholungs- oder Erbauungstag der Gesellschaft zu sichern. Der Sonntag ist dadurch Sonntag, dass er anders ist als andere Tage. Wer die Hauptkennzeichen des Andersseins abschafft, schafft den Sonntag ab.

Der Zusammenhang von Arbeit und Muße

Natürlich hat es Ausnahmen vom Gebot der Sonntagsruhe immer gegeben – das muss so sein, weil der Sonntag nun einmal für den Menschen da ist, nicht der Mensch für den Sonntag. Und natürlich ist Sonntagsarbeit in bestimmten Berufen notwendig; das stört den Grundrhythmus der Zeit nicht, den der Sonntag vorgibt. Eine generelle Öffnung der Geschäfte macht aber aus den Ausnahmen eine Regel; es verändert sich dann das generelle Bild des Sonntags. Der Sonntag ist oft als ein Protest gegen die Kommerzialisierung der gesamten Lebenswelt beschrieben worden; eine generelle Öffnung der Geschäfte an diesem Tag würde diesen Protest ausschalten. Es gibt aber einen Zusammenhang von Arbeit und Muße, von Produktion und Besinnung, von Rentabilität und Menschlichkeit. Der Sonntag als geschäftigkeitsfreier Tag steht für diesen Zusammenhang. Seine Beseitigung wäre ein gefährlicher Erfahrungsverlust. Auf den ersten Blick mag die Möglichkeit zum großen Sonntagseinkauf verbraucherfreundlich sein. Das würde aber nicht lang so bleiben: Wer heute sonntags einkaufen will, wird morgen sonntags auch arbeiten müssen.

Spuren des Heiligen in der Moderne

Die Sonntage sind, so wie die kirchlichen Feiertage, Spuren des Heiligen in der Moderne. Es mag sein, dass das nicht mehr sehr viele Menschen spüren. Das macht nichts; sie sind trotzdem da. Jeder muss selber wissen, wie Regeneration für ihn ausschaut. Gewiss: Für die meisten Deutschen ist der Sonntag nicht mehr der Tag des Gottesdienstes. Aus einem Tag, der den Christen als Tag der Erhebung über den Alltag gilt, ist überwiegend ein Tag der Erholung vom Alltag geworden. Das diskreditiert den Sonntag nicht; das macht aber auch die Forderung der Kirchen, den Sonntag als potenziellen »Freiraum für Gott« gesetzlich zu erhalten, nicht unberechtigt.

Im Jahr 1994, zu Zeiten der Regierung Kohl, hat sich die Evangelische Kirche den Buß- und Bettag als gesetzlichen Feiertag abschwatzen und abpressen lassen. Seit 1995 ist dieser Tag in Deutschland kein arbeitsfreier Tag mehr, Sachsen ausgenommen. Ausgerechnet zu Zeiten einer CDU/CSU-geführten Regierung wurde dieser Feiertag gestrichen. Er wurde den Arbeitgebern zur Finanzierung der neu eingeführten Pflegeversicherung als Geschenk dargebracht, um, wie es hieß, die Mehrbelastung für die Arbeitgeber durch die Beiträge zur eingeführten Pflegeversicherung auf diese Weise auszugleichen. Dass der Staat für die Streichung des Feiertags die Sicherstellung der Pflege, also ein christliches Grundanliegen, als Grund vorschob – das war perfide. Die Evangelische Kirche, damals neoliberal infiziert, beugte sich diesem frivolen Ansinnen, jedenfalls war der Widerstand nicht widerständig genug. Man entschuldigte sich dann so: Auf diese Weise solle halt die Pflegeversicherung stabil finanziert und gesichert werden. Aus heutiger Sicht und nach zahlreichen Beitragserhöhungen kann man da nur bitter lachen. Ein guter Feiertag, von der Verfassung geschützt als »Tag der Arbeitsruhe und der seelischen Erhebung«, verdampfte wie ein Tropfen auf dem heißen Stein. Genau genommen müsste der Feiertag schon aus rechtlichen Gründen wieder eingeführt werden: Der gewünschte Effekt, die stabile Finanzierung der Pflegeversicherung, war nämlich, anders als die Abschaffung des Feiertags, nicht von Dauer; es wurden, wie gesagt, immer wieder die Beiträge erhöht. Die Geschäftsgrundlage für die Streichung des Feiertags ist entfallen.

Widerstandstage gegen die Rundum-Ökonomisierung

Die paar Feiertage, die es in Deutschland noch gibt, gefährden angeblich, so heißt es immer wieder, die Wirtschaft; dort wird einem gern vorgerechnet, was so ein Feiertag kostet und wie das angeblich die Wirtschaft lähmt und würgt. Zwei Milliarden Euro spare die Wirtschaft, so hat seinerzeit Bundesfinanzminister Hans Eichel einmal ausgerechnet, als die Regierung Schröder die Feier des Tages der Deutschen Einheit vom 3. Oktober ablösen und auf den nachfolgenden Sonntag verschieben wollte. Besonders glaubwürdig waren und sind solche Rechnungen nicht; Bayern hat die meisten Feiertage in Deutschland, ist aber bekanntlich nicht Schlusslicht in der wirtschaftlichen Entwicklung.

Wer seine Geschichte und seine Traditionen aufgibt, dem sind sie nichts wert. Geburtstag feiert man am Geburtstag, Weihnachten am 24. Dezember und den 3. Oktober am 3. Oktober. Die Franzosen feiern den Tag des Sturms auf die Bastille an diesem Tag und nicht am Sonntag nach dem 14. Juli. Wer mit ökonomischen Argumenten Feiertage streicht oder auf einen Sonntag verschiebt, begeht Geschichts- und Traditionsverrat. Feiertage sind Erinnerungstage, Gedenktage, Traditionstage, Heimattage und Identitätstage; sie sind auch Widerstandstage gegen die Rundum-Ökonomisierung des Alltags.

Eine Rundum-Ökonomisierung könnte gewiss auch auf den Maifeiertag verzichten: »Mehr Arbeit für mehr Arbeitsplätze« – mit so einem Motto ließe sich der Feiertag am 1. Mai streichen. Oder »Himmelfahrt für den Aufschwung« – so könnte man den kirchlichen Feiertag vierzig Tage nach Ostern gegen ein Zehntelprozent Bruttosozialprodukt eintauschen. Indes, dies lehrt das Schicksal des Buß- und Bettages: Ein Feiertag, der so aufgegeben wird, verschwindet spurlos. Und mit ihm verschwinden die Traditionen, die sich mit ihm verbinden. Es sind ohnehin nur wenige Feiertage übrig geblieben: Aus dem großen deutschen Festtagskalender ist in den vergangenen dreihundert Jahren unendlich viel herausgerissen worden; was übrig blieb, verdient den Namen Festtagskalender kaum noch. Mit den vielen Apostel-, Marien- und Heiligenfesten sind die Traditionen dieser Tage verschwunden, ist kulturelle Identität verloren gegangen. Die allgemeinen Feiertage wurden abgelöst vom individuellen Urlaubsanspruch – und je mehr individuelle Urlaubstage gesetzlich verankert wurden, umso mehr allgemeine Festtage wurden entankert, das heißt: Ihr Schutz als staatlicher Feiertag wurde ihnen genommen. War das ein Gewinn?

Das Sonntagsgrundrecht

Es gibt ein Sonntagsgrundrecht, ein Grundrecht auf Achtung der Sonntagsruhe. Das ist, kurz gefasst, der Inhalt des Urteils des Bundesverfassungsgerichts vom 1. Dezember 2009. Das Urteil war und ist aus mehreren Gründen spektakulär. Erstens: Es widerspricht der auch in der Rechtswissenschaft gängigen Auffassung, es handele sich bei dem Sonntagsgebot nur um Verfassungslyrik. Die Richter sagen: Das Sonntagsgebot beruht auf einer historisch und verfassungsrechtlich so fest abgesicherten Tradition, dass man sie nicht einfach mit einem Ladenschlussgesetz wegschieben kann. Zweitens: Die Richter verbinden den Schutz des Sonntags mit zwei anderen Verfassungsartikeln, nämlich mit dem Schutz der Arbeitnehmer und mit dem Schutz der Familie. Damit wird der Sonntagsschutz grundrechtlich aufgeladen. Es handelt sich also nicht nur um eine »objektiv-rechtliche Institutsgarantie ohne subjektive Berechtigung«, wie dies bislang Mehrheitsmeinung der Verfassungsrechtler war, sondern, und das ist das Dritte, um ein Grundrecht der ganzen Gesellschaft.

Das Urteil klang und klingt für manche antiquiert und ziemlich bevormundend. Gewiss: Es schreibt dem Bürger vor, wann er einkaufen darf und wann nicht. Es macht den verkaufsoffenen Sonntag zur Ausnahme. Das Urteil liest sich an manchen Stellen wie eine Paragrafenpredigt. Kritiker haben es als einen juristischen Akt des christlichen Fundamentalismus gewertet. Die Wiederkehr der überwunden geglaubten Religionen in Gestalt des Fundamentalismus gilt als »Rache Gottes«. Karlsruhe also als Rache Gottes? Falsch. Fundamentalismus ist praktizierte Menschenfeindlichkeit. Das Karlsruher Sonntagsurteil ist aber menschenfreundlich; es ist ein Akt des Gemeinsinns.

Eine Antiquität

Die Verfassungsrichter haben das Sonntagsgrundrecht nicht neu erfunden, sondern es nur gefunden, sie haben es wiederentdeckt. Das Sonntagsgrundrecht war schon vorher existent, aber nicht einmal die Autoren der Jura-Lehrbücher hatten es noch geachtet. Es lag verstaubt und vergessen auf dem Spitzboden des Verfassungsrechts; es stand also dort, wo sich Preziosen von einst als Trödel und Gerümpel stapeln, bis sie der Enkel der Oma findet und bei eBay als »Dachbodenfund« verkauft. Beim Sonntagsgrundrecht handelt es sich tatsächlich um eine Antiquität, es mutet an wie das alte Katechismus-Sprüchlein »Der Sonntag ist der Tag des Herrn, am Sonntag ruh und bete gern.« So haben es die Urgroßeltern im Religionsunterricht gelernt. Und als verstaubter Verfassungssatz liest es sich, wie schon zitiert, so: »Der Sonntag und die staatlich anerkannten Feiertage bleiben als Tage der Arbeitsruhe und der seelischen Erhebung rechtlich geschützt.« Das steht eigentlich nicht direkt so im Grundgesetz, sondern im Artikel 139 der Weimarer Reichsverfassung von 1919.

Wie gut, dass es den Sonntag gibt

Dieser nun über hundert Jahre alte Verfassungssatz ist freilich nicht mit der Weimarer Republik untergegangen, sondern durch Artikel 140 des Grundgesetzes dessen Bestandteil geworden. Außer den Kirchen und den Gewerkschaften weiß das kaum noch jemand. Die Verfassungsrichter haben diese Preziose im Jahr 2009 nicht nur vom Dachboden geholt und entstaubt, sie haben sie poliert – und dann glänzend neu aufgestellt: nicht als Klimbim, sondern als Recht auf einen ruhigen Sonntag für jeden. Es ergibt sich aus diesem Verfassungsartikel, so das höchste Gericht, nicht nur eine allgemein-unverbindliche Pflicht des Staates, den Sonntag zu achten. Es ergibt sich daraus ein Recht der Kirchen, der Gläubigen, der Arbeitnehmer, der Familien und der Gewerkschaften, geschützt zu bleiben vor »ausufernden Ausnahmen« von der Sonntagsruhe. Ein Berliner Gesetz, das an allen vier Adventssonntagen vor Weihnachten die Ladenöffnung erlaubte, wurde seinerzeit, 2009, von Karlsruhe für verfassungswidrig erklärt, weil so der Ausnahmecharakter der Ladenöffnung am Sonntag nicht mehr deutlich werde: Das hektische Treiben, so die Richter, erfasse ja nicht nur die Läden selbst, sondern präge das ganze Straßenbild, sodass vier Wochen lang rund um die Uhr Alltag herrsche. Ladenöffnungen soll es nur an einzelnen Sonntagen geben dürfen, aber nicht an vielen Sonntagen hintereinander. Die Richter haben den Bundesländern dafür eine Formel an die Hand gegeben, sie lautet: werktags fast immer, gegebenenfalls auch rund um die Uhr, sonntags nur ganz ausnahmsweise.

Es mag rührend altmodisch sein, richtig ist es trotzdem: Der Sonntag ist dadurch Sonntag, dass er anders ist als andere Tage. Man muss ihn nicht in Anspruch nehmen. Jeder kann damit machen, was er will. Aber es ist gut, dass es ihn gibt.

EIN NEUES RECHT

Der Evangelist Lukas schreibt über einen Richter: »... der fürchtete sich nicht vor Gott und scheute sich vor keinem Menschen. Es war aber eine Witwe in derselben Stadt, die kam zu ihm und sprach: Schaffe mir Recht gegen meinen Widersacher! Und er wollte lange nicht.«

Die evangelische Pfarrerin Silke Niemeyer hat in einer Rundfunkandacht aus dieser Bibelstelle eine Sammlung der Ausreden gemacht, die Rechtssuchende bei ihrer Rechtssuche erfahren: »Schaffe mir Recht! – Was will die denn? / Schaffe mir Recht! –

Geduld, Geduld. / Schaffe mir Recht! – Wo kämen wir hin, wenn alle auf ihrem Recht bestünden? / Schaffe mir Recht! – Ich bin überhaupt nicht zuständig. / Schaffe mir Recht! – Beweise erst mal deinen Anspruch. / Schaffe mir Recht! – Dein Antrag ist nicht korrekt gestellt. / Schaffe mir Recht! – So schlecht kann es dir gar nicht gehen, wenn du Zeit hast, dauernd zu mir zu kommen. / Schaffe mir Recht! – Andere sind schlimmer dran, und die beschweren sich nicht. / Schaffe mir Recht! – Das Recht ist nur für die wirklich Bedürftigen da.«

Das Resümee: Ohne unverdrossene Beharrlichkeit kommt man nicht ans Ziel, wenn es ums Recht geht.

Daten sind nicht Abfall, sondern Ausdruck der Persönlichkeit. Die Menschen müssen daher die Herrschaft über ihre Daten zurückholen. Datenschutz ist nicht Täterschutz, sondern Schutz vor Tätern, die mit Daten Schindluder treiben.

Orwell und Orwellness

Warum der Schutz vor der digitalen Inquisition an der Supermarktkasse beginnt

In Coronazeiten wurde immer wieder so getan, als müsse man einfach auf diesen Datenschutz verzichten oder ihn jedenfalls kräftig minimieren – und schon habe man das Virus besser im Griff. Corona hat die alten Vorurteile über den Datenschutz neu beflügelt. Corona hat sie potenziert. Corona hat dem Datenschutz geschadet. Das Grundrecht auf informationelle Selbstbestimmung, das landläufig unter dem Namen Datenschutz firmiert, ist in der Pandemie zum Lehrbeispiel dafür geworden, dass man angeblich, um das Grundrecht auf Leben und körperliche Unversehrtheit zu schützen, andere Grundrechte beiseiteschieben muss. »Die alten Zombie-Argumente« gegen den Datenschutz, wie das der Kollege Wolfgang Stieler von der *Technology Review* nennt, erlebten und erleben auf diese Weise eine Revitalisierung.

Zombie-Argumente

Die Corona-App war einer der vielen Aufhänger, um den Datenschutz zu beschimpfen. Politiker, die sich früher für den Datenschutz eingesetzt habe, distanzierten sich davon. Winfried Kretschmann, der grüne Ministerpräsident von Baden-Württemberg, äußerte sich im Interview mit der *Augsburger Allgemeinen Zeitung* so: »Wir müssen nach dieser Pandemie darüber nachdenken, ob unser Verständnis von Datenschutz noch angemessen ist. Wir haben mit der App ein hochtechnologisches Instrument und können es aus Datenschutzgründen nicht so nutzen, wie es notwendig wäre und wie es andere Länder, etwa Südkorea, tun. Wir greifen mit vielen unserer Maßnahmen tief in das Leben der Menschen ein. Aber beim Datenschutz legen wir Maßstäbe an, die in einer Pandemie nicht angemessen sind.« Tun »wir« das wirklich? Wäre es besser, wenn, wäre es notwendig, dass bei einer Risikobegegnung genaue Positions- und Userdaten aufgezeichnet werden – wie immer das technisch funktionieren soll? Ist das der Coronaweisheit letzter Schluss? Wichtig ist doch, zeitnah zu erfahren, dass es eventuell ein erhöhtes Ansteckungsrisiko gegeben hat; und das kann die App leisten. Der Kollege von der *Technology Review* hat es richtig beschrieben: »Das Problem ist nicht, dass die App zu wenig Daten speichert. Das Problem ist das mangelnde Vertrauen in die App.« Was wiederum dazu führe, dass zu wenige Menschen die App benutzen – und von denen auch nur ein kleiner Teil tatsächlich positive Testergebnisse in die App einspeist: »Das Vertrauen in die App wird durch Äußerungen wie die von Kretschmann aber nicht größer, sondern kleiner.«

Das Virus als Täter

Der Datenschutz galt und gilt als Gegner bei der Coronabekämpfung; ein Verzicht auf Datenschutz gilt als Beitrag zur Coronaprävention. Das ist die Coronavariante der alten Polemik, dass Datenschutz Täterschutz sei. Täter ist jetzt das Virus. Angeblich schützt der Datenschutz das

Virus, angeblich schadet er dem Opfer, also dem Menschen. Das war und ist falsch, aber eingängig; das ist die Gefahr in der Gefahr. Es darf nicht so kommen, dass ein Bevölkerungsschutzgesetz die Bevölkerung vor dem Datenschutz schützt. Der Datenschutz hat ein Recht auf Nichtvergessenwerden gerade in der Pandemie – weil er Grundrechtsschutz ist.

Wie alles begann

Im Oktober 1970 trat das hessische Datenschutzgesetz in Kraft. Es waren in Hessen zahlreiche Krankenhäuser neu gebaut worden, in denen sensible Patientendaten erstmals zentral per EDV erfasst wurden. Ziel war es wegzukommen von der klassischen Aktenführung an unterschiedlichsten organisatorischen Stellen eines Krankenhauses. Stattdessen sollte ein zentraler Abruf aller erhobenen Daten zu einem Patienten auf Knopfdruck ermöglicht werden. Das hessische Datenschutzgesetz war das erste Datenschutzgesetz der Welt. Willi Birkelbach, der erste hessische Datenschutzbeauftragte, erinnert sich: »Während früher alle möglichen personenbezogenen Daten, also zum Beispiel Krankheitszustand, Krankheitshäufigkeit, unter Umständen aber auch Informationen über den Werdegang und so weiter in verschiedenen Akten, an verschiedenen Stellen lagen, wurde es durch diese neue Methode plötzlich möglich, alle derartigen Informationen auf Knopfdruck auch bei einer zentralen Stelle abzurufen. Und in dem Augenblick, in dem man das erkannte, wusste man, dass es ein zu großes Risiko gab, dass der einzelne Mensch sich ständig überwacht und kontrolliert fühlt.«

Der damalige hessische Ministerpräsident Albert Osswald erklärte anlässlich der Verabschiedung des Gesetzes: »Die Orwell'sche Vision des allwissenden Staates, der die intimsten Winkel menschlicher Lebenssphäre ausforscht, wird in unserem Land nicht Wirklichkeit werden.« Fünfzig Jahre später schmunzeln wir, wenn wir das lesen und hören; wir schmunzeln in dem Wissen darum, wie klein die Großrechner von damals geworden sind und wie groß die digitalen Welten. Wir schmunzeln und erschrecken zugleich, weil wir wissen, wie heute Orwell und Orwellness zusammenspielen.

Das Spezifische der digitalen Kultur hat Hilmar Schäfer, Gastprofessor für Kultursoziologie an der Berliner Humboldt-Uni, in *Mittelweg 36*, der Zeitschrift des Hamburger Instituts für Sozialforschung, anschaulich beschrieben: Die digitale Kultur verbindet sich besonders gut mit bereits existierenden Praktiken. Sie verbindet die Praktiken des Fotografierens mit den Praktiken des Kommunizierens – siehe Selfies, siehe Instagram. Die digitale Kultur verbindet Mobilitätspraktiken mit Navigationspraktiken und Bezahlpraktiken – siehe Carsharing, Leihräder, Uber. Die digitale Kultur verbindet die Praktiken der Selbstdarstellung mit solchen der Partnerwahl – siehe Tinder, OkCupid und Grindr. Die digitale Kultur verbindet Konsumpraktiken mit Bewertungspraktiken – siehe eBay, Amazon, TripAdvisor. Es sind dies Welten mit Tiefen und Untiefen, in denen Datenschützerinnen und Datenschützer gute Hilfe leisten können.

Das Gift wirkt nach

Das hessische Datenschutzgesetz reagierte auf einen damals von der hessischen Politik vermuteten Widerstand gegen die Volkszählung von 1970; das war ein Widerstand, den es aber damals noch gar nicht gab. In der Rückschau zeigt sich, dass breiter gesellschaftlicher Widerstand erst bei der geplanten Volkszählung der Bundesrepublik im

Jahre 1983 auftrat. Dieser Widerstand mündete im wegweisenden Volkszählungsurteil des Bundesverfassungsgerichts Ende des Jahres 1983. In diesem Urteil wurde das Volkszählungsgesetz des Bundes für verfassungswidrig erklärt und das Recht auf informationelle Selbstbestimmung erstmalig höchstrichterlich anerkannt und dessen Grundrechtscharakter endgültig etabliert – um den Bürger »gegen unbegrenzte Erhebung, Speicherung, Verwendung und Weitergabe« seiner Daten zu schützen, wie es hieß. Das war weitsichtig, aber vergeblich. Ein Großteil der Politik hat sich darüber lustig gemacht. Das hat die Gesellschaft vergiftet. Dieses Gift wirkt nach, bis hinein in die Coronazeiten.

Johnny Controlletti

Coronabekämpfung war und ist eine ernsthafte Angelegenheit. Im Herbst 2020 hat die deutsche Politik einen bitteren Klamauk daraus gemacht: Es sollte Bußgeld von fünfzig Euro aufwärts an jeder zahlen, der den der Kontaktnachverfolgung dienenden Meldezettel in der Kneipe, im Restaurant oder beim Friseur falsch ausfüllt. Das war, mit Verlaub, eine Vorlage für die Kabarettbühne, aber keine Grundlage für die Seuchenbekämpfung. Um so etwas durchzusetzen, müsste die Bundesrepublik in eine Polizeirepublik verwandelt werden. Dann dürfte man künftig eine Kneipe, ein Restaurant oder einen Friseur nur noch dann aufsuchen, wenn man seinen Personalausweis dabeihat. Und dann müssten die Wirte und die Friseure berechtigt sein, den Ausweis zu kontrollieren und mit der Eintragung auf dem Gästebogen zu vergleichen. Dann hätte das Land auf einmal ein paar Hunderttausend Hilfspolizisten.

Gewiss: Es ist nicht in Ordnung, wenn die Zettel falsch oder schlampig ausgefüllt werden. Aber nicht alles, was nicht in Ordnung ist, kann man als Ordnungswidrigkeit bestrafen. Verhältnismäßig sind nur Maßnahmen, die ohne unverhältnismäßigen Aufwand durchgesetzt werden können. Wenn man zur Durchsetzung dieser Bußgelder jeden Gastwirt zum Johnny Controletti machen muss, ist das unverhältnismäßig. Der Staat hätte lieber Sorge dafür tragen sollen, dass mit den Meldezetteln nicht Schindluder getrieben wird, dass der Datenschutz gewahrt bleibt und die Zettel nicht dazu genutzt werden, eine Kundendatei aufzubauen oder polizeiliche oder menschliche Neugierde zu befriedigen. Wäre das einigermaßen gesichert gewesen, wäre auch die Bereitschaft schneller gestiegen, die Zettel richtig auszufüllen. Es ist zu hoffen, dass die Logistik beim digitalen Impfpass besser funktioniert.

Abzuholen im Grundrechtelager?

Die Debatte über den Impfpass und darüber, ob er eine Art Grundrechtszugangsberechtigung ist oder eine Art Grundrechtsschrankenbeseitiger, hatte im Januar und Februar 2021 ebenso sonderbar wie bezeichnend begonnen: Als Privilegiendebatte für Geimpfte. Das offenbarte ein gewaltiges Missverständnis über den Charakter von Grundrechten: Grundrechte sind keine Privilegien, die man sich erst durch ein bestimmtes Handeln oder durch ein bestimmtes Verhalten verdienen kann oder verdienen muss. Grundrechte sind keine Belohnung, keine Gratifikation, kein Bonus, kein dreizehntes Monatsgehalt. Sie sind einfach da, jeder hat sie, jeder darf sie in Anspruch nehmen. Grundrechte heißen Grundrechte, weil sie dem Menschen als Mensch und/oder als Staatsbürger zustehen. Das ist ja das ganz Besondere, das ist das Wunderbare an den Grundrechten: Sie gelten unabhängig vom Alter, unabhängig vom Einkommen, unabhängig von Rang und

Hautfarbe, unabhängig von Glauben und Weltanschauung.
Ein Grundrecht, selbstredend auch das auf informationelle
Selbstbestimmung, steht einem auch dann zu, wenn man
sich dessen gar nicht bewusst ist, dass man so ein Grundrecht hat. Die Grundrechte sind auch nicht irgendwo gela-
gert, sie müssen nicht in einem Grundrechtslager abgeholt
werden gegen Vorlage bestimmter Bescheinigungen, so
wie ein Paket bei der Post.

Es ist der Sinn aller Anti-Coronamaßnahmen, diese
Maßnahmen wieder überflüssig zu machen. Es muss so
schnell wie möglich der grundrechtliche Normalzustand
wiederhergestellt werden. Das Selbstverständliche, die
Geltung der Grundrechte, muss wieder selbstverständlich
sein. Es kann aber nicht der Weisheit letzter Schluss sein,
Grundrechte nur gegen Vorlage eines Impfausweises in Anspruch nehmen zu können. Die generellen, pauschalieren-
den Eingriffe in die Grundrechte durch Verbote, Ausgangs-
sperren, Schul- und Betriebsschließungen sind heikel. Sie
werden nicht weniger heikel dadurch, dass man sich den
Zutritt zu den verschlossenen Grundrechten – aktuell
durch eine Impfung und Vorlage des Impfpasses – wieder
erwerben kann. In der Diskussion über den Impfpass, ob er
nun als Grundrechtszugangsberechtigung oder als Grundrechtsschrankenbeseitiger verstanden wird, leidet ein
freiheitliches Grundrechtsverständnis. Die Gesellschaft
gewöhnt sich auf dieses Weise an Grundrechtsbeschrän-
kungen, an die sie sich nicht gewöhnen sollte.

Digitale Revolution, digitale Inquisition

Es führt ein guter Weg vom hessischen Datenschutzgesetz des Jahres 1970 zur EU-Grundrechtecharta von 1990
und zur EU-Datenschutzgrundverordnung von 2016, die
besser ist als ihr Ruf. Sie gilt hierzulande oft als bürokra-

tisches Monster, das Pfarrgemeinden, Kindergärten und Schützenvereine in der Wahnsinn treibt. Die Regeln dieser Verordnung sind aber nicht dafür da, die Zivilgesellschaft zu zwiebeln, sondern dafür, die Selbstherrlichkeiten der Datengroßwirtschaft zu beenden; sie sollen es erschweren, dass Internetkonzerne ihre Kunden durchrastern und sich die Zustimmung zu personalisierter Werbung durch Intransparenz erschleichen. Die digitale Revolution darf nicht zur digitalen Inquisition werden. Man könnte aber verzweifeln, weil der Datenschutz nicht die Kraft hat, die er dafür bräuchte. Informationstechnische Systeme, betrieben von der Privatwirtschaft und von den Geheimdiensten, ergreifen Besitz vom beruflichen und privaten Alltag der Menschen – und der Exhibitionismus der iPhone- und der Internetgesellschaft sorgt für ein zugriffsfreundliches Klima. Das Internet ist zum Entblößungsmedium geworden, in dem die Selbstverschleuderung aller Persönlichkeitsdetails gang und gäbe ist. Die Nutzer von Facebook, Twitter, Instagram & Co finden sich damit ab, dass sie diese Dienste mit ihren Daten bezahlen. So ist eingetreten, was der Datenschutz vermeiden wollte: Die Privatsphäre ist notleidend geworden, sie schrumpft und verdorrt. Und es ist leider ein Erfahrungssatz: Wenn Daten da sind, werden sie auch genutzt und missbraucht. Daten wecken Begehrlichkeiten.

Ein Wunder mit sperrigem Namen

Lassen Sie sich also nicht verunsichern. Die Europäische Datenschutzverordnung ist etwas Wunderbares, auch wenn sie einen sperrigen Namen hat. Sie sperrt Ihnen die Tür auf zu Ihren eigenen Rechten. Sie, der Bürger, Sie, die Bürgerin, kriegen, wenn es einigermaßen gut läuft, wieder etwas zurück, was Sie schon verloren hatten: ein Stück

Herrschaft über Ihre Daten, also über sich selbst. Lassen Sie sich nicht von Facebook und Google, von WhatsApp und Instagram den Bären aufbinden, dass es sich bei der Datenschutzgrundverordnung um ein bürokratisches Monster handele. So reden die, die sich um Datenschutz nicht scheren. So reden die, die sich den Datenschutz als einen von ihnen selbst dressierten Schoßhund wünschen. So reden die, die mit der digitalen Inquisition ihrer Kunden ihre Geschäfte machen – und den verklausulierten Verzicht ihrer Kunden auf Datenschutz als Preis für ihre Dienste verlangen.

Der Tripper des Internetzeitalters

Die Verarbeitung personenbezogener Daten durch Unternehmen, Vereine oder Behörden wird strenger geregelt als bisher. Verbraucher müssen fortan darüber informiert werden, wer ihren Namen, ihre Anschrift, ihre E-Mail-Adresse und Ausweisnummer aus welchem Grund sammelt – und dem dann ausdrücklich zustimmen. Das wird der Privatwirtschaft, das wird Mittelständlern und Arztpraxen, das wird auch der organisierten Zivilgesellschaft noch einige Arbeit machen. Es ist lohnende Arbeit. Dieser Datenschutz ist nicht einfach ein Schutz der Daten. Er ist ein Schutz der Menschen in der digitalen Welt. Er ist das zentrale Grundrecht, er ist das Ur-Grundrecht der Informationsgesellschaft. Er schützt nicht abstrakte Daten, sondern konkrete Bürger.

Der Datenschutz hatte viele Jahre einen unverdient schlechten Ruf. Das Datenschutzrecht galt, zumal bei den Politikern der inneren Sicherheit, als unanständiges Recht für unanständige Leute; die Datenschützer wurden als komische Heilige betrachtet; der Datenschutz wurde von einem Teil der Politik als Täterschutz beschimpft; er stand, angeblich, der Sicherheit und dem Fortschritt im Weg. Es war eine ebenso bequeme wie schlechte Ausrede für mangelnden Service der Behörden, für Fahndungspannen der Polizei und Bürokratismus in Staat und Wirtschaft. Datenschützer galten als sonderbare Zeitgenossen. Und über den Datenschutz insgesamt wurde geredet, als handele es sich um den Tripper der elektronischen Datenverarbeitung und um die Syphilis des Internetzeitalters. So verdarb das Grundrecht auf informationelle Selbstbestimmung. Daten wurden behandelt, als seien sie nicht Ausdruck, sondern Abfall der Persönlichkeit. Die Quittung erhielt die Gesellschaft, als ein Datenschutzskandal den anderen jagte – bei Lidl, bei den Banken, bei der Bahn, bei Telekom und Co.

Der Datenschutz muss auch davor schützen, dass Angestellte auf dem Klo und in den Umkleidekabinen ihrer Firma von Videokameras gefilmt werden. Der Datenschutz muss davor schützen, dass die Chefs den Telefon- und Kommunikationsverkehr ihrer Angestellten umfassend und systematisch abhören. Der Datenschutz muss davor schützen, dass Personalchefs Dossiers über die Macken und Krankheiten ihrer Beschäftigten anlegen. Der Datenschutz muss davor schützen, dass die Internetfirmen ihre Kundschaft rastern und steuern, lenken und leiten.

Datensparsamkeit ist der beste Datenschutz

Die unglaubliche Datenschlamperei in ganz Europa, vor allem die Datengier von Google und Co – all das hat den Spöttern den Spott ausgetrieben. Und seitdem Bankkunden fürchten müssen, dass ihre Konten per Internet geplündert werden, weiß jeder potenziell Geschädigte, was Datenschutz ist: Vorbeugung gegen Missbrauch. Datenschutz ist nicht Täterschutz, sondern Schutz vor Tätern, die mit Daten Schindluder treiben. Der Datenschutz und der Schutz vor der digitalen Inquisition beginnen an der Supermarktkasse. Er beginnt mit der Antwort auf die Frage: »Sammeln Sie Herzen?«, um dann damit an Rabatt- oder Payback- oder Gewinnspielaktionen teilzunehmen. Jeder, der im Supermarkt einkauft, kennt diese Frage. Der Kunde tauscht seine Daten gegen HappyDigits. Mit der richtigen Antwort auf die Herzchenfrage wird jeder zu einem kleinen Datenschützer. Der beste Datenschutz ist nämlich Datensparsamkeit. Sammeln Sie Herzen? Vielleicht gibt es für das Herz bessere Orte als die Supermarktkasse.

Die Opfer von Straftaten werden bisher
nicht gut behandelt in Deutschland.
Im deutschen Rechtsstaat ist es so:
Der Straftäter büßt mit Gefängnis oder
Geldstrafe, der Staat kassiert von ihm
die Geldstrafe – und das Opfer leidet.

Warum trägt Justitia eine Augenbinde?

Weil sie sich schämt, wie das Recht mit den Opfern umgeht

C laudia, Marcella, Alina, Mia, Eva, Monique, Iryna und Faizah – man muss jede einmal beim Namen nennen, auch wenn es nur ein Aliasname ist. Sie haben es verdient, gewürdigt zu werden. Die acht Frauen kennen sich nicht. Sie sind sich nie begegnet und, unterschiedlich wie sie sind, würden sie vermutlich nicht viel miteinander zu tun haben wollen, die Tochter aus einem Bildungsbürgerhaus, die osteuropäische Prostituierte, die Antifa-Aktivistin, die Geflüchtete aus Tschetschenien und die anderen. Aber eines verbindet sie: Sie haben extreme Gewalt durch Männer erlitten. Warum? Nur weil sie Frauen sind. Und sie haben es geschafft, sich zur Wehr zu setzen und ihr Recht durchzusetzen, wenigstens einigermaßen.

Hornhaut auf der Seele

Dabei geholfen hat ihnen Christina Clemm, Strafverteidigerin und Nebenklagevertreterin von Opfern sexualisierter und rassistisch motivierter Gewalt; sie hat ihre Kanzlei in Berlin. Sie erzählt in ihrem Buch »AktenEinsicht«, erschienen 2020 im Verlag Antje Kunstmann, acht Geschichten, die tatsächlichen Ereignissen nachempfunden sind. Alle Frauen haben Erfolg gehabt in ihren Prozessen. Nur das macht es wahrscheinlich möglich, das Buch über diese Frauen zu Ende zu lesen; man muss es sowieso immer wieder aus der Hand legen, wenn man keine Hornhaut auf der Seele hat. Es sind dennoch keine Happy-End-Geschichten, denn nach einem Prozess, der gut ausgeht, ist lange noch nicht alles gut; glücklich sind die wenigsten Frauen nachher. Auch das ist eine beklemmende Erkenntnis: Das Gerichtsverfahren mit seinen Befragungen und Prozeduren und daraus folgenden Bedrohungen und Retraumatisierungen ist oft neue Gewalt, die der erlittenen Gewalt folgt.

Bis zur Schmerzgrenze

Anders als in Ferdinand von Schirachs Büchern geht es seiner Anwaltskollegin Clemm in ihrem Buch über Gewalt gegen Frauen nicht um den literarischen Schliff und die perfekte Pointe. Ihre Fallberichte aus der Perspektive der Opfer sind spannend, aber nie reißerisch, einfühlsam, aber durchweg sachlich, sie bleiben bis zur Schmerzgrenze an der Realität. Dadurch gelingt es ihr, die Frauen nicht wiederum zum Objekt zu machen. Der eigentliche Skandal ist die Normalität, ist die gesellschaftliche Akzeptanz von Gewalt gegen Frauen und deren strukturelle Ursachen.

Warum trägt Justitia eine Augenbinde? Die landläufige Erklärung lautet: Auf diese Weise soll gezeigt werden, dass sie ohne Ansehen der Person Recht spricht. In Wahrheit ist es anders: Sie schämt sich. Und dafür gibt es triftige Gründe. Sie schämt sich dafür, wie der Staat mit Opfern von Gewalt und Terror umgeht. Sie schämt sich dafür, dass der Staat die Opfer von Gewalt und Terror bestiehlt. Er steckt nämlich das Geld, das eigentlich den Opfern zusteht, selber in die Tasche. Die Geldstrafen verschwinden irgendwo im Haushalt des Fiskus; bei den Opfern von Straftaten kommt nicht einmal ein Teil dieses Geldes an, auch dann nicht, wenn der Täter noch keinen Euro an Wiedergutmachung bezahlt hat. Die Opfer von Straftaten werden bisher nicht gut behandelt in Deutschland. Im deutschen Rechtsstaat ist es so: Der Straftäter büßt mit Gefängnis oder Geldstrafe, der Staat kassiert – und das Opfer leidet. Es muss sehen, wo es bleibt. Das war und ist die Rollenverteilung im deutschen Recht.

Das antiquierte Opferschutzgesetz

Es gibt zwar seit 1976 ein sogenanntes Opferschutzgesetz in Deutschland, aber dieser Schutz ist sehr unzulänglich konzipiert. Der Schutz für Opfer von Straftaten basiert auf einem Recht, das völlig andere Sachverhalte regelt; er basiert auf dem Gesetz für die Versorgung von Kriegsopfern und ihren Hinterbliebenen aus dem Jahr 1950. Das ist ein Konzeptionsfehler von Anbeginn. An sich liegt dem Opferschutzgesetz ein ganz wichtiger und ganz richtiger Gedanke zugrunde: Der Staat muss für die gesundheitlichen Schäden des Opfers einer Gewalttat einstehen, weil er es nicht vermocht hat, diesen Menschen vor einem gewaltsamen Angriff zu bewahren. Der Staat muss also die Folgen seines Versagens finanziell ausgleichen. Das ist die Grundidee. Die Praxis dieses Opferschutzgesetzes sieht so aus: Das Opfer muss sich mit kleinlichen, unübersichtlichen, mit frauenfeindlichen und kinderfeindlichen Paragrafen herumschlagen, mit Paragrafen, die alles verdienen, nur das Wort Großzügigkeit nicht. Diese Paragrafen führen dazu, dass Anträge auf Entschädigung sehr viel öfter abgelehnt als genehmigt werden. Warum? Gewalt im Sinne des Opferschutzgesetzes ist nur die tätliche Gewalt, nicht die psychische Gewalt. Stalking zum Beispiel fällt nicht darunter, sexueller Missbrauch auch kaum. Und die Opfer von ausländerfeindlichen Angriffen ebenfalls nicht; als anspruchsberechtigten Bürger betrachtet das Gesetz nämlich nur den Deutschen und den EU-Ausländer. Für die Opfer der rassistischen Anschläge von Hünxe, Mölln und Solingen und deren Angehörige gab es daher nach diesem Gesetz keine Entschädigungsleistungen.

Die Geringschätzung der Opfer war und ist nicht nur ein Manko des Opferentschädigungsgesetzes von 1976. Der Grundfehler ist schon viel, viel älter – ein Jahrhundertfehler, ja ein Jahrtausendfehler: Die Strafrechtsgeschichte ist eine Geschichte der Verdrängung des Opfers aus dem Strafverfahren. Das Opfer, so sahen es die Juristen bis in die jüngere Zeit, stört im Strafverfahren nur den ordnungsgemäßen Ablauf. So ist es seit der Abschaffung der Privatfehde, also seitdem die Strafverfolgung Sache des Staates ist und nicht mehr Sache des Opfers und seiner Sippe.

Natürlich muss die Strafverfolgung Sache des Staats sein und bleiben, aber der Gründungs- und Grundfehler der staatlichen Strafverfolgung muss beseitigt werden: Sie achtet das Opfer zu wenig. Es war und ist zwar richtig, dass Rache- und Vergeltungsbedürfnisse des Opfers in einem Rechtsstaat kanalisiert und zum Teil frustriert werden müssen. Aber ein Rechtsstaat muss sich dem Opfer fürsorglich zuwenden; auch das gehört zur Rechtsstaatlichkeit.

Zu spät, viel zu spät: Die neue Achtung des Opfers

Das geschieht jetzt endlich. Es geschieht in einem Gesetz, das im November 2019 verabschiedet worden ist. Dieses Gesetz ist ein Jahrhundertgesetz. Die Geringschätzung des Opfers wird nun, hoffentlich, umfassend beendet, der Gewaltbegriff wird neu definiert, sexueller Missbrauch und Stalking werden als entschädigungspflichtig anerkannt, die Geldleistungen und Geldrenten für Opfer werden erhöht. Und auch Angriffe mit Kraftfahrzeugen sind künftig entschädigungspflichtig – der Lkw-Anschlag auf den Weihnachtsmarkt am Breitscheidplatz in Berlin im Jahr 2016 war ja ein Auslöser für das neue Recht. Die neue Achtung des Opfers geschieht zwar nicht in einem Strafgesetz, sondern in einem Sozialgesetz, das im Haus des SPD-Ministers Hubertus Heil ausgearbeitet worden und auf die Zustimmung aller Parteien (die AfD ausgenommen) gestoßen ist; aber das neue Gesetz wird, hoffentlich, auf das Strafrecht und dessen Sicht auf die Opfer ausstrahlen. Das neue soziale Entschädigungsrecht wird ins SGB XIV geschrieben, ins Vierzehnte Sozialgesetzbuch also. In der laufenden Chronologie hätte es eigentlich das dreizehnte Buch werden müssen, aber das Haus Heil hat auf die abergläubischen Gefühle Rücksicht genommen. Es hat leider auch auf die Sparfuchserei der Länder Rücksicht genommen: Der größte Teil des neuen Rechts tritt daher erst 2024 in Kraft. Das ist bedauerlich, das ist spät, zu spät.

Die Behörden müssen das neue Recht nach dem Grundsatz »Im Zweifel für das Opfer« umsetzen, so schnell wie möglich. Wichtig ist es, dass das Opfer künftig einen staatlichen Fallmanager zur Seite gestellt bekommt, der ihm im Umgang mit den Behörden hilft. Und wichtig ist es, dass künftig nicht nur der Staat die Opfer achtet, sondern auch die Öffentlichkeit und die Medien: Das Opfer muss nach der Tat nicht, womöglich gedrängt von geldfixierten Anwälten, sein Leiden zum Lesen und Betrachten im Internet, in Talkshows und Magazinen zur Schau stellen. Die Erniedrigung der Opfer muss nicht noch ausgewalzt und multipliziert werden. Das Schicksal des Opfers ist es nicht, als Objekt dienen zu müssen – nicht der Justiz, aber auch nicht einem angeblichen öffentlichen Interesse, der Befriedigung von Neugier, Mitleid und Sensationsgeilheit.

Der Mordparagraf stammt aus dem
Jahr 1941. Er ist geprägt von den Nazis.

Der mörderische Tod

Das Tötungsstrafrecht muss grundlegend reformiert werden.

Es war an seinem neunzigsten Geburtstag, kurz vor Weihnachten 2017. Christian Schütze, Journalist und Schriftsteller, hatte seine Großfamilie, viele Freunde und Weggefährten ins Wirtshaus Flößerei in Wolfratshausen eingeladen. Schöne Ansprachen waren gehalten worden, der Jubilar selbst hatte brilliert mit einer Rede über »Die Zeit als Rohstoff des Lebens«. Er schlug darin den Bogen vom alten Augustinus hin zu seinem philosophischen Lehrer Hans-Georg Gadamer in Heidelberg – und kam dann zum Fazit: Die schönste Methode, Zeit ohne schädliche Nebenwirkungen zu nutzen, sei das Verschenken: »Wir können anderen Menschen Zeit schenken und tun es ja auch oft. Denn geschenkte Zeit bringt den größten Gewinn. Es gibt keine bessere Verwendung für den wertvollsten Rohstoff des Lebens.«

Geschenkte Zeit

Umso mehr erschrak ich, als der Jubilar anschließend, im Gespräch am Tisch, zuerst sagte, wie sehr er den Abend genieße, und dann, ebenso heiter wie eindringlich, dass er lange genug gelebt habe. Ich hatte bis dahin geglaubt, das Wort »lebenssatt« sei ein bleischweres und tristes Wort. Aber Christian Schütze redete vom Sterben so zufrieden und zart, als sei das eine Zeit, die er sich selbst schenken wolle. Und so war es wohl auch. Er starb wenige Wochen nach dem Geburtstagsfest. Er hatte im Jahr 2017 noch seine Autobiografie fertiggestellt, sie aber nicht protzig in einem großen Verlag publiziert, sondern in kleiner Auflage im Selbstverlag für seine Freunde.

Friedliches und unfriedliches Sterben

Vielleicht hatte er an seinem Geburtstag selbst noch nicht geahnt, wie schnell die Zeit kommen würde, die er sich selbst schenkt. Er starb an einer Nierenerkrankung und der bewussten Weigerung, sich einer regelmäßigen Dialyse zu unterziehen. Bei vollem Bewusstsein hat er diese lebensverlängernden Maßnahmen abgelehnt; er hatte sich immer einen natürlichen Tod gewünscht. Christian Schütze war mein journalistischer Lehrer; er war, vor gut dreißig Jahren, mein erster Chef in der *Süddeutschen Zeitung* gewesen, und er war mein Vorvorgänger als Leiter der Redaktion Innenpolitik dieser Zeitung. Er hat einen Abschiedsbrief an seine Familie und Freunde geschrieben: »Ich wünsche, dass Jeder von Euch so viel Glück im Leben haben möge, wie ich es hatte«, und er bat darum, »Frieden zu halten«. Christian Schütze konnte im Kreis seiner Großfamilie sterben, nach eigener Aussage bis zuletzt ohne Angst und Schmerzen. Sein Leben konnte friedlich zu Ende gehen: Man sieht dankbar die Früchte, die man selbst von diesem Leben ernten und genießen durfte. Da steht nichts mehr aus, alles ist gelebt, getan, gesagt. Man ist traurig, einen großartigen Menschen zu verlieren; aber es ist gut.

Die Straße als Tatort

Ich hänge diesen Gedanken über ein friedliches Sterben nach beim Nachdenken über ein Urteil des Bundesgerichtshofs in den Fällen, in denen es um jähen, um mörderischen Tod geht. Da wurden Menschen mitten aus dem Alltag, aus der Mitte ihres Lebens, Liebens und Schaffens in den Tod gerissen von rücksichtslosen Autorasern. Keiner konnte Abschied nehmen. Man versteht die Fassungslosigkeit der Familien. Was befriedet, wenn Menschen gewaltsam durch mutwillige Raserei sterben müssen?

Gewiss: Ein Mensch, der im Straßenverkehr einen anderen Menschen tötet, entspricht nicht dem klassischen Bild von einem Mörder. Was aber ist, wenn er rast wie ein Irrer? Was ist, wenn er sein Auto auf die Gegenfahrbahn lenkt, um der Polizei zu entkommen? Was ist, wenn er zwölf rote Ampeln überfährt? Wenn er eine Frontalkollision in Kauf nimmt? Jahrzehntelang gab es eine Privilegierung solcher Kriminalität im Straßenverkehr. Es gab dort ein Rohheitsprivileg. Dummdreistes Argumentieren des Rasers hatte Erfolg: Mit der sturen Einlassung, er habe nie und nimmer mit einem tödlichen Unfall gerechnet, konnte der Raser sich vor einer Bestrafung wegen vorsätzlicher Tötung retten – in eine Bestrafung wegen bloßer Fahrlässigkeit; Höchststrafe waren dann fünf Jahre statt lebenslang. So war das; aber so ist das nicht mehr. Der Bundesgerichtshof hat die Bagatellisierung des rasenden Unrechts beendet. Natürlich ist nicht jede tödlich endende Raserei Mord und nicht jede Raserei ein Mordversuch. Aber in bestimmten Fällen spricht viel dafür, dass das so ist – und dann kann die Verurteilung wegen Mordes in diesen Fällen ein generalpräventives Urteil sein, das künftig Leben rettet. Um es mit Christian Schütze zu sagen: Der Bundesgerichtshof kann den potenziellen Opfern Zeit schenken – Lebenszeit. Es gibt keine bessere Verwendung für den wertvollsten Rohstoff des Lebens.

Die deutschen Staatsanwälte und Richter greifen anders und härter zu: Sie behandeln seit einiger Zeit die Straße als einen Tatort wie jeden anderen und reden immer öfter nicht mehr von fahrlässiger Tötung, sondern von – Mord. Die öffentliche Diskussion darüber ist so laut und heftig, wie sie schon lang bei keinem strafrechtlichen Problem mehr war. Das ist verständlich, denn bei Mord fühlt sich fast jeder als Sachverständiger, auch wenn er kein Jurist ist, kein Kriminologe und kein Kriminalist; schließlich hat er Dutzende Krimis gelesen und kann fast jeden Tag einen im Fernsehen sehen. Es gibt daher viele Millionen Sachverständige für Mord in Deutschland. Die meisten verbinden Mord fälschlicherweise mit Beschreibungen wie »Absicht«; so lernt man es halt in Film und Fernsehen. Und wenn es um Mordwerkzeuge geht, denkt man an Schuss- und Schlagwaffen, an Axt und Beil, an Gift, Stemmeisen und Kampfhunde. Autos als Mordwaffen in ansonsten alltäglichen Situationen kommen in Krimis bisher kaum vor; im Alltag der Großstädte schon: In Hamburg stahl der Täter, der keinen Führerschein hatte, aber 1,73 Promille, ein Taxi, floh mit irrwitziger Geschwindigkeit vor der Polizei, rammte dabei ein anderes Taxi: ein Toter, zwei Schwerverletzte. In Berlin lieferten sich zwei Raser auf dem Ku'damm ein Rennen: ein Toter. In München entzog sich der Fahrer in rasender Fahrt einer Verkehrskontrolle, überfuhr rote Ampeln, lenkte sein Auto wie ein Geisterfahrer auf den Gegenspuren im Gegenverkehr: ein Toter, drei Verletzte. Der Täter – ein Mörder? Oder nur einer, der fahrlässig getötet hat? Dann wäre eine solche Tötung im Straßenverkehr nur so etwas wie die Realisierung des allgemeinen Lebensrisikos.

Zwischen bewusster Fahrlässigkeit und bedingtem Vorsatz liegt in diesen Fällen eine massive Veränderung des Strafrahmens: entweder Geldstrafe oder maximal fünf Jahre Gefängnis einerseits – oder lebenslange Haft andererseits. Das ist rechtsstaatlich bedenklich, weil es keinen Raum für Differenzierungen gibt. Alle Reformversuche sind bisher gescheitert. Zuletzt wurden sie in der vergangenen Legislaturperiode von der CSU verhindert. Das Bild davon, wer ein Mörder ist, wie so einer ausschaut und was so einen kennzeichnet, ist vorgeprägt: erstens von den Nazis; zweitens vom Fernsehen. Im einschlägigen Paragrafen, es ist der Mordparagraf 211 des Strafgesetzbuchs, findet sich die beklemmende Beschreibung eines Mörders, wie ihn sich die Nationalsozialisten vorgestellt haben; der Paragraf stammt aus dem Jahr 1941. Er beschreibt Tätertypen und nennt ihre Merkmale, die man sehr beliebig ausdeuten und ausbeuten kann: »heimtückisch« ist eine dieser Vokabeln, oder »aus niedrigen Beweggründen«. »Der Mörder« (nicht der Mord!), so heißt es immer noch im Mordparagrafen, wird mit lebenslanger Freiheitsstrafe bestraft.

Der Strafrechtler Thomas Fischer hat daher formuliert, der Paragraf habe eine »braune Schleimspur«. Das ist das eine. Das andere: Film und Fernsehen haben lange eine Vorstellung wie folgt vermittelt: Kriminalität entsteht nicht in der Gesellschaft, sie wird ihr vielmehr von außen angetan. Das Spektakuläre, Angstmachende wurde vergröbert und vergrößert, der soziale Kontext, die Bedingungen und Folgen von Straftaten weitgehend ausgeblendet. Das prägte das Bild vom Mörder. Er war der Prototyp des Rechtsbrechers. Da passte und passt der Raser nicht dazu. Das spürt man in der aktuellen Diskussion: Kaum jemand hat etwas gegen harte Bestrafung der kriminellen Raser. Man will sie aber nicht als »Mörder« bestraft sehen.

Der Mordparagraf ist reformbedürftig. Das steht seit Jahrzehnten in allen Lehrbüchern. Passiert ist nichts. 1980, auf dem 53. Deutschen Juristentag in Berlin, hat der Freiburger Strafrechtsprofessor Albin Eser in seinem Gutachten am Tötungsstrafrecht kein gutes Haar gelassen. Alle applaudierten, aber das Gutachten verschwand in der Versenkung. Der Deutsche Anwaltverein hat einen Gesetzentwurf vorgelegt, in dem es statt Mord und Totschlag einen einzigen umfassenden Straftatbestand der kriminellen Tötung eines Menschen gibt, mit Strafen bis hin zu lebenslang. Dieser Gesetzentwurf gibt die Starrheit des bisherigen Rechts auf. Würde er Gesetz, wären auch die Verrenkungen nicht mehr notwendig, die Juristen jetzt zum Beispiel beim sogenannten Haustyrannenmord machen müssen, denn: »Der Mörder wird mit lebenslanger Freiheitsstrafe bestraft.« Also lebenslange Strafe für eine Frau, die von ihrem Mann, einem Koloss, jahrelang grün und blau geschlagen wurde? Sie hatte Angst, dass er im Suff nicht nur sie, sondern auch das Kind traktiert. Sie hat ihn im Schlaf mit dem Messer umgebracht. Im Schlaf – das ist Heimtücke. Heimtücke ist Mord. Und Mord heißt lebenslang. Die Gerichte haben zirkusreife Rechtsakrobatik gemacht, um diese Folge zu vermeiden. Darf ein Gesetz eine gerechte Rechtsfolge so erschweren? Die Reform des Tötungsstrafrechts ist dringend notwendig. Es muss dem Einzelfall besser gerecht werden.

Freispruch unter Vorbehalt

Einer solchen Reform des Tötungsstrafrechts hat der Bundestag sich bisher verweigert. Stattdessen hat er bei Mordprozessen etwas ganz anderes reformiert: Sie können künftig, auch wenn sie mit einem rechtskräftigen Freispruch endeten, jederzeit wieder aufgenommen werden.

Das klingt gut, ist aber schlecht; das bringt nicht mehr Gerechtigkeit, sondern zerstört die Rechtssicherheit. Das ist so, als würde man in ein baufälliges altes Haus, statt es zu renovieren, die Haustür herausbrechen und durch eine Schwingtüre ersetzen.

Auf Betreiben der Fraktionen von CDU/CSU und SPD wurde im Juni 2021 ein Gesetz verabschiedet, das einen Freispruch bei einem Mord künftig zu einem Freispruch unter Vorbehalt macht. Der Beschuldigte bleibt, auch wenn er rechtskräftig freigesprochen worden ist, ein Dauerbeschuldigter. Er soll, nämlich immer, wenn es neue Beweismittel gibt, von Neuem vor Gericht gezogen werden können. Der Staat kann gegebenenfalls immer und immer wieder auf ihn zugreifen – sobald Zweifel an der Richtigkeit des Freispruchs aufkommen.

Das Einmal-verdächtig-immer-verdächtig-Gesetz

Jetzt sagen Sie vielleicht beim Lesen: »Aber wenn der es doch war!« Aber genau das steht ja nicht fest. Das steht ja auch mit neuen Beweismitteln nicht automatisch fest. Das soeben im Bundestag verabschiedete neue Gesetz aber tut so, als sei die Täterschaft mit den neuen Beweismitteln jetzt quasi schon bewiesen; das ist sie aber nicht. Ausgangspunkt und Anlass für das neue Einmal-verdächtig-immer-verdächtig-Gesetz war das grausige Verbrechen an der 17-jährigen Schülerin Frederike von Möhlmann, die 1981 als Anhalterin in ein Auto gestiegen ist, vergewaltigt und erstochen wurde. Der verdächtige 21-Jährige wurde in erster Instanz wegen Mordes verurteilt, auf seine Revision hin wurde er vom Bundesgerichtshof wegen Mangels an Beweisen freigesprochen. Das höchste Gericht sah Zweifel an der Täterschaft des Angeklagten. Die Kriminaltechnik ist nun fortgeschritten in den Jahrzehnten seit der Tat. DNA-

Spuren können mittlerweile dem damaligen Angeklagten zugeordnet werden. Ist damit der Fall geklärt? Schreit er nach Wiederaufnahme? Er schreit wegen der Furchtbarkeit der Tat, er schreit, weil das Verbrechen ungesühnt ist, er schreit, weil Frederikes Vater immer noch unendlich leidet. Aber eine Wiederaufnahme des Verfahrens gegen den freigesprochenen Beschuldigten wäre trotzdem wenig hilfreich – und falsch.

Die Unsicherheiten werden im Lauf der Zeit größer

Warum? Strafrechtsprofessor Marco Mansdörfer, er lehrt an der Universität das Saarlandes, hat das so erklärt: Auch die neuen Spuren »bestätigen nur, dass der Beschuldigte mit hoher Wahrscheinlichkeit in Kontakt mit dem Mädchen war. Sie beweisen, dass ein Beschuldigter in Kontakt zum Opfer stand. Zum Tathergang geben die neuen Spuren wenig bis gar nichts her. Dass die neuen Spuren geeignet sind, gerade die Zweifel zu beseitigen, die seinerzeit zum Freispruch geführt haben, lässt sich auch nicht sagen. Im Übrigen müssten in einer neuen Hauptverhandlung nun nach über dreißig Jahren alle Beweise neu erhoben werden. Welcher der damaligen Zeugen hat heute noch eine klare Erinnerung an die Geschehnisse vor über dreißig Jahren?« Und dann wendet er sich an die Angehörigen von Frederike: Für Sie »wird das hart klingen, aber dass die Justiz diese Vorgänge heute befriedigend aufarbeiten könnte, erscheint illusionär. Mit viel größerer Wahrscheinlichkeit würde ein weiterer Prozess ein neues Desaster werden. Die Unsicherheiten wären größer und der Grundsatz in dubio pro reo umso gewichtiger.«

Unterstützung und Hilfe für Angehörige von Opfern ungeklärter Gewaltverbrechen sind wichtig. Aber die immerwährende Wiederaufnahme ist nicht das richtige Mittel. Auf der Basis dieses Gesetzes soll der rechtskräftige Freispruch, wenn er im Licht neuer Erkenntnisse »unerträglich« ist, korrigiert werden, heißt es in der Gesetzesbegründung. Unerträglich – das ist keine juristische, das ist eine populistische Kategorie.

Der Rechtsstaat hat sich dafür entschieden, lieber neun Unschuldige laufen zu lassen, als einen Unschuldigen zu verurteilen. In dubio pro reo – im Zweifel für den Angeklagten. Die Verurteilung eines Unschuldigen ist also von Rechts wegen noch weniger erträglich als der Freispruch eines Schuldigen. Diese strafrechtliche Fundamentalentscheidung wird vom neuen Wiederaufnahmerecht fundamental infrage gestellt – wie gesagt, wenn neue Beweismittel vorliegen. Es verstößt gegen den Fundamentalgrundsatz der Rechtssicherheit. Dieser Rechtsgrundsatz ist ganz eng mit der Menschenwürde verbunden. Dieser Grundsatz ist so wichtig, dass um seinetwillen auch im Einzelfall vielleicht unrichtige Entscheidungen in Kauf genommen werden. Das neue Recht aber macht einen Freispruch bei Kapitaldelikten praktisch wertlos. Künftig heißt die Urteilsformel quasi: Im Namen des Volkes: »Der Angeklagte wird bis auf Weiteres freigesprochen.« Das ist der Weg zu einem anderen Recht.

Wenn die Tür zu einem anderen Recht, wenn es um Mord geht, einen Spalt weit aufgemacht wird – dann wird sie erfahrungsgemäß alsbald ganz aufgestoßen werden. Dann gibt es alsbald Freisprüche nur noch unter Vorbehalt auch bei Totschlag, bei Vergewaltigung, bei schwerem Raub, bei schweren Umweltdelikten.

Das Wort Rechtssicherheit wäre dann nichts mehr wert. Das Bundesverfassungsgericht wird daher diesen rechtlichen Irrweg ohne schuldhaftes Zögern beenden müssen.

Den elenden Tod bringt meist
nicht die Droge selbst, sondern
ihre Kriminalisierung.

Legalize it

Warum das geltende
Drogenstrafrecht giftig ist

Man nennt sie »Drogentote«: Im Jahr 2019 waren es 1398 Menschen, die in Deutschland diesen Tod gestorben sind; im Vergleich zum Vorjahr ist das ein Anstieg um fast zehn Prozent. Sie zu zählen, ist wichtig und richtig, aber zugleich verschleiernd. Keiner der Tausenden, die an Alkohol- und Nikotinmissbrauch sterben, geht in diese Statistik ein. Der Drogentod ist der Tod von Menschen, die infolge des Konsums illegaler Substanzen gestorben sind. Sie sterben manchmal an der Droge, oft aber mit der Droge; diese Unterscheidung hat uns das Coronavirus gelehrt. Sie sterben nicht nur an Überdosierung. Sie sterben an dreckigen, gestreckten Substanzen, weil sie sich andere nicht leisten können. Sie sterben im Straßenverkehr, weil sie berauscht sind. Sie sterben an Infektionen und Krankheiten, weil sie infizierte Spritzen benutzen. Sie sterben an Verzweiflung, weil sie sich das Leben nehmen. Der Drogentod ist keine medizinische, er ist eine soziale Bezeichnung.

1398 Tote. Daniela Ludwig, die Drogenbeauftragte der Bundesregierung Merkel IV, gab diese besorgniserregende Zahl bekannt. Die Zahl hat kein Aufsehen und keine Be-

sorgnis erregt; ie ist dem Coronalockdown zum Opfer gefallen. Dem Lockdown zum Opfer gefallen sind auch Bera-
tungsstunden und Hilfen, die Drogenabhängige brauchen,
um zu überleben. Die Drogentoten bekamen nicht einmal
den ihnen statistisch zustehenden Teil an Aufmerksamkeit. Es ist, als hätten sich Politik und Gesellschaft an das
Drogenelend gewöhnt; dabei wäre es leichter abzustellen
als das Coronaelend. Den elenden Tod bringt hier meist
nicht die Droge selbst, sondern ihre Kriminalisierung. Sie
treibt die Preise in die Höhe, verursacht mafiöse Herstellung und mafiösen Handel, Dealerei, Diebstahl und Prostitution, um schnell ans nötige Geld zu kommen.

Die moderne Medizin spricht nicht mehr von Abhängigkeit und Missbrauch, sondern von Substanzgebrauchs-
störungen. Die Suchthilfe hat ihr Konzept umgestellt.
Früher galt grob gesagt: Der Klient muss erst auf die
Schnauze fallen, dann lässt er die Finger vom Stoff. Aber
viele schaffen das nicht und sterben erst den sozialen, später den leiblichen Tod. Darum ist es nicht mehr das Nah-
ziel der Unterstützung, dass die Hilfesuchenden abstinent
werden, sondern dass sie überleben, möglichst gesund und
in einigermaßen guten sozialen Beziehungen. Praktisch
heißt das: Gesundheitsversorgung organisieren und Kon-
sumräume einrichten.

Entkriminalisierung als wirksamste Strategie

Das klingt zunächst suspekt und skandalös; Rauschgift-
konsum ist höchst angstbesetzt – auch das Kiffen, das
Psychosen auslösen kann und nicht verniedlicht werden
sollte. Jeder hat die Bilder der »Kinder vom Bahnhof Zoo«
im Kopf. Das Buch ist von 1978, der Film von 1981. Politik
und Gesellschaft haben daher bei der Suchtbekämpfung
auf rigide Prohibition gesetzt. Tom Koenigs, ehemals Vor-

sitzender des Bundestagsausschusses für Menschenrechte, stellte dazu fest: Keine andere international verfolgte
Strategie habe in den vergangenen Jahrzehnten so systematisch Gewalt, Menschenrechtsverletzungen, Korrup-
tion und Ausbreitung von HIV/Aids erzeugt wie die Prohibition von Drogen. »Entkriminalisierung und regulierte
Abgabe von Drogen über Apotheken«, sagt er, »sind kein
Eingeständnis der Unvermeidbarkeit von Drogenkonsum,
sondern die wirksamste Strategie, Abhängigkeit und ein-
hergehende Gefahren und Schäden zu verringern.«

Ein Lüftchen of Change

Ein Jugendrichter des Amtsgerichts Bernau bei Berlin hat
im April 2020 das Drogenstrafrecht dem Bundesverfassungsgericht zur Prüfung vorgelegt; er hält es für grundge-
setzwidrig. Sein Überprüfungsantrag ist 140 Seiten lang.
Sein Argument: Durch übertriebene Kriminalisierung verursacht es das Elend, das es zu bekämpfen vorgibt. Der Jugendrichter Andreas Müller plädiert für die Legalisierung
jedenfalls von Cannabis. Müller ist kein Softie; er kann
zulangen: Bei Neonazis hat er als Bewährungsauflage das
Tragen von Springerstiefeln untersagt. Und eine junge
Frau, die den Hitlergruß zeigte, ließ er mit jungen Türken
zusammen Döner essen. Müllers Initiative liegt auf einer
Linie, die Kriminologen und Kriminalisten seit dreißig
Jahren vertreten. Die Jugendrichter haben schon bei ihrem ersten Bundeskongress 1993 dafür plädiert, eine Dro-
genfreigabe zu riskieren. Sie merken tagtäglich, dass man
Kranke nicht mit Strafe heilen kann. Doch die Angst des
Strafgesetzgebers vor allem, was als »Liberalisierung« be-
zeichnet wird, stand einer Neuorientierung der Drogenpolitik entgegen. Karlsruhe hätte der Neuorientierung 1994
Rückenwind geben können. Doch der Wind of Change war

damals nur ein Lüftchen. Die Verfassungsrichter hoben das Verbot von Haschisch nicht auf, mahnten nur zu strafrechtlicher Zurückhaltung beim Eigenverbrauch: Das Drogenstrafrecht sei noch nicht offensichtlich falsch. Gilt das 26 Jahre später immer noch?

Tödliche Mischung

Am 21. Juli ist der Internationale Gedenktag für verstorbene Drogenabhängige. Der Tag steht für die Forderung nach einer Drogenpolitik, die nicht Verurteilung und Bestrafung, sondern Gesundheit und Wohlergehen der Abhängigen im Blick hat. Zu diesem Zweck Drogenkonsum akzeptieren? Darf man das? Diakonie und Caritas sagen Ja. Doch was Betroffene, Angehörige und Experten wünschen, gilt in der Mehrheitspolitik als Unding. Und Eltern sorgen sich, ihre Kinder würden in die Abhängigkeit rutschen, wenn sie Cannabis konsumieren. Ein striktes Verbot scheint dem abzuhelfen. Die Erfahrung zeigt, und Studien belegen, dass das nicht stimmt. Einmal in der Illegalität gelandet, führt der Weg für Jugendliche schwer heraus und damit meist tiefer hinein in den Konsum. Wenn dann Ausgrenzung, Kriminalisierung und Vorurteile unter die Droge gemischt werden, wird sie schnell tödlich. Es gilt, diese Mischung zu beenden.

PS: Das Amtsgericht Münster hat sich dem Amtsgericht Bernau angeschlossen: Vorschriften des Betäubungsmittelgesetzes, soweit sie den Besitz von Cannabis betreffen, seien verfassungswidrig.

Der EU-Gerichtshof watscht die
deutsche Staatsanwaltschaft: Sie
sei nicht ausreichend unabhängig
von der Politik. Dieses Urteil ist hart,
richtig und zukunftsweisend.

Abhängigkeit und Unabhängigkeit

Die dritte Gewalt
muss neu organisiert werden.

D as Urteil ist ein Hammer. Der Europäische Gerichtshof hat den deutschen Staatsanwaltschaften verboten, EU-Haftbefehle auszustellen. Sie seien keine unabhängige »Justizbehörde« im Sinn des EU-Rechts. Dieses Urteil wirkt nicht nur in die Zukunft, es gilt auch für die Vergangenheit: Alle von den deutschen Staatsanwaltschaften schon ausgeschriebenen EU-Haftbefehle sind damit geplatzt, und das sind immerhin 5600; davon in Bayern 1600! Begründung: Die deutschen Staatsanwaltschaften seien nicht unabhängig, so wie vom Europäischen Recht vorgeschrieben. Alle Europäischen Haftbefehle aus Deutschland müssen jetzt auf die Schnelle von einer wirklich unabhängigen Instanz, einem deutschen Richter, neu ausgestellt und dann wieder ins Schengen-System gegeben werden. Solange das nicht der Fall ist, stockt der Betrieb der deutschen Strafjustiz: Der in Paris festgenommene Betrüger aus München müsste dort erst wieder entlassen werden; und der Messerstecher aus Frankfurt, der sich in Belgien aufhält, wird vorläufig nicht nach Deutschland überstellt.

Es ist dies eine beschämende Geschichte. Die deutsche Staatsanwaltschaft, die sich viel zugutehält auf ihre effektive Strafverfolgung, kann nichts dafür; der deutsche Gesetzgeber hat ihr die Suppe eingebrockt: Die Gesetze, auf deren Grundlage Staatsanwaltschaften hierzulande arbeiten, sind steinalt; sie entsprechen seit Langem nicht mehr den EU-Standards. Stellung und innere Struktur der Staatsanwaltschaft werden im Gerichtsverfassungsgesetz definiert, nach Regeln, die das ehrwürdige Alter von bald eineinhalb Jahrhunderten erreicht haben. Deswegen sind die uralten Bilder von der Staatsanwaltschaft noch immer beliebt: Sie sei die »Kavallerie der Justiz«.

Am Zügel

Das stimmt auch in gewisser Weise: Eine zu Pferd kämpfende Truppe gab es noch, als die heute geltenden Arbeitsregeln für die Staatsanwaltschaft geschaffen wurden. Pferde liegen am Zügel; Staatsanwälte auch – sie sind extern und intern weisungsgebunden. Intern: an Weisungen des Behördenchefs. Extern: an Weisungen des Ministers.

Vor allem Letzteres stört die europäischen Richter ungemein. Es stört auch schon seit Langem die Berufsvertretungen der Staatsanwälte, die auf ihren Tagungen gegen die Weisungsabhängigkeit von der Politik protestieren. Die Politik hat sich nicht darum geschert. Sie hat darauf verwiesen, dass es doch nur ganz selten solche Weisungen gebe. Das mag sein. Aber es sind dies immer die heiklen Verfahren. Sie ziehen sich durch die Geschichte der Republik – Strauß, Kohl, Wulff, Gysi, Edathy, Maas. Und wenn es angeblich Weisungen praktisch kaum gibt, dann hätte man die Weisungsabhängigkeit schon lang aus dem Gesetz streichen können. Man wird das jetzt tun müssen. Man wird die deutsche Staatsanwaltschaft so unabhängig konstruieren müssen, dass sie in Europa nicht wie ein Aussätziger dasteht – und zwar schnell.

Politisch hochsensibel

Das politische Weisungsrecht gehört zu den Geburtsfehlern der deutschen Staatsanwaltschaft. Sie verdankt ihr Leben »dem Bedürfnis der Regierung, sich jederzeit Einfluss auf die Strafrechtspflege zu sichern«. So schrieb die *Juristenzeitung* schon zur Weimarer Zeit. Dieser Einfluss kann sich auf verschiedene Weise äußern. Erstens: Es wird nicht ermittelt, wo ermittelt werden müsste. Zweitens: Es wird ermittelt, wo nicht ermittelt werden dürfte. Drittens: Es werden notwendige Ermittlungen wieder abgewürgt.

Eigentlich handelte es sich bei der Ausstellung des Europäischen Haftbefehls um einen Routinevorgang. Der vom Richter ausgestellte nationale Haftbefehl wurde bisher hierzulande vom Staatsanwalt formularmäßig europaweit ausgeschrieben. Auch ein solcher Routinevorgang kann aber politisch hochsensibel sein – wie sich bei Carles Puigdemont gezeigt hat: Auf der Basis eines Europäischen Haftbefehls, den die spanische Justiz ausgestellt hatte, wurde der Separatistenführer 2018 auf der Durchreise von Finnland nach Belgien von deutschen Behörden in Schleswig-Holstein festgenommen. Nun beruht das ganze System des Europäischen Haftbefehls auf Vertrauen. Der EU-Staat, der eine gesuchte Person festnimmt und überstellt, geht davon aus, dass der andere Staat, der den Haftbefehl ausgestellt und die Überstellung des Gesuchten beantragt hat, die rechtsstaatlichen Regeln einhält. Wenn Zweifel daran wachsen, bricht die Geschäftsgrundlage für den EU-Haftbefehl zusammen.

Unabhängigkeit verlangt Selbstverwaltung

Das Urteil des Europäischen Gerichtshofs gegen die deutsche Staatsanwaltschaft ist am 27. Mai 2019, also einen

Tag nach der Wahl zum Europäischen Parlament, verkündet worden. Das mag Zufall gewesen sein; aber es ist ein bezeichnender Zufall. Es gibt die Befürchtung, dass Staaten wie Ungarn oder Polen, die sich immer weiter von der Rechtsstaatlichkeit entfernen, den Europäischen Haftbefehl für politische Zwecke nutzen – und politische Gegner im Ausland festnehmen lassen. Insofern ist das Urteil gegen Deutschland ein präventives Urteil: Am deutschen Rechtsstaat wird ein Exempel statuiert, um massive Rechtsstaatsgefährder zu warnen. Aber gleichwohl hätte der EU-Gerichtshof das Exempel nicht statuieren können, wenn es im deutschen Recht nicht den Aufhänger dafür gäbe.

Der Aufhänger muss beseitigt werden. Und diese Aktion sollte auch Anlass sein, die Justizstrukturen in Deutschland zu reformieren. Die Abhängigkeit nicht nur der Staatsanwaltschaft, sondern der gesamten Justiz – hier betrifft sie den laufenden Verwaltungsbetrieb – von der Exekutive widerspricht der Gewaltenteilung. Unabhängigkeit verlangt Selbstverwaltung. Gerichte und Staatsanwaltschaften müssen nicht vom Ministerium verwaltet werden; das können sie auch selber. Unabhängigkeit verlangt die Entfesselung der Justiz.

PS: Im Februar 2021 strengte die Kommission deswegen ein Vertragsverletzungsverfahren gegen Deutschland an.

Der Gang ans Bundesverfassungsgericht nach Karlsruhe mittels
Verfassungsbeschwerde ist der letzte
Weg für jene, die an Ungerechtigkeiten
leiden. Er ist wichtig, er ist mühsam,
die Erfolgsquote ist bescheiden.
Was da zu reformieren ist.

Der Leuchtturm der Gerechtigkeit, ...

... der zu selten blinkt

W enn hierzulande jemand sagt, »dann gehe ich nach Karlsruhe«, ist das nicht wörtlich gemeint. Man meint damit nicht, dass man sich wie der Entertainer Hape Kerkeling zu Fuß auf eine Pilgerreise begibt. Kerkeling machte sich im Jahr 2001 auf nach Santiago de Compostela und schrieb dann ein Buch darüber, das hundert Wochen in den Bestsellerlisten stand. »Ich bin dann mal weg« heißt das Buch. Auslöser für Kerkelings Entscheidung, auf Wallfahrt zu gehen, war ein Hörsturz gewesen. 31 Tage hat er dann für den Jakobsweg nach Santiago gebraucht.

Wenn einer hierzulande sagt, dass er »dann nach Karlsruhe« geht, muss er sich auf erheblich mehr Zeit einstellen. Der Rechtsweg nach Karlsruhe ist noch mühsamer als der Pilgerweg nach Santiago – aber trotzdem ist er fast so beliebt. In Santiago kommen auch die meisten der Pilger einigermaßen heil an. In Karlsruhe nicht unbedingt – wenn man unter »heil« einen juristischen Erfolg versteht. Diesen Erfolg haben nur etwa zwei Prozent derer, die diesen Rechtsweg gehen. Auslöser für den Weg nach Karlsruhe sind nicht unbedingt körperliche Leiden, von denen man Heilung, aber durchaus auch Schicksalsschläge, bei denen man sich Hilfe erhofft. Wer sagt, dass er »dann nach Karlsruhe« geht, der leidet an Ungerechtigkeiten und will, nachdem er bei allen anderen Gerichten erfolglos war, beim Verfassungsgericht das finden, was er für Gerechtigkeit hält.

Zu danken ist den unseligen Notstandsgesetzen

Diesen Weg nach Karlsruhe, den letzten Rechtsweg für die, die echt oder eingebildet an Ungerechtigkeiten leiden, gilt es zu feiern. Die Verfassungsbeschwerde wurde am 29. Januar 1969 im Grundgesetz verankert. Es gab die Verfassungsbeschwerde zwar auch schon vorher, aber nur, wie Juristen sagen »einfachrechtlich« eingeführt, im Bundesverfassungsgerichtsgesetz. Die hohen Weihen des Grundgesetzes hat sie jetzt seit einem halben Jahrhundert. Zu verdanken ist das den damals ungeheuer umstrittenen Notstandsgesetzen, die seinerzeit noch sehr viel mehr junge Leute auf die Straße trieben, als dies heute die Klimakatastrophe tut. Die Proteste gegen die Notstandsgesetze hatten damals zur Folge, dass zum Ausgleich für diese Gesetze das Widerstandsrecht ins Grundgesetz geschrieben wurde – und zu dessen Stärkung und Verstärkung auch die Verfassungsbeschwerde: Sie kann, so steht es in Artikel 93 Absatz 1 Nummer 4a, von »jedermann« – und natürlich jederfrau – erhoben werden mit der Behauptung, »durch die öffentliche Gewalt in einem seiner Grundrechte« oder einem anderen fundamentalen Recht, zum Beispiel dem Widerstandsrecht, verletzt zu sein. Damit liegt die Kontrolle staatlicher Macht auch bei den Bürgerinnen und Bürgern.

Leuchtturm, der zu selten blinkt

Wie gesagt: Die Erfolgsquote der Verfassungsbeschwerden ist bescheiden. Aber schon die bloße Möglichkeit, sich direkt und ohne Anwalt an Karlsruhe zu wenden, hat das Bundesverfassungsgericht zu einem Leuchtturm der Gerechtigkeit gemacht: Da schreiben Leute, die stolz darauf sind, dass es eine Instanz gibt, an die man sich wenden kann, wenn man gar nicht mehr weiter weiß. Und man muss dafür nicht Juristerei studiert haben. Manche Schreiberinnen und Schreiber machen das dadurch wett, dass sie sich rührend bemühen, juristische Formeln zu verwenden. Das erscheint bisweilen einigen Karlsruher Koryphäen dann als lächerlich, damit wollen sie nichts zu tun haben; sie können und wollen sich auch nicht mit allem befassen. Es wurden deshalb Missbrauchsgebühren eingeführt; und es gibt im Gesetz die Regelung, dass es keine Begründung braucht, wenn Verfassungsbeschwerden vom Gericht nicht angenommen werden (so steht es in Paragraf 93 Absatz 1 Satz 3 Bundesverfassungsgerichtsgesetz). An die sechstausend Verfassungsbeschwerden trifft diese Nichtannahme pro Jahr, die meisten Nichtannahmen bleiben tatsächlich ohne jede Begründung, am Ende des Wegs steht dann sozusagen ein leeres Blatt. Das Gericht muss, wenn es nicht will, nicht einmal den maßgeblichen rechtlichen Gesichtspunkt nennen. Nur ein paar Hundert Nichtannahmeentscheidungen werden mit einer knappen Begründung versehen, einer sogenannten »Tenorbegründung« zur Unzulässigkeit oder Unbegründetheit.

Reicht ein leeres Blatt?

Diskussionen darüber, ob diese Rigorosität so richtig sein kann, gibt es schon lang; die Zweifel werden nicht falscher dadurch, dass die AfD im Jahr 2019 einen Vorstoß unternommen hat, das Verfassungsgericht zu einer Begründung zu zwingen. Das Gericht muss sich aber schon überlegen, ob es wirklich klug ist, bei der Nichtannahme von Verfassungsbeschwerden gar nichts zu erklären und gar nichts zu begründen. Gewiss: Das höchste Gericht will und soll nicht in Arbeit ersticken, es will und soll Zeit haben für die Beschwerden, in denen wirkliche verfassungsrechtliche Probleme liegen und mit deren Hilfe das Verfassungsrecht weiterentwickelt werden kann. Aber auch dem Nichtannahmebeschluss geht ja stets ein kleines Gutachten am Gericht voraus. Der Inhalt eines solchen Gutachtens ließe sich ohne großen Aufwand zusammenfassen, meint etwa Christian Kirchberg; er ist Fachanwalt für Verwaltungsrecht in Karlsruhe und viel mit Verfassungsbeschwerden befasst. Der Respekt, den das Verfassungsgericht genießt, das Vertrauen, das ihm entgegengebracht wird – es hat nicht nur mit den gewichtigen Organstreitigkeiten und den Normenkontrollklagen zu tun, sondern vor allem mit den Verfassungsbeschwerden. Mit der klugen Behandlung dieser Beschwerden begann der Aufstieg des Verfassungsgerichts. Das war 1958, also schon gut zehn Jahre, bevor die Verfassungsbeschwerde ins Grundgesetz geschrieben wurde. Die Verfassungsrichter erweiterten die Wirkkraft und Wirkmacht der Grundrechte damals in spektakulärer Weise.

Jud Süß, Veit Harlan und Erich Lüth

Auslöser für die Entscheidung war folgender Fall: Der Regisseur Veit Harlan hatte 1940 den antisemitischen Hetzfilm »Jud Süß« gedreht. Als er dann 1951 den Film »Unsterbliche Geliebte« mit Kristina Söderbaum in die Kinos brachte, rief Erich Lüth, Chef des Hamburger Presseamtes, zum Boykott auf – und zog damit Klagen der Filmverleiher auf sich. Erst vor dem Verfassungsgericht bekam er recht: Es urteilte, dass Grundrechte, in diesem Fall die Meinungsfreiheit, nicht nur Abwehrrechte des Einzelnen gegen den

Staat sind, sondern dass sie auch Wirkung entfalten im Verhältnis der Bürger untereinander.

Die Grundrechte wurden so zu einer Lebensordnung, auf die sich jeder und jede im Alltag und per Verfassungsbeschwerde berufen kann. So ist es seitdem – und so soll es bleiben.

EINE NEUE
SICHERHEIT

»Sind Sie Pazifist?« wurde Hans-Peter
Kaul, der deutsche Diplomat und Völker-
rechtler gefragt. Er war von 2003 bis 2014
Richter am Internationalen Strafgerichts-
hof in Den Haag. Es war das letzte Interview vor seinem Tod, kurz nach Ausschei-
den aus dem Amt.

Seine Antwort: »Ja. Ich bin im Laufe meines Lebens ein Pazifist geworden, der nur in absolut äußersten Notfällen den Einsatz bewaffneter militärischer Gewalt tolerieren kann. Denn sie führt fast automatisch zu Verbrechen gegen die Menschlichkeit und Kriegsverbrechen. Es gibt keinen Militäreinsatz ohne Verbrechen.«

Das Auf und Ab der Diskussion
über Nachrüstung und Aufrüstung:
Warum alle Atomwaffen aus Deutschland abgezogen werden sollten.

Wahnsinn, einfach Wahnsinn

Ein Krieg mit Atomwaffen wäre das Ende Europas.

Es gab eine Zeit in Deutschland, in der der Pazifismus eine Massenbewegung war. Der Sticker mit der weißen Taube auf blauem Grund war so eine Art Mitgliedsausweis. Man sah diesen Pazifismus jeden Tag in der »Tagesschau«; er lief mit Transparenten durch die Fußgängerzone; er saß mit Plakaten vor dem Eingangstor der Kaserne. Es war die Zeit der Menschenketten, der Friedensfackeln und der Großdemonstration im Bonner Hofgarten. Es sollte die atomare Nachrüstung verhindert werden, die dann doch kam und in neue Abrüstung mündete. Damals, es war in den frühen Achtzigerjahren des vorigen Jahrhunderts, bestand die halbe Bundesrepublik aus atomwaffenfreien Zonen, jeder zweite Deutsche hatte große Sympathien für die Friedensbewegung. Frieden war machbar, Herr Nachbar. Es ist lange her.

Sitzblockaden, keine Nötigung!

Heinrich Böll blockierte in Mutlangen, zusammen mit anderen Prominenten, das Tor der US-Kaserne, in der die Pershingraketen stationiert wurden. »Wahnsinn, einfach

Wahnsinn« sei die atomare Nachrüstung, klagte der Literaturnobelpreisträger von 1972. Später zogen Scharen von Namenlosen auf die Alb und stoppten die Konvois mit den Raketen, oft bloß für ein paar Minuten. In den Augen der Amtsrichter von Schwäbisch Gmünd war das gleichwohl verwerfliche Nötigung: Die Justiz strafte und strafte, und wer seine Geldstrafe nicht zahlte, weil er glaubte, dass sein Protest gegen die Nachrüstung richtig und zur Friedenssicherung wichtig war, der musste hinter Gitter. Zwar waren da die Waffen, gegen die sich der Protest gerichtet hatte, längst abgezogen und verschrottet, im Zug der von den Großmächten 1987 im INF-Vertrag vereinbarten Abrüstung. Aber die deutsche Justiz vollstreckte die Strafen immer noch – bis das Bundesverfassungsgericht 1995 seine spektakulären Beschlüsse fasste: Sitzblockaden, so die höchsten Richter, sind keine Gewalt, können daher auch nicht als Nötigung bestraft werden. Der Staat hatte geirrt.

Die Friedensbewegung

Das ist nun Jahrzehnte her, aber nicht einfach nur Geschichte; es ist wichtig für die aktuelle Politik. Denn es war dies die Zeit, in der Rolf Mützenich, der heutige Fraktionschef der SPD im Bundestag, der den Abzug der noch verbliebenen US-Atomwaffen auf deutschem Boden verlangt, politisch sozialisiert wurde. Er hat erlebt, wie seinerzeit SPD-Politiker, die die Nachrüstungspolitik von Kanzler Helmut Schmidt als »politische Schweinerei« bezeichnet hatten, aus der SPD ausgeschlossen wurden. Er hat erlebt, wie die Schmidt-SPD die Friedensbewegung aus der Sozialdemokratie hinausgeekelt und damit zur Gründung der grünen Partei beigetragen hat. Mützenich schrieb damals an der Uni Bremen seine Diplom- und seine Doktorarbeit über »Atomwaffenfreie Zonen und internationale

Politik«. Er hat verlangt, die sogenannte nukleare Teilhabe Deutschlands zu beenden.

Teilhabe ist ein Begriff, den man heute eigentlich aus dem Behindertenrecht kennt. Das Bundesteilhabegesetz von 2016/2017 beschreibt, wie die selbstbestimmte Integration behinderter Menschen im Arbeitsleben funktionieren soll. So ähnlich betrachtet das Konzept der Abschreckungspolitik innerhalb der NATO die Mitgliedstaaten, die keine eigenen Atomwaffen haben; sie werden deshalb in die Planung und den Einsatz der Atomwaffen durch die USA einbezogen. Das sieht im Fall Deutschlands wie folgt aus: Am Bundeswehr-Fliegerhorst Büchel in Rheinland-Pfalz, dem letzten von einstmals vielen deutschen Standorten für US-Atomwaffen, sind derzeit zwanzig verschiedene Wasserstoffbomben stationiert. Im Herbst 2019 wurde zum Zwecke der Modernisierung eine neue Software aufgespielt, wozu man sie kurzzeitig in die USA ausflog und dann wieder zurückbrachte.

Nur der amerikanische Präsident kann diese Atomwaffen mit einem speziellen Code freigeben, und nur US-Soldaten können diese Atomwaffen scharf machen; sie werden aber dann, das ist die »Teilhabe«, von einem deutschen Kampfjet »ins Ziel getragen«, wie es heißt, also abgeworfen. Das wird von Bundeswehrsoldaten auch trainiert. Für diesen Zweck ist derzeit nur die schon gealterte deutsche Tornadoflotte geeignet; andere Flugzeuge verfügen nicht über die benötigten Fähigkeiten. Die Tornados werden aber 2030 ausgemustert. Deshalb will die Verteidigungsministerin Annegret Kramp-Karrenbauer 45 F/A-18-Kampfjets von McDonnell Douglas (Boeing) kaufen, die dann in Zukunft die Aufgabe der »nuklearen Teilhabe« übernehmen sollen.

Das ist der Punkt, an dem Mützenich einhakt, er will diese Teilhabe nicht mehr. Mit SPD-Chef Norbert Walter-Borjans hat er sich für einen Abzug der Atombomben ausgesprochen. Außenminister Heiko Maas, auch SPD, hat ihm widersprochen, und die Union ist über Mützenich empört; auch die »Sprunghaftigkeit« des US-Präsidenten Trump habe, so meinte sie, nichts an der Verlässlichkeit des Partners USA geändert.

Der Verzicht auf atomare Waffen

Die deutsche Politik war sich in der Forderung nach Abzug der Atomwaffen früher schon einmal einig: Im März 2010 beschloss der Bundestag mit breiter Mehrheit, auch mit den Stimmen der Union, die Bundesregierung solle sich »mit Nachdruck für den Abzug einsetzen«. Frank-Walter Steinmeier (SPD), der heutige Bundespräsident, hatte das als Außenminister der SPD schon 2009 verlangt; Guido Westerwelle wiederholte das als sein FDP-Nachfolger im Jahr 2010. Auch im Koalitionsvertrag der schwarzgelben Regierung hatten Union und FDP den Abzug der Waffen vereinbart. Das entspricht dem Zwei-plus-Vier-Vertrag von 1990 »über die abschließende Regelung in Bezug auf Deutschland«, in dem sich die wiedervereinigte Republik verpflichtet, dass »von deutschem Boden nur Frieden ausgehen wird«, auch indem Deutschland auf jegliche Verfügung über atomare Waffen verzichtet.

Die Rechtslage ist klarer als die politische Lage: Der Internationale Gerichtshof entschied 1996, dass der Einsatz und die Androhung des Einsatzes von Atomwaffen grundsätzlich völkerrechtswidrig seien. Und im Grundgesetz steht in Artikel 25, dass die Regeln des Völkerrechts »Bestandteil des Bundesrechts sind« und »Rechte und Pflichten unmittelbar für die Bewohner des Bundesgebiets« erzeugen. Zu den Bewohnern des Bundesgebiets zählen auch der Außenminister von der SPD und die Politiker der CDU/CSU.

Sie sollten sich nicht um nukleare Teilhabe sorgen, sondern um die Teilhabe an neuen Abrüstungsinitiativen. Das ist eine europäische Aufgabe. Warum? Ein Krieg mit Atomwaffen wäre das Ende Europas. Der 75. Jahrestag des Endes des Zweiten Weltkriegs, genannt Befreiung, liegt hinter uns; er war im Jahr 2020. Abrüstung ist nun die neue Befreiung.

Die US-Air Base Ramstein ist 1400 Hektar groß – aus Sicht deutscher Richter ein riesiger Teppich, unter den der Rechtsstaat dringend schauen muss.

»... von deutschem Boden nur Frieden ...«

Besatzungsstatut, Bündnispflichten, Sondernutzungsrechte

Aus dem Jahr eins der Bundesrepublik Deutschland gibt es zwei berühmte Fotos: Auf dem Foto vom 8. Mai 1949 sieht man, wie Konrad Adenauer, der Präsident des Parlamentarischen Rates, das Grundgesetz unterschreibt, vor sich ein pompöses Tintenfass. Diese Szene steht für den Beginn der bundesdeutschen Staatlichkeit. Auf dem zweiten Foto, es stammt vom 21. September 1949, sieht man, wie Adenauer, nunmehr Bundeskanzler, auf einem Teppich steht. Diese Szene handelt davon, wie klein und eingeschränkt die Staatlichkeit der jungen Bundesrepublik war – fast so klein wie dieser Teppich. Diese Szene zeigt die Überreichung des Besatzungsstatuts durch die Alliierten; es wurde darin diktiert, was die Westdeutschen durften und mussten.

Adenauer steht mit fünf seiner Minister auf der einen Seite des Teppichs, auf der anderen Seite stehen die Hohen Kommissare, die Vertreter der drei westlichen Siegermächte also. Das alliierte Protokoll hatte vorgesehen, dass Adenauer vor dem Teppich haltmachen sollte – als Symbol des Gefälles zwischen den Siegermächten und den Deutschen. Doch Adenauer spielte nicht mit. Er stellte sich vor John

McCloy, André François-Poncet und Brian Robertson auf den Teppich. Bis heute gilt das als ein Beispiel von Adenauers Willen zur Selbstbehauptung und sein Talent, vorhandenen Spielraum zu erweitern.

Ramstein tötet

Diese Teppich-Geschichte ist mir eingefallen, als im März 2019, fast siebzig Jahre später, das Oberverwaltungsgericht Münster ein wegweisendes Urteil fällte: Deutschland müsse, so sagten die Richter, darauf hinwirken, dass die USA bei der Nutzung ihrer Militärbasis Ramstein bei Kaiserslautern das Völkerrecht einhalten. Dass das nicht der Fall ist, weiß jeder, der es wissen will. Ramstein ist die Flugleitzentrale für US-Drohneneinsätze in Afrika; in Ramstein werden die tödlichen Drohnenflüge gegen echte und angebliche Terroristen im Irak, in Afghanistan, Somalia, Jemen, Pakistan koordiniert; über Ramstein laufen die Datenverbindungen zwischen den US-Drohnen und den Befehlsgebern in den USA, Ramstein ist die Datendrehscheibe der militärischen Drohnenwelt.

Ramstein hat mitgeholfen, als die 68-jährige Mamana Bibi auf ihrem Feld in Pakistan nahe der afghanischen Grenze in Stücke gerissen wurde; sie hatte gerade Gemüse geerntet. Ramstein hat mitgeholfen, als in Jemen eine Hochzeitsgesellschaft mit einem Al-Qaida-Konvoi verwechselt und in die Luft gesprengt wurde; die Leute hatten gerade zu feiern begonnen. Ramstein hat mitgeholfen, als in einer Sommernacht im August 2012 ein Drohnenangriff die Körperteile von Salim und Walid Jaber über das gesamte Moscheegelände von Khaschamir in der jemenitischen Provinz Hadramaut verteilte; einer von ihnen war ein Geistlicher, der gegen den Al-Qaida-Terror gepredigt hatte. Das Urteil des Oberverwaltungsgerichts Münster besagt, dass »nach Auswertung aller verfügbaren öffentlichen Erklärungen der US-Administration« Zweifel bestünden, ob »die generelle Einsatzpraxis für Angriffe« dem Unterscheidungsgebot des humanitären Völkerrechts zwischen Kämpfern und Zivilisten genüge.

Besatzungsstatut aufgehoben

Deutschland ist, anders als vor siebzig Jahren, souverän. Es gibt kein Besatzungsstatut mehr, die deutsche Staatsgewalt endet also nicht vor den Toren der US-Basis. Es gibt aber deutsche Bündnispflichten im Rahmen der NATO und Sondernutzungsrechte der USA in Bezug auf Ramstein, die auf dem NATO-Truppenstatut und einem Zusatzabkommen fußen. Ramstein ist so etwas wie ein 1400 Hektar großer Teppich; und das Oberverwaltungsgericht Münster hat die Bundesregierung aufgefordert, sich nicht nur, wie einst Adenauer, auf den Teppich zu stellen, sondern auch darunter zu schauen. Die Bundesrepublik soll sich, so die Richter, »durch geeignete Maßnahmen vergewissern«, ob die Einsätze im Einklang mit dem Völkerrecht stehen. Dies ergebe sich aus dem Recht der jemenitischen Kläger auf Leben – für das der deutsche Staat im Rahmen seiner Hoheitsgewalt einzustehen habe.

Das gehört zur Souveränität und zu den Pflichten, die das Grundgesetz dem Staat auferlegt. In dem Vertrag, der diese Souveränität besiegelt, steht gleich am Anfang, »dass von deutschem Boden nur Frieden ausgehen wird«. Dieser Vertrag von 1990 »über die abschließende Regelung in Bezug auf Deutschland« ist kein billiges Stück Papier. Es handelt sich um den Vertrag, der die Nachkriegszeit beendet und den Weg zur Wiedervereinigung geebnet hat. Die zwei damaligen deutschen Staaten haben ihn mit den vier Siegermächten des Zweiten

Weltkriegs geschlossen: Die Reste des Besatzungsstatus wurden darin aufgehoben, die Gültigkeit des NATO-Truppenstatuts wurde bestätigt.

Enemy killed in action

Das NATO-Statut befreit aber nicht von der Einhaltung deutscher Gesetze. Ganz oben steht hier der Satz des Grundgesetzes, dass »Handlungen, die geeignet sind, das friedliche Zusammenleben der Völker zu stören«, verfassungswidrig sind. Ganz oben steht auch der Satz, »Die Todesstrafe ist abgeschafft«. Es ist verfassungswidrig, auf deutschem Boden oder von deutschem Boden aus Exekutionen zu vollziehen. Bisher hat sich die deutsche Staatsgewalt einfach mit der Versicherung der Amerikaner begnügt, dass in Ramstein alles mit rechten Dingen zugehe; das sei, so sagen die Amerikaner, deswegen so, weil man weltweit den »Krieg gegen den Terror« ausgerufen habe. In der US-Statistik zu Drohnenopfern kommen Zivilisten nicht vor. Das liegt, so der Buchautor und *Zeit*-Journalist Kai Biermann, »nicht daran, dass die Drohnen so genau schießen und nur Kämpfer erwischen«, sondern daran, dass die US-Regierung jeden Toten als Feind betrachtet. Es gibt da nur die Zielpersonen, die auf einer »Kill List« standen; und es gibt jene Personen, die unabsichtlich getroffen wurden, aber als »enemy killed in action« gelten. Diese Definition ist der Fußabstreifer für Verantwortung.

Die deutsche Staatsgewalt hat das bisher akzeptiert. Sie nennt das Realpolitik und behauptet, das »überwiegende öffentliche Interesse« gebiete es so. Indes: Was die Interessen Deutschlands sind, das steht in dem Vertrag von 1990 »über die abschließende Regelung in Bezug auf Deutschland«. Das sagt auch der Geist des Grundgesetzes:

Von deutschem Boden soll nur noch Frieden ausgehen. Das ist die Räson des deutschen Staates. Das Oberverwaltungsgericht Münster hat jetzt zu Recht daran erinnert.

Das Unmögliche ist möglich.
Entspannungspolitik sucht
und findet Regeln dafür, die
Welt friedlicher zu machen.

Vertrauen wagen

Der Kniefall Willy Brandts,
der Warschauer Vertrag –
und was wir daraus lernen können

Als die Maschine des Bundeskanzlers Willy Brandt auf dem Militärflugplatz in Warschau landete, standen am Rande des Rollfelds 376 Journalisten. Noch nie zuvor in Polen hatte ein politisches Ereignis annähernd so viele Journalisten auf die Beine gebracht. Zählte man die Ehrengäste, die Diplomaten, die Funktionäre und die Geheimpolizisten hinzu, waren mehr Leute anwesend, als der deutsch-polnische Vertrag Wörter hat: 435 Wörter...

So beschrieb damals Hans Ulrich Kempski, Chefreporter der *SZ*, akribisch, wie er in solchen Dingen war, den Auftakt des ersten Besuchs eines Regierungschefs der Bundesrepublik in Polen. Es war der 6. Dezember, der Nikolaustag des Jahres 1970. Willy Brandt, der einstige Widerstandskämpfer gegen Hitler, war seit einem guten Jahr Bundeskanzler. Er kam nach Polen, um den Warschauer Vertrag zu unterschreiben, beschimpft und angegiftet von der CDU/CSU-Opposition. Es ist nun über fünfzig Jahre her. Es war einer der historischen Höhepunkte der neuen Ostpolitik, einer Politik, welcher Egon Bahr schon 1963 das Motto »Wandel durch Annäherung«

gegeben hatte. Egon Bahr war Brandts Vordenker und Staatssekretär.

»Nichts verspielt, was Hitler nicht schon verspielt hatte«

Kempski schrieb in der *SZ*: »Ausgehandelt in sechs Runden zäher Vorgespräche und dann von den Außenministern im November während einer elftägigen Konferenz, bei der es bisweilen auf Biegen und Brechen ging, endlich zu Papier gebracht, verspricht dieser Vertrag unter dem Zwang der Geschichte, dass die 102 958 Quadratkilometer umfassenden Provinzen östlich der Oder-Neiße-Linie endgültig als deutsches Staatsgebiet abgeschrieben werden.« Der Fläche nach ging es um ein Viertel des alten Reichsgebiets: um Ostpreußen, Pommern, Schlesien, um Danzig, Stettin, Polen und Breslau, um die Hälfte des alten Preußen. Im Lager der Heimatvertriebenen in der Bundesrepublik rumorte es heftigst. Brandt wusste freilich, und er sagte das auch in seiner Rede bei der Vertragsunterzeichnung: »Für viele meiner Landsleute, deren Familien im Osten gelebt haben, ist dies ein problemgeladener Tag. Manche empfinden es so, als ob jetzt der Verlust eintritt, den sie vor 25 Jahren erlitten haben.« Aber man müsse die europäischen Realitäten anerkennen: »Mit diesem Vertrag wird nichts verspielt, was nicht Hitler schon verspielt hat.« In der Fernsehansprache sagte Brandt es dann so: Der Vertrag »gibt nichts preis, was nicht längst verspielt worden ist. Verspielt nicht von uns, die wir in der Bundesrepublik Deutschland politische Verantwortung tragen und getragen haben. Sondern verspielt von einem verbrecherischen Regime, vom Nationalsozialismus.«

Der Warschauer Vertrag erkannte die deutsch-polnische Grenze an. Als »Verzichtspolitiker« wurde Brandt

deshalb von seinen politischen Gegnern verhöhnt. Der
Verzicht galt aber nicht mehr Gebieten, die man de facto
seit 25 Jahren nicht mehr besaß; er galt den Ansprüchen
darauf, die jetzt nicht mehr aufrechterhalten wurden.
Es gab in Deutschland deswegen Morddrohungen gegen
Brandt und seinen FDP-Außenminister Walter Scheel. Der
Vertrag sollte nach Brandts Worten einen Schlussstrich
setzen unter die Leiden und Opfer einer bösen Vergangenheit und eine Brücke schlagen zwischen beiden Staaten
und Völkern. Der Warschauer Vertrag war ein Markstein
der neuen Ostpolitik.

Eine Brücke schlagen

»Wir haben uns nicht leichten Herzens hierzu entschieden, aber guten Gewissens«, sagte Brandt bei der Vertragsunterzeichnung. »Das Ja zu diesem Vertrag, zur Aus-
söhnung, zum Frieden ist ein Bekenntnis zur deutschen
Gesamtgeschichte ... Er bedeutet nicht, dass wir die Ver-
treibung nachträglich legitimieren.« Aber Ressentiments
würden nur den Respekt vor der Trauer um das Verlorene
verletzen: »Niemand kann sich der Trauer entziehen. Uns
schmerzt das Verlorene. Und das leidgeprüfte polnische
Volk wird unseren Schmerz respektieren.« Dem Warschauer Vertrag war der Moskauer Vertrag vorausgegangen, der
im August 1970 im Katharinensaal des Kremls in Moskau
geschlossen worden war. Beide Länder verpflichteten sich
darin, den Entspannungsprozess zu fördern, damit sich
die Lage in Europa normalisiert.

Es ist das Wagnis der Versöhnung, das in der zitierten
Warschauer Rede schimmert. Die Rede und der Vertrag,
dem diese Rede gilt, sind ein Beispiel für großen politischen Mut; es war ein kühnes und ein notwendiges Unter-
fangen. Die große Geste der Demut, die heute im Mittel-

punkt der Erinnerung an Brandts Besuch in Warschau
steht, der Kniefall am Denkmal des Warschauer Ghettos,
spielte damals, im Dezember 1970, gar keine so gewichti-
ge Rolle in den Berichten, Reportagen und Kommentaren
der deutschen Medien über den Warschau-Besuch Willy
Brandts.

Kniefall, kurz gefasst

In Hans Ulrich Kempskis Reportage auf der Seite 3 der
Süddeutschen Zeitung sind es auch nur wenige Zeilen. Erst
schildert er, wie Brandt, um Polens gefallene Freiheits-
kämpfer zu ehren, am 7. Dezember den Tag mit einer
Kranzniederlegung am Grab des Unbekannten Soldaten
beginnt. Und dann: »Ein zweiter Kranz wird von Brandt
wenig später vor dem Mahnmal im ehemaligen Ghetto
niedergelegt. Dies zu tun, ist der ausdrückliche Wunsch
des Bundeskanzlers gewesen. Ein Führer, der ihm erklären will, welche Leiden Polens Juden hier haben ertragen
müssen, kommt mit seinem Vortrag nicht zum Schluss.
Er verstummt, als er sieht, wie der Kanzler, von aufge-
wühlten Empfindungen überwältigt, niederkniet. Brandt
braucht Sekunden, die den Zeugen endlos erscheinen, bis
er wieder steht. Es sieht aus, als brauche er alle Kraft, um
Tränen niederzukämpfen.«

»Den Völkern einen neuen Weg geöffnet«

Bundespräsident Richard von Weizsäcker ist es gewesen,
der den Kniefall von Warschau 1989 in seiner Rede zum
75. Geburtstag von Willy Brandt weise interpretiert hat:
»Ein tiefes Mitgefühl wurde zum Ausdruck eines Regierenden. Niemand hatte es erwartet. Keiner hat es vergessen. Es hat die Dinge verändert. Es hat den Völkern einen

neuen Weg geöffnet.« Der Graben zum Ostblock, den Brandt damals mit den Ostverträgen überwunden hat, war noch tiefer als die Gräben, die sich heute zu Moskau auftun. Brandt hat damals nicht das fehlende Vertrauen beklagt, er hat mit seiner Politik versucht, das gegenseitige Misstrauen zu überwinden und Vertrauen zu schaffen. Es fehlt heute ein Politiker seines Formats, diese Kühnheit zu wagen. In der Regierungserklärung Willy Brandts vom Oktober 1969 steht der programmatische Satz: »Wir wollen ein Volk der guten Nachbarn sein – nach innen und nach außen.«

Indes: Das gemeinsame europäische Haus sieht heute fast schon wieder so aus wie der Bahnhof von Bayerisch Eisenstein in den Zeiten des Kalten Krieges: Dort, an der tschechischen Grenze, an der Grenze zum damaligen Ostblock, ging eine Mauer quer durch die Bahnhofshalle. Das Klo war im Osten. 1991 öffnete Helmut Kohl den Grenzbahnhof wieder. Es ist Zeit für die Neuöffnung Europas. Russland ist ein Teil davon, so groß die Vorwürfe gegen Moskau heute auch sind.

»Nicht alles verspielen, was wir schon einmal erreicht haben«

Im Dezember 2014 haben zahlreiche erfahrene Altpolitiker – von Roman Herzog bis Hans-Jochen Vogel – einen Aufruf veröffentlicht, in dem es hieß: »Wir dürfen Russland nicht aus Europa hinausdrängen.« Der Aufruf war Ausdruck einer Befürchtung, die auch Helmut Kohl in seinem letzten Buch plagte: »Im Ergebnis müssen der Westen genauso wie Russland und die Ukraine aufpassen, dass wir nicht alles verspielen, was wir schon einmal erreicht haben.«

Der frühere FDP-Außenminister Hans-Dietrich Genscher hat im Jahr 2015, das war ein Dreivierteljahr vor seinem Tod, geraten, Wladimir Putin wieder die Hand zu reichen. Und dieser Rat war der letzte Wille von Egon Bahr, dem Gestalter der Brandt'schen Ostpolitik. Bahr mahnte bei einer Buchvorstellung, es war kurz vor seinem Tod: »Wir können wie zu Beginn der Entspannungspolitik sondieren – und beginnen, einseitig Sanktionen gegen Russland abzubauen.«

Der frühere Bundesaußenminister Sigmar Gabriel sagte im Gespräch mit der *Süddeutschen Zeitung*: »Je älter die Leute in Deutschland sind, desto mehr wünschen sie sich eine Abkehr von den Sanktionen. Das wünsche ich mir auch.« Gabriel formuliert Bedingungen dafür: Es müsse »wenigstens der Waffenstillstand in der Ost-Ukraine halten.« Und er meint: »So wie wir schrittweise Sanktionen aufgebaut haben, muss man sie auch schrittweise wieder abbauen.« Das war und ist ein recht vernünftiger und pragmatischer Rat. Er gilt heute genauso wie vor einem Jahr. Wer A sagt, muss auch B sagen – sagt das Sprichwort. A war der Aufbau der Sanktionen. B ist ihr Abbau; zumindest das Reden darüber. Nicht, weil der Klügere nachgibt; sondern weil nur der Dümmere unablässig beharrt.

Moskau gehört zu Europa

Es ist ungeheuer viel schiefgelaufen, seitdem Putin am 25. September 2001 seine Rede auf Deutsch im Bundestag gehalten hat. Und es wäre furchtbar, wenn es außer einer scharfen Ping-Pong-Rhetorik keine Gemeinsamkeiten mehr gäbe. Der Riss, der durch das gemeinsame europäische Haus geht, wird so immer größer – er ist so groß, dass das Bewusstsein von einem gemeinsamen europäischen Haus, von einer gemeinsamen Geschichte fast schon wieder verschwunden ist; und an eine gemeinsame Zukunft zu denken, ist schon wieder ein Tabu.

Man darf bei aller Bitterkeit über die Annexion der Krim, über diesen eklatanten Völkerrechtsbruch der Putin-Regierung, nicht verdrängen und vergessen, dass Moskau zu Europa gehört. Eine Politik, die danach trachtet, Russland aus Europa hinauszudrängen, wäre ein historischer Fehler. Ein Hinausdrängen Russlands aus dem europäischen Raum ist keine Sanktion, sondern eine Selbstverstümmelung Europas. Es geht also darum, die Sprachlosigkeit wieder zu überwinden. Das ist keine Anbiederung, das ist auch noch keine Annäherung – das ist einfach der Anfang von Politik.

Die Aufrüstung und die Hochrüstung
sind eine Antwort – worauf?

Ein Impfstoff für den Frieden

»Frieden schaffen ohne Waffen«:
Der Reim ist fein, aber die internationalen
Verhältnisse sind ungereimt.

Auf dem Papier steht Deutschland vorzüglich da. Auf dem Papier gibt es in der Bundesrepublik viele politische Grundsätze und Richtlinien zur Kontrolle von deutschen Rüstungsexporten. Einige dieser Grundsätze sind relativ neu. Sie lesen sich sehr gut; sie sind aber nicht gut, weil es sich nicht um rechtsverbindliche Regeln handelt. Unter das strenge Kriegswaffenkontrollgesetz fällt nur ein kleiner Teil der Rüstungsgüter; die große Mehrheit fällt unter das Außenwirtschaftsgesetz. Pistolen, Revolver und die meisten Gewehrmodelle (Kleinwaffen genannt) werden nach diesem vergleichsweise lockeren Gesetz behandelt. In den »Politischen Grundsätzen« der Bundesregierung von 2019 wird dazu ausgeführt, dass es ein übergeordnetes Ziel der staatlichen Rüstungsexportpolitik sei, das Risiko der Weiterverbreitung dieser sogenannten Kleinwaffen und der leichten Waffen zu minimieren.

Es wäre schön, wenn es so wäre; es ist aber nicht so. Die genannten Grundsätze können von der Bundesregierung und von den Rüstungsfirmen ohne rechtliches Risiko ignoriert werden.

Löchrigkeit und Halbherzigkeit

In Wirklichkeit ähnelt das deutsche Konstrukt der Rüstungskontrolle daher nach wie vor einem Schweizer Käse. Opfer der alten Löchrigkeit und der neuen Halbherzigkeit sind Menschen wie Innocent Opwonya aus Uganda. Er war noch keine zehn Jahre alt, als er als Kindersoldat rekrutiert wurde. Die Waffe, mit der er kämpfen musste, war ein deutsches Sturmgewehr. Innocent Opwonya berichtet heute, Jahre später, so darüber: »Als mein zehnter Geburtstag nahte, trat der Teufel über meine Türschwelle. Ich wurde nachts von der Lord's Resistance Army entführt und zu einem ihrer Verstecke in der Darfur-Region im heutigen Südsudan gebracht. Ich war noch so jung und musste mit ansehen, wie mein Vater direkt vor meinen Augen erschossen wurde, als er versuchte, mir zu helfen. Ich hatte keine Alternative, ich musste eine Waffe in die Hand nehmen und um mein Überleben kämpfen. Die Waffe, die ich von den Rebellen bekam, war ein deutsches G-3-Sturmgewehr.«

Deutsche Waffen für Kinderrechtsverletzer

Die Studie, welche die beiden Hilfsorganisationen Brot für die Welt und Terres des Hommes dazu vorgelegt haben, heißt: »Kleinwaffen in kleinen Händen«; der Untertitel: »Deutsche Rüstungsexporte verletzen Kinderrechte«. Darin geht es vor allem um die Rüstungsexporte, die schwere Verletzungen von Kinderrechten begünstigen.

Es ist dies eine sehr brisante Studie, weil sich Deutschland als treibende Kraft sieht bei den Bemühungen zum Schutz von Kindern in Konfliktregionen – und sich etwas darauf zugutehält. Die Studie sieht das anders: Sie zeigt auf, welche fatale Auswirkungen bewaffnete Gewalt in Krisengebieten auf Kinder und Jugendliche hat; und sie legt dar, dass fast alle Staaten, denen von den Vereinten Nationen schwere Kinderrechtsverletzungen vorgeworfen werden, seit 2014 deutsche Waffen erhalten haben. Das ist das Fazit vom Autor der Studie, Christopher Steinmetz vom Berliner Informationszentrum für Transatlantische Sicherheit.

Ein umfassendes Rüstungsexportkontrollgesetz

Seine Studie dokumentiert deutsche Genehmigungen für Rüstungsexporte in zahlreiche Konfliktländer – und macht deutlich, dass Deutschland damit gegen seine völkerrechtlichen Verpflichtungen verstößt. In den Jahren von 2015 bis 2019 hat Deutschland allein an Länder der saudischgeführten Militärkoalition im Jemen Rüstungsexporte im Wert von mehr als 6,3 Milliarden Euro genehmigt. Drei Faktoren befördern die ungehinderte Verbreitung deutscher Waffen und deutscher Munition: Lizenzproduktion, unkontrollierte Weitergabe und Munitionsexporte. Diese Erkenntnis muss Auswirkungen haben auf die deutsche Rüstungsexportpolitik: Es braucht nicht nur ein Kriegswaffenkontrollgesetz, es braucht ein umfassendes Rüstungsexportkontrollgesetz, das auch die Exporte sogenannter »Kleinwaffen« wie Sturmgewehre verbietet; es braucht einen Stopp aller Rüstungsexporte in Krieg führende und menschenrechtsverletzende Staaten.

Womöglich ist diese neue Studie die Initialzündung für einen neuen Friedensappell, der »Abrüsten statt Aufrüsten« heißt. Eine Initiative dieses Namens (getragen unter anderem von Vertretern der Welthungerhilfe, von Greenpeace, DGB, IG-Metall, Verdi, dem Friedensratschlag, dem Deutschen Kulturrat und von Fridays for Future) hat im Oktober einen »Frankfurter Appell« publiziert und ruft zum bundesweiten Aktionstag gegen die Steigerung der

Rüstungsausgaben – zum Beispiel für waffenbestückte Drohnen; oder für das Taktische Luftverteidigungssystem; Experten schätzen dessen Kosten bis zum Jahr 2030 auf 13 Milliarden Euro.

Aufrüsten, hochrüsten, ausrüsten, abrüsten

Der neue »Frankfurter Appell« bezieht sich ausdrücklich auf den »Krefelder Appell« gegen den NATO-Doppelbeschluss und gegen die Stationierung von neuen atomaren Mittelstreckenraketen in Westeuropa; dem schlossen sich damals, im Jahr 1980, fünf Millionen Menschen an. Die neue Friedensinitiative wendet sich gegen das NATO-Ziel, zwei Prozent des Bruttoinlandsprodukts für militärische Zwecke auszugeben. Die Zwei-Prozent-Zahl ist ziemlich irrational; rational ist aber die Rechnung, die sich dem anschließt: Deutschland müsste siebzig bis achtzig Milliarden Euro für Aufrüstung ausgeben, horrend mehr als die aktuellen fünfzig Milliarden. Die Verteidigungsministerin Annegret Kramp-Karrenbauer (CDU) hat in einer Grundsatzrede noch vor der US-Wahl der NATO und den USA versprochen, dass die deutschen Verteidigungsausgaben steigen werden. Bundeskanzlerin Angela Merkel hat diese Zusage bekräftigt. Der »Frankfurter Appell« hält dagegen: »Auf- und Hochrüstung ist keine Antwort auf die großen Herausforderungen unserer Zeit. Sie verschärft die Gefahr neuer Kriege und verschwendet wertvolle Ressourcen, die für eine friedliche Weltordnung dringend gebraucht werden – für den Klimaschutz, die Bekämpfung der Fluchtursachen, die Entwicklungszusammenarbeit und die Verwirklichung der Menschenrechte.« Die doppelte Gefahr eines »Selbstmords der menschlichen Zivilisation« sei denkbar geworden – durch die Hochrüstung und durch die ungelösten sozialen und ökologischen Krisen.

2019 wurden weltweit 1917 Milliarden Dollar für Rüstung ausgegeben. Die Aufrüstung unserer Welt hat uns in Zwänge geführt, die nicht einfach zu lösen sind. »Frieden schaffen ohne Waffen« geht in seinem Reim so schön leicht über die Lippen. Aber in Abrüstungsverhandlungen redet man sich vergeblich den Mund fusselig. Die internationalen Verhältnisse und Interessen sind ungereimt, sie sind so vertrackt, dass ich selbst nicht überzeugt bin, dass jeder Konflikt bei gutem Willen ohne Gewalt oder ihre Androhung zu lösen ist. Ich bin, ich gebe es zu, kein Pazifist. Aber ich bin mir nicht sicher, ob es eine Sache der Vernunft ist oder am mangelnden Mut liegt. Immer wieder scheint es alternativlos zu sein, den Rebellen Waffen zu schicken, Bomben für die Durchsetzung der Menschenrechte zu werfen, militärisch einzumarschieren. Aber aus den aufgerüsteten Rebellen von heute werden die Terroristen von morgen.

175 000 Unterschriften hat die neue Friedensinitiative schon gegen die Aufrüstung gesammelt. Bis zu den fünf Millionen von vor vierzig Jahren ist es noch ein Stück. Derzeit redet alle Welt von den Impfstoffen gegen Corona und deren Wirksamkeit. Vielleicht sind Initiativen wie »Abrüsten statt Aufrüsten« ein Impfstoff für den Frieden.

Die aus Afghanistan heimkehrenden Soldaten wurden hierzulande erst einmal kaum beachtet. Doch Rituale helfen – beim Feiern, Versöhnen, Trauern.

Alles umsonst?

Nach dem Abzug aus Afghanistan:
Auf das Nichts folgt das volle Programm.

E s gibt gute und schlechte, festliche und klägliche, ergreifende und peinliche Rituale. Manche Rituale haben etwas Zauberhaftes, manche etwas Zwanghaftes. Manche sind ganz klein, manche tun ganz groß. Manche Rituale sind so alltäglich wie das morgendliche Bettenmachen. Manche sind so spektakulär und eigentümlich wie der abendliche Zapfenstreich. Rituale machen Festtage festlich. Rituale helfen beim Feiern, Versöhnen und Trauern. Das Leben lebt mit und von Ritualen; und die Rituale leben von ihrer Wiederholung und von inszenierter Erinnerung. Rituale antworten auf Erwartungen, sie schaffen auch Erwartungen, und wenn diese nicht erfüllt werden, ist das irritierend.

Es war irritierend, dass die Politik die Bundeswehr alleingelassen hat, als am 30. Juni die letzten Soldatinnen und Soldaten aus Afghanistan zurückkehrten. Sie kamen ja nicht aus einem Manöver, sie kamen aus einem zwanzigjährigen Krieg. 150 000 waren insgesamt dort im Einsatz, 59 verloren ihr Leben. 12,5 Milliarden Euro hat dieses militärische Engagement gekostet. Auf dem Fliegerhorst Wunstorf bei Hannover landeten also die letzten

264 Soldatinnen und Soldaten – und es war eine stille Heimkehr: Da war kein Bundespräsident, keine Kanzlerin, keine Verteidigungsministerin. Die Bundeswehr ist eine Parlamentsarmee, weil der Bundestag über ihre Entsendung entscheidet. Aber da war niemand von denen, die die Bundeswehr in den Einsatz geschickt hatten. Mit Siegern lässt man sich gern sehen. Mit Verlierern nicht.

Der Militäreinsatz endete nämlich nicht einfach mit einem Abzug der westlichen Truppen. Er endete mit einem Desaster. Er endete mit einer Niederlage. Er endete damit, dass das vermeintlich Erreichte wie ein Kartenhaus zerfiel. Kaum waren die westlichen Truppen weg, übernahmen die Taliban das Regiment – kampflos. Das Land fiel ihnen quasi in den Schoß. Das war exakt das, was der Einsatz der Bundeswehr und der anderen westlichen Truppen hatte verhindern wollen. Für die Deutschen hatte der Einsatz seinerzeit eine neue verteidigungspolitische Doktrin gebracht: »Unsere Sicherheit wird nicht nur, aber auch am Hindukusch verteidigt«, sagte am 11. März 2004 der damalige deutsche Verteidigungsminister Peter Struck. Wenn das so war, wenn das so ist – wo ist jetzt diese Sicherheit?

Die Leere von Wunstorf

Es gibt Gesten, die dadurch Gesten, sogar besonders große Gesten sind, dass sie nicht stattfinden. Die Abwesenheit der Politik in Wunstorf war eine solche Geste. Sie war der Ausdruck einer Frage, die offiziell nicht gestellt wurde: Alles umsonst? Sie wurde aber dann durch die schnelle, demütigende Machtübernahme durch die Taliban beantwortet: Alles umsonst! Die Leere von Wunstorf war auch bezeichnend dafür, dass die Bundesrepublik in den 65 Jahren seit der Gründung der Bundeswehr kein richtiges Verhältnis zu ihr gefunden hat. Es gibt, nicht zuletzt wegen des einstigen deutschen Militarismus, keine Militärtradition. Der Empfang der zurückgekehrten Streitkräfte sollte dann umfassend nachgeholt werden. Auf das Nichts, folgt nun, so war es der Plan, der nach geballter Kritik verkündet wurde, das volle Programm; es war dies Ausdruck des schlechten Gewissens: Gedenken am Ehrenmal der Bundeswehr, Appell im Bendlerblock, Bundespräsident Steinmeier spricht, dann Schauplatzwechsel: Empfang bei Bundestagspräsident Schäuble, und, vor dem Reichstag, Großer Zapfenstreich.

Diese Parade am 31. August sollte die letzte große Parade in der Amtszeit von Kanzlerin Angela Merkel werden, bevor ihr ein paar Wochen später selbst der Zapfenstreich gespielt wird. Mittlerweile ist die Veranstaltung nach den aktuellen Entwicklungen in Afghanistan aber vorerst abgesagt und auf einen späteren Zeitpunkt verschoben worden. Es ist eine Fußnote zur politischen Geschichte von Merkel, dass die nachgeholte Würdigung des Afghanistan-Einsatzes an dem Tag stattgefunden hätte, der sich mit dem prägendsten Satz ihrer Amtszeit verbindet: »Wir schaffen das«. Am 31. August 2015 hat Merkel das in ihrer Pressekonferenz zur Flüchtlingspolitik gesagt.

Beim Großen Zapfenstreich darf sich der oder die Geehrte drei Lieder nach Gusto wünschen. Gerhard Schröder, der Kanzler, der die Soldaten nach Afghanistan entsandte, hat sich bei dieser Gelegenheit das Lied von »Mackie Messer« gewünscht. Es endet in der gesungenen Version mit der Frage: »Mackie, welches war dein Preis?« So ein Song macht dann das Gravitätische dieser Aufführung ein wenig leichter, verleitet aber auch zu Spott. Dem Ritual schadet so etwas nicht. Solch eine Irritation wirft ein Licht auf das Selbstverständnis des jeweiligen Amtsträgers. Helmut Kohl hat seinen Abschied im nächtlichen Speyer inszenie-

ren lassen, im Hintergrund, hell angestrahlt, der Kaiser-
dom. Dorthin hatte er seine Staatsgäste gern geführt; dort
liegen acht Kaiser und Könige begraben. »Er war schon
immer groß in der historischen Inszenierung«: Das ist der
dazugehörige erste Satz der Kohl-Biografie des Historikers
Hans-Peter Schwarz. Rituale sind Inszenierung, das ist im
religiösen und profanen Bereich so.

»Süß scheint der Krieg ...«

Zu den staatlichen Ritualen gehört die kollektive Trauer
am Volkstrauertag. Vor zwanzig Jahren, im Jahr 2001,
hatte es der Kalender so gefügt, dass der Volkstrauertag unmittelbar auf den Beschluss des Bundestags folgte,
Soldaten nach Afghanistan zu schicken. Es war dies am
16. November 2001. Die deutsche Teilnahme am Kriegs-
einsatz am Hindukusch war damals so umstritten, dass
Kanzler Schröder sich gezwungen sah, die Abstimmung
darüber mit der Vertrauensfrage zu verbinden. In diesem
Zusammenhang bekamen die sonst wohlfeilen Sätze, die
zum Volkstrauertag gern dem humanistischen Schatzkäst-
lein entnommen werden, neue Bedeutung: »Dulce bellum
inexpertis / Süß scheint der Krieg den Unerfahrenen«,
schrieb 1515 Erasmus von Rotterdam. Mit diesem Zitat
dekorierte man 2001 seine Volkstrauergedenkrede besser
nicht, weil da sonst der Verdacht aufkommen konnte, mit
den Unerfahrenen seien Schröder und Co gemeint – was ja
nicht abwegig war, aber an den Zwängen des Bündnisses
mit den USA vorbeiging.

Der evangelische Bischof Wolfgang Huber äußerte
seinerzeit bei der Volkstrauertagsfeier Zweifel daran, ob
der Krieg als äußerstes Mittel der Politik tauge. Kanzler
Schröder antwortete im Bundestag: Es zähle zu den bitteren Wahrheiten, dass der Frieden in Afghanistan »nur

durch den Krieg näher gerückt« sei. Wir wissen heute, dass er nicht näher gerückt ist. Das ist der Schatten, der nun auf dem 31. August liegt. Das ist die Lehre der Leere von Wunstorf.

Sie zeigten ihr Bestes

Es war nicht immer so leer in Wunstorf wie bei der Rückkehr der Bundeswehr aus Afghanistan. 1963 wurde dort Kanzler Adenauer mit einer Militärparade verabschiedet. Und am Abend in der Kölner Messehalle berichtete der Alte begeistert von dieser »Feldparade, bei der sämtliche Truppenteile ihr Bestes zeigten«. Nach Schätzungen der Polizei, so freute sich Adenauer, seien etwa hunderttausend Zuschauer anwesend gewesen. In all den Jahren, in denen er seit 1945 am öffentlichen Leben teilnehme, habe er »noch niemals eine solche Begeisterung gesehen«. Er nahm das als Bestätigung dafür, wie richtig die von ihm durchgesetzte Wiederbewaffnung und der Beitritt zur NATO waren. Womöglich war aber einfach die Begeisterung für solche Paraden größer als heute.

Die Häme über Friedenspolitik,
das Lachen über den Pazifismus
ist in üngerer Zeit wieder sehr laut
geworden. Es könnte uns noch
im Hals stecken bleiben.

Bruder Esel

Pazifisten gelten als die
Narren der Nationen.

D ieser Text handelt vom »Frieden auf Erden«, wie er den Menschen an Weihnachten versprochen wird; er handelt also von der Weihnachtslüge, weil der versprochene Frieden nicht kommen mag. Er handelt darüber hinaus vom Esel, der in den heiligen Geschichten immer wieder eine Rolle spielt; »Bruder Esel«, wie Franz von Assisi ihn genannt hat, steht der Legende nach schon an der Krippe. Schließlich handelt er von den angeblichen Eseleien für den Frieden – von den Eseleien gestern und den Eseleien heute.

Händels Triumphmarsch

Ist es nicht eine Eselei, sich einen großen Herrscher so seltsam vorzustellen, wie es uns die Bibel ansinnt? Dort ist vom König die Rede, der als Kind ohne Herberge in einer Futterkrippe liegt und der Welt Gewaltlosigkeit beibringen soll. Es wird von einem Friedensfürsten erzählt, der triumphal in Jerusalem einreitet – auf dem Fohlen einer Eselin. Diesem Esel-König fehlt alles, aber auch wirklich alles, was üblicherweise Macht, Herrschaft und Herrlichkeit ausmacht. Er aber soll es sein, der den Nationen Frieden verkündet und dann die Welt regieren soll. Welche grandiose Verrücktheit! Er ist der absolute Antiheld, der Antityp eines Herrschers, er ist eine provozierende Parodie darauf. Er passt so gar nicht zu Händels schmetternder Weihnachtsmelodie »Tochter Zion«. Man fragt sich, ob dieser Friedenskönig nicht vor Schreck vom Esel fiele, wenn er beim Einzug mit Händels Triumphmarsch begrüßt würde.

Die Vision vom Antiherrscher, der auf dem Esel reitet, ist schon ein halbes Jahrtausend vor Jesu Geburt vom Propheten Sacharja aufgeschrieben worden – als verrückte Friedensutopie, die sehr lebendig war in den Zeiten, als Jesus vom Reich Gottes gepredigt hat. Er inszeniert daher seinen Einzug in Jerusalem nach diesem Drehbuch des Propheten, veranstaltet eine Art Straßentheater. Die Leute verstehen das sofort, spielen mit, jubeln, schmücken den Weg. Die Grenze von Schauspiel und Wirklichkeit wird auf einmal fließend, die Utopie wird beängstigend real. Jesus gewinnt Anhänger und Autorität. Das gefährdet die Machthaber, die alten Autoritäten. Daher ist der Einzug in Jerusalem der Anfang vom Ende. Die Jubelrufe finden ihr Echo im »Kreuziget ihn«.

Die rauen Realitäten

Die Utopien von den Schwertern, die zu Pflugscharen werden, die Rufe nach Abrüstung und Gewaltlosigkeit gelten heute als so weltfremd wie die Vorstellung vom Esel-Herrscher, der die Welt regieren soll; sie klingen naiv, weil sie, angeblich, die rauen Realitäten missachten. Sie ziehen Gespött auf sich. Pazifisten gelten als die Narren der Nationen. Auch das ist schon in der Bibel so angelegt, die kein pazifistisches Buch ist. Gewiss, da gibt es die Zeilen vom Friedenskönig und seine Weissagung und Weisung, dass

kein Volk mehr »wider das andere das Schwert erheben«
wird. Aber solche Verse stehen neben Texten, in denen
Gott ins Horn stößt, die Völker Kriege führen und es kein
Halten gibt. In dieses Blutbad hat jemand die Verse über
den Eselreiter geschmuggelt – subversiv, anarchisch, när-
risch, denn »der Kriegsbogen soll zerbrochen werden«. Sie
werden »nicht mehr lernen, Krieg zu führen«. Das ist die
Vision der Pazifisten.

Pazifisten sind tragische Gestalten. Vor dem Krieg hört
man nicht auf sie. Nach dem Krieg müssen sie sich gefallen
lassen, dass man ihnen mit ebendiesem Krieg beweist, dass
sie falsch liegen. Der Sieg über die Nazis sei schließlich nur
mit Gewalt erreichbar gewesen. Die Realisten reden daher vom Krieg als Ultima Ratio, als letztes Mittel. Wer hat
denn, fragen sie, Hitler erledigt, wer die Nazis besiegt? Die
Pazifisten etwa? Gegenfrage: Wer hat Hitler groß gemacht,
wer den Militarismus und den Untertanengeist? Die Pazifisten etwa? Wer die Pazifisten als Narren bezeichnet,
der muss auch zugeben, dass die Realisten eine närrische
Wirklichkeit konstruieren. 2019 wurden weltweit 1917
Milliarden Dollar für Rüstung ausgegeben. Wenn man sich
diese Summe als gestapelte Dollarscheine vorstellt, ist der
Ausgabenturm für Panzer, Bomben, Drohnen und Schnell-
feuergewehre fast zwanzigtausend Kilometer hoch. Wenn
dieser Turm in Deutschlands Mitte stünde und umfiele,
würde er über die Türkei, Indien, Indonesien und Australien stürzen, seine Spitze tausend Kilometer hinter Auck-
land ins Meer platschen.

Zwänge der Aufrüstung

Es stehen viele Türme nebeneinander. Jedes Jahr wird ein
Turm gebaut, immer etwas höher. Sicherheitsarchitektur
nennt man das. Wenn solche Narrheit Räson geworden ist,

braucht es dann eine Gegennarrheit? Aber: Es handelt sich nicht um Bauklötzchen, die man einfach wegpacken kann. Die Aufrüstung hat in Zwänge geführt, die nicht so leicht zu lösen sind. »Frieden schaffen ohne Waffen« reimt sich schön. Aber die internationalen Verhältnisse sind ungereimt und Abrüstungsverhandlungen nicht populär. Selig die Sanftmütigen, selig die Friedensstifter – so sagt der Friedenskönig. Die Welt sei zu kompliziert für so einfach gestrickte Wahrheiten, sagen die, die sich Realisten nennen und derzeit für die Ausrüstung der Bundeswehr mit Drohnen werben. Kann man mit radikalem Pazifismus regieren? Die Realisten halten schon diese Frage für eine Eselei. Soll man, feixen sie, vor den Köpfe abschneidenden Bartträgern etwa den Gebetsteppich ausrollen?

Wenn Pazifismusverachtung regiert

Es ist aber eines gewiss: Es ist ungut, wenn den Aufrüstungsgegnern herablassend Stechschrittpazifismus vorgeworfen wird. Es wird gefährlich, wenn Pazifismusverachtung regiert. Es ist fatal, wenn die Pazifisten als politikunfähige Schwärmer schlechtgemacht, Bellizisten aber als vernünftige Politiker goutiert werden. Es führt in die Katastrophe, wenn Ultima Ratio nur für die Unlust steht, weiter zu verhandeln, oder für die Faulheit, langwierige Lösungswege zu suchen. Willy Brandt hat den Deutschen seinerzeit mit seiner neuen Ostpolitik beigebracht, dass die Sicherheit des Gegners Teil der eigenen Sicherheit ist. Er hat den Deutschen die Sprache der Versöhnung beigebracht. Sprachauffrischung könnte heute guttun.

Die Häme über Friedenspolitik, das Lachen über den Pazifismus ist in jüngerer Zeit wieder sehr laut geworden. Es könnte uns noch im Hals stecken bleiben. Man muss die Weihnachtsbotschaft schon genau lesen; sie ist keine

Lüge. Der Frieden wird den Menschen versprochen, die guten Willens sind. Um diesen guten Willen geht es, nicht nur an Weihnachten.

EINE NEUE KIRCHE

In der Kuppel des Petersdoms zu Rom steht in zwei Meter hohen Buchstaben das Zitat aus dem Matthäusevangelium, das mit den Worten »Tu es Petrus...« beginnt und auf Deutsch wie folgt lautet: »Du bist Petrus, und auf diesen Felsen werde ich meine Kirche bauen, und dir gebe ich die Schlüssel des Himmelreiches.« Es ist ein Wort von ungeheurem Anspruch, ein Wort von magischer Autorität, ein Jahrtausendwort, das den Papst erhebt, das über ihm schwebt, das aber auch fordernd auf ihm lastet. Und dann folgt im Matthäusevangelium ein grandios zukunftsgewisser Satz über die Kirche: »Die Pforten der Hölle werden sie nicht überwältigen.«

Die Hölle – das ist der Missbrauchsskandal. Er ist ein Verrat an den Opfern, am Evangelium, an der eigenen Integrität. Wie wird die Kirche weiterleben? Verbrennt sie an und in diesem Skandal? »Die Pforten der Hölle werden sie nicht überwältigen«. Ist das ein göttliches Versprechen, ist das ein eschatologischer Automatismus? In manchen Übersetzungen heißt es: »Die Pforten der Höllen sollen sie nicht überwältigen.« Sollen! Das ist fordernder, weil es ein Tun verlangt: Die fundamentale Erneuerung der Kirche.

Die Missbrauchsskandale sind der nicht mehr endende Karfreitag der katholischen Kirche. Sie sind die Dornen in der Dornenkrone. Sie sind die Spucke im Angesicht dessen, den die Christen als Gott verehren. Es ist Zeit für eine neue Reformation.

Die letzten Tage der Volkskirche

Die Kirche könnte ein Ort sein, an dem der Himmel offen ist. Für die Missbrauchsopfer aber ist sie eine Hölle auf Erden.

Man bucht online einen Termin, geht zur gebuchten Zeit zum Amtsgericht, zahlt dreißig Euro Gebühr – dann kann man seine Kirchenaustrittserklärung abgeben. Sie wird dort, wie das im Amtsdeutsch heißt, beurkundet. In Köln geschieht das im Justizgebäude, Reichenspergerplatz 1, Erdgeschoss, Zimmer 2. Das klingt bürokratisch, das ist es auch. Aber dieser bürokratische Akt ist Teil einer römisch-katholischen Kernschmelze, die in Köln besonders sichtbar und besonders spürbar ist. Nirgendwo sonst treten so viele Katholiken aus ihrer Kirche aus. Als Anfang März 2021 vom Amtsgericht die nächsten 1500 Termine für Kirchenaustrittserklärungen freigeschaltet wurden, waren die binnen weniger Stunden ausgebucht.

Der große Exodus

Austrittserklärungen sind Misstrauenserklärungen. Die Gläubigen rebellieren gegen den Umgang der katholischen Kirche mit sexuellem Missbrauch, sie rebellieren gegen widerliche Gewalt durch Amtsträger und dagegen, dass sie gedeckt und gefördert werden durch Nichtahndung und Versetzung. »Das ist der größte Exodus von Katholiken aller Zeiten«, sagt der Kirchenrechtler Thomas Schüller von der Universität Münster. Die Austritte der letzten Wochen und Monate in Köln haben sehr viel damit zu tun, dass der dortige Kölner Kardinal Rainer Maria Woelki die von ihm selbst 2019 in Auftrag gegebene Missbrauchsstudie lange unter Verschluss gehalten hat. Ein zweites Gutachten, ebenfalls von Woelki beauftragt und sodann veröffentlicht, hat zwar ihn, den amtierenden Kardinal, entlastet; aber ansonsten ist es ein Blick in den römisch-katholischen Abgrund – an dem auch Woelki mitgräbt.

Der Strafrechtler Björn Gercke hat »Pflichtverletzungen« auf höchster Ebene festgestellt. Schwer beschuldigt werden der heutige Hamburger Erzbischof Stefan Heße; elf Pflichtverletzungen werden ihm zur Last gelegt; Heße hat dem Papst deswegen im März 2021 seinen Amtsverzicht angeboten. Dominikus Schwaderlapp, heute Weihbischof in Köln, werden acht Pflichtverletzungen vorgeworfen, zwei Pflichtverletzungen Günter Assenmacher, dem Leiter des Kölner Kirchengerichts, Weihbischof Ansgar Puff ein Verstoß gegen die Aufklärungspflicht. Woelki hat sie von ihren Aufgaben entbunden. Die Untersuchungen des Gutachters stützen sich auf die von der Kirche zur Verfügung gestellten Akten, die allerdings desaströs geführt worden sind. »Erhebliche Mängel« bei der Aktenordnung und Aktenführung hat der Gutachter festgestellt. Die Akten sind lückenhaft, sie sind unvollständig. Warum? Warum wohl? Im Jahr 2010 findet sich dazu ein Aktenvermerk wie folgt: »Es wird von uns aus kein Protokoll hierüber gefertigt, da dies beschlagnahmefähig wäre.«

Der vom Gutachten am schwersten Belastete kann nicht mehr zur Verantwortung gezogen werden: Kardinal Joachim Meisner, der Vorgänger von Woelki, ist 2017 gestorben. Ihn trifft ein Drittel der vom Gutachter auf Aktenbasis festgestellten 314 Pflichtverletzungen. Diese Pflichtverletzungen handeln davon, wie der Missbrauch Minderjähriger durch Priester der Diözese Köln unterschlagen, übertüncht, verschleiert, bemäntelt und bagatellisiert worden ist. Das Gutachten zählt auf, wie die Verantwortlichen ihre Pflicht missachtet haben, weitere Taten zu verhindern, wie sie ihre Aufklärungspflicht verletzt haben, wie sie ihre Meldepflicht missachtet und ihre Sanktionspflicht geringgeschätzt haben. Zu all dem hinzu kommt, dass sie keine Fürsorge für die Opfer geleistet haben. Im Zentrum all dessen steht Kardinal Joachim Meisner. Er hatte, zusätzlich zu den Beständen seiner Diözese, einen Aktenordner geführt mit der Aufschrift »Brüder im Nebel«, in dem er, so der Gutachter, »geheimhaltungsbedürftige Unterlagen aufbewahrt« habe.

Der Nebelbombenwerfer

Den Nebel, der die Missbrauchstaten umgibt, hat Meisner selber produziert – er hat die Nebelmaschine konstruiert und bedient. Man muss dazu eine bezeichnende Predigt lesen. Sie ist überschrieben mit »Predigt von Erzbischof Joachim Kardinal Meisner beim Requiem von Hans Hermann Kardinal Groër in Maria Roggendorf am 5. April 2003«. Damals war schon seit Jahren allgemein bekannt, dass der ehemalige Kardinal von Wien, den viele charismatisch fanden, sich als Seminarlehrer und Beichtvater der sexuellen Gewalt in geradezu süchtiger Manier schuldig gemacht hatte. Er war deswegen 1995 als Vorsitzender der Österreichischen Bischofskonferenz zurückgetreten.

Die Bischöfe Christoph Schönborn, Johann Weber, Georg Eder und Egon Kapellari erklärten später in einer gewundenen, aber immerhin entlarvenden Stellungnahme: »Wir sind nun zur moralischen Gewissheit gelangt, dass die gegen Alterzbischof Kardinal Hans Hermann Groër erhobenen Vorwürfe im Wesentlichen zutreffen. Sein Schweigen haben wir zu ertragen, können aber selbst nicht schweigen, wenn wir unserer Verantwortung für die Kirche gerecht werden sollen.« Alle widerlichen, zahllosen Taten waren bekannt, als Meisner die Beerdigungspredigt für Groër hielt.

Gotteslästerliche Verklärung

Und so hört sich das in der Predigt an: »Sein letztes Lebensjahrzehnt stand unter einer dunklen Wolke, unter der viele mit ihm gelitten haben. Kardinal Groër war es beschieden, wie Simon von Cyrene (Anmerkung: das ist der Mann, der Jesus das Kreuz tragen half) dem Herrn auf dem Kreuzweg zu folgen. Er war ganz eingetaucht in das bittere Leiden Jesu.« Und dann fuhr der Beerdigungsprediger fort: »Gerade die Mühseligen und Beladenen, die Verachteten und Gekreuzigten fanden in ihm einen Priester und Bischof, einen Christen und Bruder, der ganz auf ihrer Seite stand und ihnen in geistlicher Autorität Wegweisung schenken durfte.« Und was haben die halbwüchsigen Buben in ihm gefunden, wenn er ihnen beim Beichten an die Genitalien fasste? Kein Wort von den Vorwürfen, kein Wort vom Missbrauch, kein Wort des Bedauerns.

Stattdessen: Nicht nur Vertuschung, sondern Verklärung. »Die Geschehnisse in seiner letzten Zeit als Erzbischof von Wien«, so sagte Meisner, und gemeint war die Aufdeckung der sexuellen Straftaten, hätten Groër »tief verwundet, ja stigmatisiert.« Meisner vergleicht die »Verwundung« des Kinderschänders Groër mit den Stigmata, mit den Wundmalen Jesu. Meisner hat Christus selbst missbraucht, um den Täter zu heiligen. Blasphemischer, perverser und ekliger geht es kaum. Das schandhafte Denken spiegelt sich in der Art, wie Kardinal Meisner in seiner Diözese Köln den Skandal des sexuellen Missbrauchs abgewimmelt hat. Deshalb kann der alte Satz »de mortuis nil nisi bene / über Tote redet man nur gut« hier nicht gelten. Die Predigt zeigt nämlich, warum der römisch-katholische Abgrund so tief ist.

Es geht darum einzustehen für die unfassbar lange Zeit der Verharmlosung und Vertuschung. Die Ära von Kardinal Meisner, dem verstorbenen Vorgänger von Woelki als Kardinal in Köln, ist hier ein Schandfleck sondergleichen. Meisner hat seine einschlägigen Pflichten reihenweise und viele Jahre lang verletzt: Er hat seine Aufklärungspflicht verletzt, seine Meldepflicht, seine Sanktionspflicht und, vor allem, seine Fürsorgepflicht für die Opfer. Und sein Nachfolger, der heutige Kölner Kardinal Woelki, wirkte in dieser Zeit nicht irgendwo im Wolkenkuckucksheim – er war der Privatsekretär Meisners. Woelki ist in der Aura und im Dunstkreis eines Großvertuschers groß geworden.

Aushalten, aussitzen, ausbeten?

Tausende von Katholiken sind in der Diözese Köln aus der katholischen Kirche ausgetreten, es ist eine Massenflucht aus dieser Kirche im Gang – und zugleich eine Rebellion der in der Kirche Verbliebenen; sie haben sich vom Kardinal abgewandt. 14 Stadt- und Kreisdechanten haben Woelki am Pfingstmontag 2021 ihr Misstrauen erklärt. Eine Vertrauenskrise dieser Dimension kann man nicht einfach aushalten, aussitzen und ausbeten. Die katholische Kirche muss neues Vertrauen schaffen. Dafür steht der Synodale Weg, der in intensiven Gesprächsprozessen fundamentale Reformen vorbereiten soll – bei der Sexualmoral, bei der Rolle der Frau in der Kirche, beim Zölibat, in der Hierarchie.

Ich bin sehr katholisch aufgewachsen, war Ministrant in einer Zeit, in der man den Pfarrer noch mit »Hochwürden« anredete. Dieser Titel »Hochwürden« stammt aus einer Epoche, in der die Würde des geistlichen Amtes den Herrn, der dieses Amt bekleidete, emporhob, heiligte und unantastbar machte – und zwar auch dann, wenn dieser Herr ein unangenehmer Mensch, ein grässlicher Sünder oder ein unwürdiger Widerling war; er galt trotzdem als Hochwürden. Diese Zeit ist vorbei. Seit den Missbrauchsskandalen ist es sogar umgekehrt: Die Unwürdigkeit der Person erfasst das Amt, die Gemeinheit des Amtsträgers entehrt die katholische Kirche. Erstens, weil es so viele Amtsträger sind, die als unwürdig entlarvt werden; zweitens, weil die Amtskirche so lange weggeschaut hat; und drittens, weil lügnerische Figuren das Wort Hierarchie zu einem Synonym für Heuchelei machen. Und so sind zahllose untadelige, hochengagierte Seelsorger und Jugenderzieher unter Generalverdacht geraten. Und das ist nichts, was evangelische Christen klammheimlich freuen kann; denn dieser Generalverdacht infiziert alles Kirchliche. Es gibt hier längst die oft herbeigebetete Gemeinschaft der Kirchen, eine Art Ökumene im Negativen.

Doppelter Missbrauch

In der Politik gibt es die Vertrauensfrage: Wenn das Vertrauen in die Regierung wankt, dann stellt sie im Parlament die Vertrauensfrage, um sich auf diese Weise wieder zu stabilisieren. In der Kirche gibt es keine Vertrauensfrage. Gäbe es sie, die katholische Kirche würde ein Desaster erleben. Weit mehr als die Parteien, die Wirtschaft und Politik, weit mehr als jeder andere Beruf und jede andere Einrichtung lebt die Kirche vom Vertrauen der Menschen zu den Personen, die sie ihnen als Vertrauenspersonen vor-

stellt. Priester, Menschen also, die im Namen Gottes auf-
getreten sind, haben dieses Vertrauen missbraucht. Der
Missbrauch ist ein doppelter: Die Priester missbrauchen
ihre Opfer, und sie missbrauchen die Aura des Vertrauens,
die ihnen gegeben ist.

Die Spucke im Angesichts Gottes

Sexueller Missbrauch ist Marter, sexueller Missbrauch ist
Schändung. Die Missbrauchsskandale sind der nicht mehr
endende Karfreitag der katholischen Kirche. Die Missbrauchsskandale sind die Dornen in der Dornenkrone.
Sie sind die Spucke im Angesicht dessen, den die Christen als Gott verehren. Es hat ein Prozess der Entweihung
der Hierarchie eingesetzt, den die katholische Kirche nur
mit Demut beenden und wieder umkehren kann. Diese
könnte ein Gewinn sein für die Ökumene; denn bisher
hat der Hochmut der katholischen Kirche ein wirkliches
Miteinander mit den lutherischen Kirchen verhindert.
Die katholische Kirche steckt in der tiefsten Vertrauenskrise seit fünfhundert Jahren, seit der Reformation – und
der evangelischen Kirche geht es auch nicht sehr berau-
schend.

Wenn in dieser neuen Krise eine Chance steckt, dann
die: die alte, fünfhundertjährige Spaltung zu überwinden. Es ist ja nicht simpel so, dass einfach ein Mönch aus
Wittenberg die Kirche, die eine, heilige, gespalten hätte.
Sie wurde gespalten auch von der Hybris des römischen
Katholizismus, von ihrem dogmatischen Stolz und von
ihrem feierlichen Anspruch, die einzig wahre Kirche zu
sein. Bis heute lehrt der Vatikan, die evangelischen Kirchen seien überhaupt keine Kirchen im eigentlichen Sinn.
Sie allein, die römisch-katholische Kirche, sei die eigentliche Kirche. Daraus wiederum leiten viele evangelische

Christen ihr eigenes Profil und ihr Selbstverständnis, ihr Eigentliches ab: in der Anti-Papst-Haltung. Und so rührt die Kirchenspaltung nach einem halben Jahrtausend daher, dass in der Konkurrenz der Kirchen der Blick auf das wirklich Eigentliche verloren gegangen ist: Die Kirche kann, wenn es gut geht, ein Ort sein, an dem der Himmel offen gehalten, an dem der Himmel nahe ist – weil Wörter wie Barmherzigkeit, Seligkeit und Gnade dort ihren Platz haben; weil es dort Segen gibt und eine Verbindung zu den uralten Gebeten und Liedern, die die Menschen schon vor Jahrhunderten getröstet haben. Das Himmel-offen-Halten ist aber keine exklusive Veranstaltung der Katholiken und der Protestanten, also der Christen. Den Himmel offen halten: Das machen auch die Juden, das machen auch die Muslime. Das zu lernen – das ist eine Reformation, die den Religionsgemeinschaften noch bevorsteht.

Nichts als Vertrauen

Die Kirche kann ein Ort der Hoffnung, sie kann auch die Hölle sein – wenn dort all diese Kräfte pervertiert und in ihr Gegenteil verwandelt werden, in Instrumente zum Manipulieren, Schänden und Demütigen. Bei der Aufklärung des Missbrauchs geht es um den Blick in die Hölle. Die verantwortlichen Kirchenleute müssen ihr Beichtsakrament wieder ernst nehmen und dürfen sich nicht selbst das »ego te absolvo« sagen. Nur so und danach kann es am Ende Befreiung geben. Die Kirche muss über den katholischen Geschmack des Missbrauchsskandals reden, wie das der Jesuit Klaus Mertes formuliert. Nicht nur die Kirche in Deutschland, die Weltkirche ist in einer existenziellen Systemkrise – auch deswegen, weil sie sich den Fragen nach den Fehlern im System nicht stellt. Ihre Eingebundenheit in die Weltkirche macht es nicht einfacher für die deutschen Bischöfe, aber sie möge nicht zur Entschuldigung dienen, dass man nicht viel ändern könne.

Es hat sich gezeigt, dass viele Priester, die Minderjährige schänden, in ihrer sexuellen Entwicklung auf der Stufe eines 13-Jährigen sind. Das lässt sich nicht mit Beten ändern; das verlangt Änderungen im Kern von Theologie, Amtsverständnis und Recht. Die sexuelle Ausbeutung von Wehrlosen ist das Risiko einer zwangszölibatären, autoritären Kirche, die in zweitausend Jahren zwar die Frauen aus allen Machtpositionen vertrieben hat, aber den Menschen nicht die Sexualität austreiben konnte. Mit der Forderung nach Öffnung und Demokratisierung hat einst Papst Johannes Paul II. den Ostblock gesprengt. Glasnost und Perestroika hieß das Neue damals. Heute, in der katholischen Kirche, muss es Aufhebung des Pflichtzölibats und Ordination von Frauen heißen. Kirche kann ihr gesellschaftliches und seelsorgerisches Gewicht nicht mit Geld, Geschichte und Steuermitteln erhalten oder erzeugen. Es entsteht durch Vertrauen und durch nichts als Vertrauen.

Glanz, Herrlichkeit und Fronleichnam

Die heiligen Umzüge, also die Prozessionen der katholischen Kirche am Fronleichnamstag, sind auch 2021 wieder ausgefallen – wegen Corona. Wären sie nicht wegen Corona ausgefallen, man hätte sie aus Scham und Schmerz über die Missbrauchs- und Vertuschungsskandale absagen oder in Bußprozessionen umwandeln müssen. Es ist nicht Zeit zum Feiern, es ist Zeit für Reue und Umkehr. Der Münchner Kardinal Reinhard Marx hat deswegen bei Papst Franziskus seinen Amtsverzicht eingereicht, den Franziskus dann nicht angenommen hat. Zu viele Mitbrüder von Marx ducken sich noch immer weg. Kardinal Marx schrieb in seinem Brief an den Papst von einem institutionellen und systemischen Versagen der Kirche, für das er sich mit-verantwortlich sieht. Die Kirche war und ist die Heimat der Täter. Sie hat ihnen die heiligen Räume zur Verfügung gestellt, in denen sie so geschützt agieren konnten und in denen die Opfer so ungeschützt waren.

Kurz vor dem Fronleichnamsfest war aus dem Vatikan die Nachricht über Änderungen im Strafrecht der katholischen Kirche gekommen: Der »Codex Iuris Canonici«, also das Gesetzbuch der Kirche, wurde umgeschrieben; der Tatbestand des sexuellen Missbrauchs wurde ausdrücklich eingefügt. Auch dies war, auch das ist eine sehr späte Reaktion auf ein systemisches Versagen. Das ist ein später Schritt in die richtige Richtung. Man hätte die Strafvorschrift und ihre Rechtsfolgen aber noch viel klarer formulieren können und sollen, nämlich so: »Wer einem oder einer Minderjährigen sexuelle Gewalt antut, der unterliegt der bereits mit der Tat eintretenden Exkommunikation.« Der notwendige nächste Schritt ist es, den Opfern Rechte in den kirchlichen Strafverfahren gegen die Täter zu geben – die Opfer also, wie im staatlichen Strafverfahren, als Nebenkläger zuzulassen.

Zeit für Schuldbekenntnis und Scham

Fronleichnam ist, so ist es Tradition in der katholischen Welt, ein pracht- und prunkvolles spirituelles Volksfest am zweiten Donnerstag nach Pfingsten; es ist ein Fest, bei dem die Kirche in Glorie, Glanz und Herrlichkeit schwelgt – »zur Ehre der bleibenden Gegenwart von Jesus Christus im Altarssakrament«, wie es in den religiösen Beschreibungen des Festtags heißt. Nach der Aufdeckung der Ungeheuerlichkeiten des Missbrauchs und angesichts der Dimension seiner Vertuschung ist nicht die Zeit für die Entfaltung von Prunk und Pracht, sondern Zeit für Schuldbekenntnis und Scham. Es ist Zeit dafür, den Opfern des Missbrauchs Gerechtigkeit widerfahren zu lassen – und Zeit dafür, die juristischen Abwehrkämpfe zu beenden, wie sie etwa der Kölner Kardinal Woelki gegen seine Kritiker führt. Kardinal Woelki gehört zu denen, die darüber klagen, dass das Drängen der Opfer und der Medien auf Aufklärung und Entschädigung nicht immer in geziemender Form geschehe; es wird Klage geführt über den Zorn, die Wut und den Hass, der angeblich in diesem Drängen steckt.

Hässliches erzeugt Hass

Ja, es gibt diesen Zorn, diese Wut, und es gibt vielleicht auch Hass – es wäre ein Wunder, wenn es nicht so wäre. Hässliches erzeugt Hass. Eine Kirche, die sich ja als Fachinstitution für den Umgang mit Verfehlungen begreift, darf sich darüber eigentlich zuallerletzt wundern. Wer, wie es die Kirche tut und immer getan hat, sich die Rolle der Hüterin der öffentlichen Moral zuschreibt, der muss sich schon genau anschauen lassen, wenn es um die Unmoral in den eigenen Reihen geht. Ich weiß, wovon ich rede. In meiner eigenen Pfarrei, in der ich einst zehn Jahre lang Ministrant war, hat ein Kaplan die Kinder von Verwandten missbraucht. Er ist strafrechtlich verurteilt worden. Ich kenne den Kaplan noch als Gast im Haus meiner Eltern, wo ihm meine Mutter Brotzeiten aufgetischt hat. Das alles war lange nach meiner Zeit als Ministrant, aber es stört und zerstört das Gefühl der Geborgenheit in der Religion, und es trübt die Erinnerungen; Fronleichnam – also das Fest, das man heute aus den genannten Gründen weder ausgelassen noch jubelnd feiern kann – gehört zu den schönsten Erinnerungen. Meine kleine Rebellion gegen die Verirrungen der Kirche besteht darin, dass ich mir diese Erinnerungen nicht nehmen lasse.

Fronleichnam ist ein Fest, dessen Namen auch gute Katholiken nicht gut erklären können; übersetzt heißt das mittelalterliche Wort »des Herrn Leib«. Dieser wird in Form der Hostie in einer Monstranz durch die Stadt oder das Dorf getragen, wo an verschiedenen Orten Station gemacht und aus der Bibel gelesen wird. Der Volksmund hat den Tag einfach »Prangertag« genannt. Das kommt nicht vom Anprangern, das kommt vom Prangen. Der Prangertag in meiner oberpfälzischen Heimat war großes, prachtvolles, religiöses Theater, zu dem die Leute ihr bestes Gewand anzogen, oft ein nagelneues. Fronleichnam war eine grandiose Erbauungsinszenierung mit Baldachin, unter dem der Pfarrer mit der Monstranz schritt; die Blaskapellen und die Kommunionkinder und die Vereine samt Fahnen folgten dahinter. Und der Feuerwehrkommandant dirigierte das alles mit lauter und feierlicher Akribie.

Ein heiliger Traum

Schon an den Tagen zuvor war der Prozessionsweg beidseitig mit einem dichten Spalier von Birkenbäumchen versehen worden, Blumenteppiche waren sorgsam gelegt, Altäre geschmückt und mit Heiligenfiguren dekoriert worden. Es war wie ein Weihnachten im Frühsommer. Und am ganz frühen Morgen dieses Prangertages kam dann die große Stunde der Ministranten: Die Teichbauern aus der ganzen Umgebung hatten das Schilf an ihren Weihern gemäht und in großen Haufen am Prozessionsweg abgeladen. Und dann galt es, nicht das Rauchfass, sondern die Mistgabeln zu schwingen – und damit das Schilf auf den Straßen zu verteilen. Der Kaplan, dieser hier war ein untadeliger, sehr engagierter junger Mann, beaufsichtigte das alles; und er lud anschließend die Ministranten zum großen Würstlessen ins Jugendheim ein. Der Schwarzn Sepp, ein Freund aus sehr ärmlichen Verhältnissen, schaffte zwanzig Wiener. Ein paar Stunden später schritt dann die Prozession nicht über Pflaster und Teer, sondern durch schilfbedeckte Alleen; es war ein heiliger Traum. Und ein säuerlichsüßlicher Geruch mischte sich mit Weihrauch. So riecht Fronleichnam.

Es waren dies wohl die letzten großen Tage der Volkskirche in Deutschland. Die Kirchen, die katholische und die evangelische, stehen vor einer anstrengenden Aufgabe: Sie müssen lernen, dass das Ende der Volkskirche nicht das Ende der Kirche ist. Gut wäre es, wenn dieses Lernen ein ökumenisches Lernen, ein Miteinanderlernen wäre. Das könnte dann der Anfang vom Ende der fünfhundertjährigen Spaltung sein.

Wenn es um solidarische Ökonomie
und Ökologie geht, ist Papst Franziskus
von bewundernswerter Radikalität.
Bei innerkirchlichen Reformen fehlt
ihm die Verve.

Heiliger Rebell

Das Wirken von Papst Franziskus
ist atemberaubend –
und trotzdem nicht ausreichend.

Unterschiedlichere Charaktere kann man sich kaum vorstellen als diese beiden Päpste: der eine ein gelehrter, vergeistigter und ängstlicher Kirchenvater, der andere ein zupackend-lebensfroher, ein charismatischer und reformerischer Mensch. Franziskus ist nun genauso lang im Amt, wie es sein Vorgänger Benedikt war; er ist ein Jahr jünger als Benedikt beim Rücktritt.

Es gibt eine Szene in der Bibel, die diese Unterschiedlichkeit aufzeigt. Sie passt zu Papst Franziskus ganz wunderbar; mit Benedikt würde man sie nie und nimmer in Verbindung bringen. Es handelt sich um die »Tempelreinigung«. Die heißt nicht so, weil Jesus dort den Boden geputzt hätte; sie heißt so, weil er Habsucht und Gier aus dem Tempel hinausgeworfen hat: Jesus steht mit heiligem Zorn inmitten des Geschreis der Geldwechsler im Tempel, hat eine Geißel aus Stricken in der Hand und stürzt die Tische um. Der Tempel sei, so klagt er, zur Räuberhöhle geworden.

So umstürzlerisch erscheint auch Franziskus vielen Kardinälen und Bischöfen. »Räuberhöhle«: Das könnte sein Wort sein über das vatikanische Staatssekretariat, das er wegen dubioser Finanzgeschäfte entmachtet hat. Es könnte auch sein Wort sein über den globalen Kapitalismus, den er mit Schärfe kritisiert. Der Zorn sei eine Todsünde, sagen Theologen. Dass der Zorn aber auch heilig sein kann, zeigt das Beispiel des Jesus im Tempel – wenn er aus Trauer über Unrecht erwächst. Franziskus hat seine Wurzeln in der Befreiungstheologie. Seine Vorgänger haben die Befreiungstheologen verachtet und nicht einmal geschützt vor ihren Verfolgern.

Abschied von der kolonialen Kirche

Franziskus ist als Kirchen- und Staatsoberhaupt ein intellektueller Netzwerker. In einer Ansprache erklärte er freimütig, wie er arbeitet und seine Enzykliken verfasst – im interdisziplinären Team: »Als ich anfing, rief ich eine gute Gruppe von Wissenschaftlern zusammen und sagte: ›Nennen Sie mir alle Dinge, die eindeutig bewiesen sind, keine Hypothesen, also Realitäten.‹ Dann rief ich eine Gruppe von Theologen und Philosophen zusammen.« Er, der »Unfehlbare«, schöpft das, was er sagt, nicht aus einem Reservoir ewiger und absoluter Wahrheit, sondern aus seinen zahlreichen Begegnungen – wie kürzlich mit den Menschen aus verschiedensten indigenen Kulturen. Zu seinen Fähigkeiten gehört es, Urteile als Vorurteile zu erkennen und Positionen zu korrigieren. Franziskus ist der erste neuzeitliche Papst, der nicht aus Europa kommt. Das hat die Perspektiven der Weltkirche und den Blick der Kirche auf die Welt verändert. Franziskus hat den Abschied von der kolonialen Kirche vollzogen. Er verkörpert, dass das Heil nicht allein aus Europa kommt, dass Kirche auch aus dem Denken der anderen Kontinente lebt. Er weiß, wer die Kosten trägt für eine Weltwirtschaft, die auf Ausbeutung der Ressourcen der Dritten und Vierten Welt baut.

Er hat die roten Schuhe ausgezogen

Der Argentinier Franziskus kennt die Opfer des Systems, er kennt sie aus seiner Heimat; und er hat die Särge von Opfern auf Lampedusa gesehen. Er kennt die Landarbeitergewerkschaften, die seit Jahrzehnten für Landreformen kämpfen, er weiß, was passiert, wenn sie damit endlich erfolgreich sind: Die Landlords zerstören die Pflanzungen, die die Bauern angelegt haben. Ohnmächtig stehen die Armen vor den Bulldozern der Reichen. Franziskus ermächtigt sie durch seine Solidarität in ihrem Widerstand. Er kennt die Religion des Kapitalismus und weiß, wie sie platt walzt, ob mit Bulldozern oder mit Hedgefonds. Er attackiert eine Wirtschaft der Rücksichtslosigkeit, die die Natur systematisch beschädigt und die Wertschöpfung einseitig verteilt. Glaubwürdig in seiner Kritik ist er auch, weil er das Papstamt von Symbolen der Macht gereinigt hat. Er pflegt einen bescheidenen Lebensstil, isst in der Kantine, fährt einen Kleinwagen. Er hat die roten Schuhe ausgezogen. Schon beim Amtsantritt hat er sich geweigert, Prachtgewänder anzuziehen: »Der Karneval ist vorbei.«

Sanftmut braucht Zorn, Zorn braucht Sanftmut

Wo ist die radikale Sanftmütigkeit der Bergpredigt? Sanftmut braucht den Zorn, dass sie nicht zur Harmlosigkeit verkommt. Zorn braucht die Sanftmut, damit er nicht bösartig wird. Zorn und Sanftmut, beides kann man in den Enzykliken von Franziskus finden. Er ist Dialektiker. Wenn es um solidarische Ökonomie und Ökologie geht, ist er von bewundernswerter Radikalität. Bei innerkirchlichen Reformen fehlt ihm die Verve.

Wenn es zum Wesen der Kirche gehört, sich ständig zu erneuern, wie das ein alter Spruch sagt, dann hatte sie sehr lange das Wesentliche vergessen. Sie war selten so reformbedürftig wie am Ende des Benedikt-Pontifikats. Nur mit seinem Rücktritt sprengte er die Ketten der Tradition. Schon zu seiner Zeit war die Kirche keine triumphierende Kirche mehr, sondern eine fragende. Die Fragen hämmerten an die Türen des Vatikans, wurden aber nicht eingelassen: Der Zölibat. Die Rolle der Frauen in der Kirche. Die Sexualmoral.

Macht und Ohnmacht

Franziskus hat die Fragen nicht mit einem Machtwort beantwortet, auch weil er so klug ist zu wissen, dass Machtworte oft nur ein Zeichen von realer Ohnmacht sind, und weil das Kirchenschiff einem Ozeankreuzer gleicht, den man nicht steuern kann wie ein Ruderboot. Aber er hat die Fragen angenommen, aufgenommen, ernst genommen, lässt sie intensiv diskutieren. Er hat Wege gewiesen, vorsichtig – wenn er etwa im Interview sagt, dass Homosexuelle ein Recht haben, eine Partnerschaft einzugehen; wenn er daran erinnert, dass das Wesen seiner Kirche die Einheit in der Vielfalt ist, und wenn er zwar nicht dekretiert, aber andeutet, dass verheiratete Männer Priester sein können. Er hat die Weltbischofskonferenz zum sexuellen Missbrauch einberufen. Er hat interkonfessionelle Signale gesetzt. Er hat eine mediale Präsenz wie kein Papst vor ihm. Er hat sich Freunde gemacht – und Gegner, vor allem im Vatikan. Die franziskanische Ära ist atemberaubend. Aber es schmerzt, wenn er Wege weist, auf denen er dann selber nicht weiterkommt.

Die Gesellschaft braucht
eine Kirche, die nicht kalt ist –
und den Menschen nahe.

Sex und Segen

Der Vatikan verweigert schwulen und lesbischen Paaren ein gutes Wort.

Als diese oberste Kirchenbehörde noch Inquisition hieß, hat sie Giordano Bruno, Galileo Galilei und deren Lehren verurteilt. Heute heißt sie Glaubenskongregation und verurteilt Homosexualität. »Hat die Kirche die Vollmacht, Verbindungen von Personen gleichen Geschlechts zu segnen?« Auf diese Frage gab sie eine Antwort, so unmissverständlich, kurz und überzeugend wie eine Ohrfeige. Es »wird geantwortet: Nein«. Dieses Nein ist ein »Responsum ad dubium«, eine Antwort auf etwas, was angeblich in Zweifel steht.

Alles andere Sünde?

Die Ohrfeige schafft eine zweifellose Klarheit, an der man verzweifeln möchte: kein Segen für gleichgeschlechtliche Paare. Und weil ein ordentlicher Patriarch nicht nur haut, sondern den Geschlagenen dann den guten Zweck der Klatsche erklärt, folgt dem Nein eine »erläuternde Note«. Wer sie liest, wird von einer skurrilen Ehrfurcht erfasst vor so viel grotesk gescheiter Unfreiheit im Denken. Das hat alles seine Logik und Stringenz, wenn und weil die Glaubenslehre weiter auf ihrem Dogma beharrt. Das Dogma heißt: Sex ist allein in der Ehe von Mann und Frau erlaubt. Und die Ehe steht, so der Vatikan, unter der doppelten Forderung der Treue und der Fortpflanzung. Das sei Gottes Schöpfungsordnung und ewige Bestimmung des Menschen. Alles andere: Sünde.

Ausgangspunkt ist also eine fundamentalistische und biologistische Theologie, die in ewigen Wahrheiten und autoritären Dogmen schwelgt; für sie ist das konkrete Leben keine erkenntnisleitende Kategorie. Wenn man dieser Theologie folgt, wird der Irrsinn logisch. Dann wird aus dem, was der menschliche Normalfall ist, dass man also vor der Ehe miteinander schläft, dass viele Menschen homosexuell geboren werden, dass Ehen scheitern, eine kaum beherrschbare »komplexe Situation«. Unter dieser Überschrift werden die Lebenslagen der Liebe im päpstlichen Schreiben »Amoris laetitia« (2016) zusammengefasst. Auf dessen Linie liegt nun das Responsum zur Homosexualität, und darum wundert es nicht, dass Papst Franziskus die Veröffentlichung gutgeheißen hat.

Einander erkennen

Wer das für katholisch und allgemeingültig hält, wer sein Hirn und Herz in dieses Gedankengebäude einmauert und es auch noch für das einzige Haus hält, in dem Gott und Geist wohnen, muss mit Nein antworten, wenn Menschen, die angeblich gottlos lieben, um Segen bitten. Dabei würde die Bibel es erlauben, lustvoll, großzügig und frei über Sexualität zu sprechen. Die biblische Sprache hat ein wundervolles Wort dafür, wenn zwei Menschen miteinander schlafen. Es heißt Sie erkennen einander. Sie gewähren einander Zugang zu dem, was das Persönlichste und Verletzlichste ist: zum eigenen Körper. Dieses Erkennen gehört so selbstverständlich zum Leben wie Atmen, Essen und Trinken. Die Kirchen haben dieses Erkennen Jahrhunderte lang verkannt und verketzert, haben Verbote und Tabus in die Köpfe gepflanzt. Sexualität hatte eine besondere Nähe zu Schmutz und Sünde. Das zeigt sich jetzt im Nein des Vatikans noch einmal in besonderer Weise.

Ja, in der Bibel steht in der Tat, dass es ein Gräuel sei, wenn ein Mann bei einem Mann liegt wie bei einer Frau. Da steht aber auch, dass der Mann mehrere Frauen haben darf. Und dort liest man staunend, dass ein Mann verpflichtet sei, der Witwe des verstorbenen Bruders ein Kind zu zeugen, wenn dieser das zu Lebzeiten nicht hingekriegt hat. Es steht viel Zeitgebundenes in der Bibel; sie entstand in archaischen Lebenswelten. Die Ablehnung der Homosexualität im Neuen Testament steht vor dem Hintergrund, dass manche römische Herren junge Kriegsgefangene versklavten und sexuell ausbeuteten. Es geht nicht um homosexuelle Partnerschaften, es geht um Ablehnung von Gewalt.

Die Bibel als Steinbruch

Man kann die Bibel als Steinbruch für die eigenen harten Vorurteile verwenden, als Zitatgeber für Dogmatismus. Aber das ist nicht ihr Sinn. Was »da steht«, steht nicht da, um Menschen zu bedrängen und zu verachten; es steht da, um Menschen zu helfen. Was da steht, fällt daher ohne liebevolle Auslegung um. Keine sexuelle Orientierung ist an sich verwerflich. Verwerflich ist jeder unfreiwillige, bemächtigende, gewalttätige Sex; nicht aber die Partnerschaft von zwei Männern oder Frauen. Verwerflich sind in der Bibel Ausbeutung, Machtmissbrauch und Heuchelei.

Die Glaubenskongregation hat grundsätzlich nicht unrecht mit der Auffassung, dass keine Lebenspraxis gesegnet werden darf, die gegen Gottes Pläne ist. Es ist also gut, dass Segnung von Waffen Geschichte ist. Die Kirche ist keine Anstalt zur Absegnung von Unrecht und Gewalt; die Glaubenswächter sollten aber nicht so töricht sein, diese Einsicht auf gleichgeschlechtliche Liebe anzuwenden. Papst Franziskus tut gut daran, wirtschaftlichen Praktiken den Segen zu verweigern, die ausbeuten und töten. Es wird aber Zeit, dass er auch den Praktiken der männerbündischen Verteidiger fundamentalistischer Sexuallehren im eigenen Haus den Segen entzieht, weil sie die Homophobie und die Unterdrückung von Frauen befördern.

Eine Kirche, die nicht kalt ist

In Deutschland haben nun dreitausend Priester, Professoren und Pastoralassistentinnen das Segnungsverbot kritisiert. Sie wollen »Menschen, die sich auf eine verbindliche Partnerschaft einlassen, auch in Zukunft begleiten und segnen«. Es geht um ein gutes Wort für katholische Homosexuelle, »für ihre eigene Art zu leben und zu lieben, weil Gott sie gemacht hat, wie sie sind«. So hat das Pfarrer Rainer Maria Schießler formuliert, der seit dreißig Jahren im Münchner Szeneviertel Glockenbach wirkt. Eine der ersten Gemeinden, die eine Regenbogenfahne an der Kirchenfassade aufzog, war St. Laurentius in Senden/Westfalen; sie wurde heruntergerissen. Der Pfarrer kündigte an, eine neue zu befestigen, höher gehängt und tiefer verankert; die Gläubigen antworteten mit Applaus. Der Applaus ist ihre Form des Segens für den Ungehorsam der Geistlichen.

Das Nein zur Segnung wurde am 22. Februar 2021 unterschrieben, dem Fest der Kathedra Petri, wie am Schluss des Schreibens keck betont wird – dem Tag des Lehramtes in der Kirche, aus dem auch das Unfehlbarkeitsdogma hervorging. Der 22. Februar ist zugleich der Tag einer volkstümlichen Wetterregel: »Ist's noch so kalt um Petri Stuhl, bleibt's nicht mehr lang so kuhl.« Die Gesellschaft braucht eine Kirche, die nicht kalt und die den Menschen nahe ist.

Maria 2.0: Die Muttergottes
als Patronin für Kirchenprotest
und Kirchenstreik.

Das Magnifikat der frommen Frauen

Ein Lobpreis auf die Revolution der Machtverhältnisse

S ie sind die treuesten Seelen, auf die die katholische Kirche noch zählen kann: Sie organisieren Gemeindealltag und Pfarrfeste, pflegen die liturgischen Gewänder und den Kirchenschmuck. Sie halten den spöttischen Kommentaren stand, die da lauten: »Bist du blöd, dir für diesen Laden noch die Hacken abzulaufen?« Sie verteidigen den Laden sogar noch und zählen auf, was für gute Arbeit da gemacht wird. Die meisten dieser Frauen stehen zu »ihrem« Pfarrer, erklären den Leuten, dass der gar nicht so ist wie die, über die jetzt dauernd geredet wird. Die Frauen in ehrenamtlichen kirchlichen Diensten gehören nicht zu denen, die leichthin Aufgaben liegen lassen. Streiken: Das käme ihnen niemals in den Sinn, sie engagieren sich ja aus Leidenschaft. Man darf es vollmundig sagen: Sie opfern sich für ihre Kirche auf.

Männerbündische Machtstrukturen

Aber man muss auch einmal auf ein Opfer verzichten können. Nach dieser gut katholischen Devise hatten sie dann 2019 – enttäuscht, entnervt, aufgeschreckt und verbittert – doch den Streik ausgerufen; sie betraten eine Woche lang die Kirche nicht, auch nicht zum Gottesdienst, und forderten dazu auf, es ihnen gleichzutun; sie verrichteten keine Dienste; sie beklagten, dass »die Abschaffung männerbündischer Machtstrukturen« nicht in Sicht sei. Sie protestierten gegen Ausgrenzung von Frauen und gegen sexuellen Missbrauch. Der Protest lief unter »Maria 2.0«. Und die Frauen bekundeten, wie sehr sie »der Umgang der meisten Amtsinhaber mit den Frauen, Mittätern und Opfern entsetzt«.

Streik! Streik? Ein Streikchen hätte man es eher nennen müssen, denn es war mehr streicheln als streiken. Schließlich hat man, pardon frau, die Woche dafür ausgesucht, in der nicht viel los war in den Gemeinden: Die Erstkommunion war gelaufen, die Firmung ebenfalls. Veranstaltungen waren verlegt worden. Die Frauen hatten alles getan, damit man nicht merkt, dass sie streiken. So brav sind sie. Man könnte über die Schafsgeduld lachen, wenn ihre Konzilianz nicht zeigen würde, wie verantwortungsbewusst, loyal und unkapriziös diese Frauen sind. Aber jetzt kommt der Skandal. Es kommen die Herren Bischöfe, tätscheln den Frauen den Kopf und versprechen, ihre Anliegen gut »in Gesprächsprozesse einzubinden« und mitzunehmen auf den Synodalen Weg. Sie kneifen den Frauen dann aber tadelnd in die Wange und predigen: Alles mit Maß und Ziel, liebe Frauen! Das war ein bisschen zu viel! Es gibt Grenzen, nämlich da, wo das Heiligste berührt ist: die Messe und die Gottesmutter Maria.

Unterirdische Reaktionen

Man dürfe Maria nicht für einen Kirchenstreik in Anspruch nehmen – das ist nach Ansicht etwa des Bischofs von Münster eine »Verzweckung« der heiligen Maria. Vielleicht weil die Frauen nicht nach Marienart beten: »Mir geschehe, wie du gesagt hast.« Das sagte die biblische Maria aber zum Engel Gabriel. Der hatte ihr zuvor ausgerichtet, dass sie ausersehen sei, den Befreier zur Welt zu bringen, und nicht dazu geboren, Verschiebemasse zu sein für die Herren der Welt. Verzweckt? Diese junge Frau Maria aus Nazareth ist so oft verzweckt worden: als Feldzeichen für die Kreuzzügler, die sich mit »Maria hilf« in die Schlacht stürzten. Sie ist verzweckt worden als demütige Magd, um den Frauen Unterwürfigkeit einzubläuen; als asexuelle Heilige, um Frauen die Freude an ihrer Sexualität auszutreiben und ihnen Schuldgefühle einzupflanzen; als ewige Jungfrau, indem man ihr ihre Kinder absprach und bis heute behauptet, Jesu Geschwister seien nicht ihre leiblichen Söhne und Töchter. Jetzt wird sie vom Bischof verzweckt, und das ist eine besonders raffinierte Verzweckung, weil der Bischof es als Sakrileg definiert, wenn Frauen die Maria als Patronin für ihren Protest wählen. Solche Reaktionen auf die Proteste der Frauen sind unterirdisch – und typisch für die patriarchalen Strukturen der katholischen Kirche.

Revolution der Machtverhältnisse

Verzweckt? Man könnte es auch als Wesen der Heiligen bezeichnen, dass sie verzweckt werden – aber als Vorbild und als Alltagsbegleiter, auf die man sich beruft und die man anruft. Es gibt blasphemische und es gibt heilsame Zwecke. Vereinnahmt man die Maria, um alles beim Alten zu lassen, Hierarchien, Ordnungen? Oder beruft man sich auf sie im Glauben, dass Gott »die Erniedrigung ansieht« und beendet, wie das beim Evangelisten Lukas steht? Dann ist man bei ihr an der richtigen Adresse. Ihr berühmtes Lied »Magnifikat« ist ein Lobpreis auf die Revolution der Machtverhältnisse. Gewiss, der Zweck heiligt nicht die Mittel.

Aber die Heilige kann gute Zwecke vermitteln: »Gott stürzt die Mächtigen vom Thron und erhöht die Niedrigen.« Auch das steht beim Evangelisten Lukas. Man sollte das lesen, bevor man vom bischöflichen Stuhl aus auf Frauen herabpredigt und ihnen die Instrumentalisierung der Eucharistie vorwirft.

Messboykott und Abscheu

Die heiligen Sakramente wurden auf widerwärtigste Weise instrumentalisiert von Priestern, die ihre Weihe nutzten, um Verbrechen zu begehen. Hier wäre bischöfliche Empfindlichkeit am Platz gewesen; nicht aber den Frauen gegenüber, die im Messboykott ihre Abscheu ausdrücken – und die so bekräftigen, dass sie sich das Heiligste nicht rauben lassen wollen. Es gibt eine Legende über Bernhard von Clairvaux, den mittelalterlichen Abt, Mystiker und Kreuzzugsprediger. Der soll bei einer Marienerscheinung sogar der heiligen Maria den Mund verboten haben. Fühlt sich die kirchliche Hierarchie noch immer wohl im 12. Jahrhundert? Statt die Frauen zu bestärken, sprechen Bischöfe die Sprache der Abwimmelei. Selbst die alte frauenfeindliche Leier, dass man zwischen Emotion und Sachfragen unterscheiden muss, müssen sich Frauen wieder anhören. Wie wäre es, ihnen einfach einmal zu sagen: Ihr habt recht!

Beten Sie? Die Frage gilt vielen Menschen als Zumutung, als zu intim, als noch zudringlicher als die Frage nach dem letzten Sex.

Eine Korrektur fürs Vaterunser

Wie und wodurch wird ein Gemurmel zum Gebet?

Beten Sie? Die Frage gilt vielen Menschen als zu intim, noch zudringlicher als die Frage nach dem letzten Sex. Die Frage nach dem Beten gilt als Zumutung, die gestammelte Antwort ist meist auch eine – weil der Beter weiß, dass Beten ohne einen Rest von kindlichem Urvertrauen nicht funktioniert. Beten ist reden mit Gott, mit einem Wesen also, das nicht antwortet. Ist das Beten ein Überbleibsel aus unaufgeklärten Zeiten in einer säkularisierten Welt? Es ist lebendiger als die Kirchen, die es propagieren. Warum? Weil man weder die kirchlichen Lehren noch ihre Hierarchie dazu unbedingt braucht; andererseits hängen die Rituale auch daran, dass die Institutionen, die diese Rituale tradieren, weiterhin existieren.

Man kann auch ungläubig beten und bitten

»Not lehrt beten«, sagt das Sprichwort. Beten gibt der Not eine Sprache, es vermeidet die Sprachlosigkeit in existenzieller Situation. Beten heißt: eine Sprache und Geste finden und haben für Glück, Unglück, Verzweiflung und Wünsche. Man kann auch ungläubig beten und bitten und klagen. Wer das dann nicht mit dem religiösen Wort Gebet benennen will, nenne es therapeutisches Selbstgespräch. Wenn es dabei hilft, schwierigen, aussichtslos scheinenden Situationen standzuhalten und wieder aufzustehen, dann ist so ein Gebet, so ein Selbstgespräch überhaupt nichts Frömmlerisches.

Geht es um das Gemurmel oder um den Inhalt? Wie wichtig sind die Worte, mit denen man spricht? Wie wahr, wie unmissverständlich sollen sie sein? Im bekanntesten vorformulierten Gebetstext der Welt, im Vaterunser, gibt es eine missverständliche, eine irritierende Stelle. Sie lautet: »Und führe uns nicht in Versuchung«. Es handelt sich dabei um eine der sieben Bitten an Gott, es handelt sich um die Bitte, die auf die Bitten ums tägliche Brot und um Vergebung »unserer Schuld« folgt und die vor der Bitte um Erlösung von dem Bösen kommt.

Und führe uns nicht in Versuchung?

Sie ist ein Stein des Anstoßes, weil sie suggeriert, dass es Gott ist, der die Menschen in Versuchung führt. Stellt er ihnen eine Falle? Will er sie womöglich scheitern sehen? Ist er also ein hinterhältiger Gott? Ist er einer, der mit den Menschen spielt? Lockt er, wie die Schlange im Paradies, die Menschen mit verbotenen Früchten, stellt er sie auf die Probe? Quält er sie? Im Buch Hiob, von dem die Hiobsbotschaften ihren Namen erhalten haben, kommt Gott diesem bedenklichen Bild sehr nahe. Da wettet Gott mit dem Teufel und überlässt Hiob dessen Quälereien – um Hiobs Aufrichtigkeit zu testen und zu brechen.

Schickt Gott den Menschen Corona, um sie so einer Glaubensprüfung zu unterziehen? Ist Gott, um die denkbare Missdeutung auf die Spitze zu treiben, gar für den sexuellen Missbrauch von Kindern und Jugendlichen verantwortlich, weil er die Priester »in Versuchung« geführt hat und die der »Versuchung« nicht widerstanden haben? Ist Gott also ein Monster?

Gott hilft beim Aufstehen, nicht beim Hinfallen

»Und führe uns nicht in Versuchung«: Papst Franziskus hat Gott vehement verteidigt; er will Missverständnisse ausräumen: »Wir können ausschließen, dass es Gott wäre, der die Versuchungen auf dem Weg des Menschen auslöst. Als ob Gott seinen Kindern einen Hinterhalt legen würde!« Es sei nicht Gott, der den Menschen in Versuchung stürze, um dann zuzusehen, wie der falle; der Versucher sei der Satan. Ein liebender Vater, so Papst Franziskus, hilft dann beim Aufstehen, nicht beim Hinfallen. Der Papst schlug daher vor, eine neue Übertragung, eine neue Formulierung zu benutzen: »Überlasse uns nicht der Versuchung«.

Die katholischen Mess- und Gebetbücher in Frankreich und Italien sind bereits entsprechend geändert. Die deutschen Bischöfe wiederum haben das nicht für nötig gehalten, die evangelische Kirche sieht auch keine Notwendigkeit. Dem katholischen Theologen Paul Zulehner gefällt die Änderung, sie mache deutlich, dass Gott den Menschen liebe; und würde man nicht ab und an Formulierungen verändern, »so wäre im Ave Maria immer noch von ›Weibern‹ die Rede«.

Cancel Culture? Kanzel-Kultur!

Das Vaterunser ist ein Weltgebet. Es ist für zwei Milliarden Christinnen und Christen seit zwei Jahrtausenden das Gebet der Gebete, es ist das Gebet, das sie verbindet, es ist das wichtigste Gebet von allen, vielleicht auch das einzige, das die meisten oder jedenfalls sehr viele auswendig kennen und darum gemeinsam sprechen können. Da beten (bisher) Katholiken, Lutheraner, Reformierte, Adventisten, Methodisten et cetera dieselben Worte. Es ist das Gebet, das dem Neuen Testament zufolge Jesus Christus selbst seine Jünger gelehrt hat. Sein Inhalt wird im Matthäus- und im Lukasevangelium überliefert; geschrieben wurden diese Evangelien nach Jesu Tod, am Ende des ersten Jahrhunderts – auf Griechisch, nicht auf Aramäisch, also nicht in der Sprache, die Jesus gesprochen hat. Der Wortlaut, mit dem die Christen das Vaterunser beten, variiert zwar nicht in der Liturgie, aber in den Bibelausgaben von Übersetzung zu Übersetzung. Man sollte eine Übersetzung wählen, die das Gottesbild nicht verdunkelt, man sollte eine wählen, die Inhalt und Gehalt der Bibel am nächsten kommt. »Überlasse uns nicht der Versuchung« – das ist keine Weichspülung, sondern eine Verdeutlichung. Das ist nicht Cancel Culture, das ist Kanzel-Kultur.

Ein Gebet soll Stein des Anstoßes sein dürfen, meinen die Verteidiger des alten Vaterunsers. Man soll Au sagen und dann über den Schmerz nachdenken. Aber auch die neue Formulierung »Überlasse uns nicht der Versuchung« gibt Gelegenheit, in Streitgespräche einzutreten. Was ist Versuchung? Warum hat die katholische Kirche das Wort lange so interpretiert, dass sie damit vor allem ihre frauenfeindlichen Vorstellungen durchsetzen konnte?

Warum haben die Kirchen Gott immer wieder zum Vorwand genommen, Menschen von sich abhängig zu machen? Sie haben Gott missbraucht, um das zu tun, was sie wollten. Die Kreuzritter haben einst »Deus lo vult« – »Gott will es« – auf ihre Fahnen geschrieben. Sie sind der Versuchung der Eifrigen, der Frommen, sie sind der Versuchung des Fundamentalismus erlegen. Die Kreuzfahrerzeit ist mit den Kreuzfahrern nicht zu Ende gegangen. Religion soll die Menschen nicht in Versuchung führen.

Wir erleben derzeit die Wiedergeburt
des Fegefeuers; sie findet aber nicht im
Jenseits statt, sondern im Diesseits.

Nachwort:
Das Fegefeuer als Staatsform

Die Hoffnung auf Läuterung ist nicht spirituell, sie ist essenziell.

Das Fegefeuer ist in der katholischen Theologie die dritte Abteilung des Jenseits, es brennt in der Mitte, im Zwischenraum zwischen Himmel und Hölle; es brennt für diejenigen Menschen, die für die Hölle zu gut, aber für den Himmel noch zu schlecht sind. Für sie wird das Fegefeuer, lateinisch »purgatorium«, zum Ort der Läuterung. Das Fegefeuer ist also, anders als die Hölle, kein Ort der ewigen Verdammnis und der ewigen Verzweiflung, sondern nur der zuversichtlichen Halbverzweiflung – weil es, bei allen Torturen, die man dort erleidet, die Gewissheit der Hoffnung gibt, dass die Qual nach ungewisser Zeit endet.

Segen und Geldsegen

Das Fegefeuer, wie es die katholische Tradition beschreibt, ist aber keine Ayurveda-Kur im Jenseits, kein Retreat mit Akupunktur und Abführmittel, sondern ein beschwerlicher »Highway to heaven«, dessen Beschwerlichkeit die Theologen einst grauslig ausgemalt haben: Das Fegefeuer war bei ihnen eine Hölle auf Zeit als Vorhof zum himm-

lischen Paradies; es war einerseits furchtbar furchteinflö-
ßend, andererseits verheißungsvoll.

Die Geburt des Fegefeuers war eigentlich eine men-
schenfreundliche Angelegenheit. Es ist nämlich zunächst
einmal die Humanisierung der Hölle. Es wurde die dualis-
tisch strenge Alternative von Himmel und Hölle hoffnungs-
voll überbrückt. Die Strafen im Fegefeuer entsprachen
zwar denjenigen der Hölle, waren aber zeitlich terminiert
und konnten verkürzt werden durch Gebet, gute Werke
und Ablass. Diese eschatologische Arabeske wiederum
war dann der Aufhänger für eine einträgliche Geschäfts-
idee, mit der die Idee des Fegefeuers korrumpiert wurde:
Die Gläubigen konnten den Ablass käuflich erwerben, und
zwar nicht nur für sich und ihr eigenes Seelenheil, sondern
auch für schon Verstorbene, und so deren Leiden im Fegefeuer abkürzen. Für die ängstlichen Gläubigen war das
ein Segen, für die Kirche ein Geldsegen – der umso reich-
haltiger floss, je größer die Angst vorm Fegefeuer war; es
spielte eine wesentliche Rolle bei der Disziplinierung der
Gläubigen durch die mittelalterliche Kirche.

Der Preis für dieses Spiel mit der Angst und der Ewigkeit war die Reformation. Luther verschob das Fegefeuer
ins Diesseits. Die Zeit der Reinigung und Läuterung bricht
für ihn nicht erst im Jenseits an, sondern sie beginnt im
Diesseits, im Alltag eines religiösen und gottgefälligen Lebens, im Vertrauen auf Gottes Gnade; ein solches Leben ist
für ihn der Vorhof zum Himmel; und ein gottloses Leben
ist der Vorhof zur Hölle. Der Teufel und seine Versuchungen waren in der Welt des Martin Luther allgegenwärtig.
Und Gott war für ihn ein selbstverständliches Gegenüber,
mit dem er sprach, mit dem er rang, bisweilen an ihm ver-
zweifelnd. Das ist heute selbst für die, die sich Christen
nennen, nur noch selten so, und der Teufel ist für die aller-
meisten ein Hirngespinst.

Sklaven der Freiheit

Aber das heißt nicht, dass es keine Mächte mehr gäbe, denen sich der säkulare Mensch teuflisch ausgeliefert fühlt. Die Teufeleien heute haben andere Namen: Sie heißen Egoismus, Individualismus, Fundamentalismus, Profitismus, Marktradikalismus, Nationalismus, Rassismus. All diese Ismen sind nicht abstrakt, sie haben Macht, sie haben Kulte, sie haben Gläubige, sie haben Messiasse, sie haben Jünger. Die Frage heute ist nicht die nach einem gnädigen Gott, sondern nach gnädigen Verhältnissen in einer Welt, die sich selbst vergiftet und zerstört. Dies kann man allerdings mit Luther gut verstehen: Man kann auch Sklave der Freiheit werden; man kann an einer bindungslosen Autonomie krepieren. Luther würde lachen über heute gängige Selbsterlösungsparolen und Ratgebermantras wie: »Willenskraft ist die stärkste Kraft in Leben und Business« oder »Du musst nur genug an dich glauben, dann kannst du alles schaffen«. Er würde nicht nur lachen, er würde sagen, all dies »kann auch ein böser Mensch an sich haben und ausüben, ein Blender und Heuchler«.

Das neue Purgatorium

Wir erleben derzeit so etwas wie die Wiedergeburt des Fegefeuers; sie findet aber nicht im Jenseits statt, sondern im Diesseits. Man denkt beim Stichwort Fegefeuer heute weniger an die alten Schauergeschichten als an die Realitäten von heute. Man hat die Großbrände in Südeuropa, in Kanada, in Kalifornien, in Russland und Australien vor Augen. Sie zeigen an, dass es unheilvoll heiß wird, dass wir also in einem neuen Purgatorium angekommen sind, in einer Welt zwischen Himmel und Hölle, bedrohlich nah an Letzterer.

Das alte Fegefeuer war ein wichtiges, aber irreales Element im Weltbild und in der Lebenswirklichkeit des Mittelalters. Das neue Fegefeuer gehört zur realen Lebenswirklichkeit des 21. Jahrhunderts. Die globale Erderwärmung schreitet, wie der Weltklimarat feststellt, noch schneller voran als bisher schon befürchtet. Hitzewellen, Feuer und Dürren, Starkregen und Hochwasser zeigen an, was uns mit dem ungebremsten Klimawandel erwartet: Er macht Extremwetter extremer. Es wird ernst, es ist ernst, sehr ernst; es ist die Zeit der Schmerzen. Beim alten Fegefeuer war es so, dass es nach vielen Qualen einzig und allein den Weg in den Himmel gab; der Weg aus dem Fegefeuer war also nur die Einbahnstraße ins Paradies. Beim neuen Fegefeuer gilt das nicht; da gibt es beides – es gibt die Aussicht auf den Himmel und die Aussicht auf die Hölle. Auch wenn die Zeichen schlecht stehen: Es ist nicht ausgemacht, dass zwangsläufig die Hölle kommt, die Hölle auf Erden. Gewiss: Früher gesetzte Klimaziele sind schon jetzt definitiv nicht mehr erreichbar. Die Konsequenz kann aber nicht sein, jetzt alles laufen zu lassen, sondern zweierlei zu tun: erstens eine Politik entwickeln, die dem Wandel gewachsen ist, zweitens Städte bauen, Wälder und Gewächse pflanzen, die den Wandel lebbar machen. Das ist Reinigung, das ist Läuterung, das ist Leben im Fegefeuer. Die Hoffnung auf Läuterung ist nicht spirituell, sie ist essenziell.

Geschäftemacherei mit der Angst

Reinigung und Läuterung sind gern vom Fundamentalismus umweht und von inquisitorischem Geist angehaucht; sie sind daher eine Gelegenheit für die Geschäftemacher mit der Angst. So war es in den Zeiten des alten Fegefeuers, als Mönche wie der Dominikaner Johann Tetzel die Menschen des Mittelalters mit Horrorpredigten traktierten, um dann die Ablassbriefe teuer zu verkaufen, mit denen der Bau des Petersdoms in Rom finanziert wurde. Es wird diese Geschäftemacherei mit der Angst auch in den Zeiten des ökologischen Umbaus der Gesellschaft geben. Es werden neue Ablassverkäufer auftreten. Sie werden die Hölle verkünden und den Himmel versprechen. Man darf ihnen nicht auf den Leim gehen; Leim klebt, er beflügelt nicht. Es gibt die Chance, die Zukunft als positive Realität zu gewinnen; es gibt die Chance, erfolgreich am Heilwerden der Welt zu arbeiten, und auf diese Weise den Himmel ein wenig offen zu halten; es gibt die Chance, dass die Gesellschaft die Not wendet, dass sie die Mühen und die Mühsal auf sich nimmt, die das erfordert. Das Betriebsprogramm dafür ist die Demokratie – sie ist nämlich das Fegefeuer als Staatsform.

Demokratie setzt nicht Heilige voraus oder solche, die sich dafür halten; sie nimmt die Menschen, wie sie sind, mit ihren Schwächen und mit ihren Stärken. Wolfgang Schäuble hat das einmal gesagt, in einer großen Rede auf Matthias Erzberger, einen der Gründerväter der Weimarer Republik: Gepaart mit Mut und Verantwortungsbereitschaft befähige die Demokratie Menschen zu großer Hingabe und zu großen Leistungen. Das ist so; das ist das Fegefeuerische an der Demokratie; sie ist, wenn es gut geht, wenn sie gelebt wird, die institutionalisierte Läuterung; sie hält die Zukunft offen.

EINE NEUE WACHSAMKEIT

Das All gehört allen Newsletter »Prantls Blick« vom
25. Juli 2021 und vom 1. August 2021
Die Natur als Rechtsperson *SZ*-Kolumne vom
24./25. Juli 2021
Hoffnung lässt die Welt nicht zum Teufel geh'n
SZ-Kolumne vom 28. März 2021
Der braune und der grüne Deal *SZ*-Kolumne
vom 17. Juli 2021
Die Lotterie des Lebens *SZ*-Kolumne vom
15./16. Februar 2020
Therapeutische Entschleunigung Newsletter
»Prantls Blick« vom 21. Januar 2018
Anders leben, anders reisen, anders bauen
SZ-Kolumne vom 5./6. Dezember 2020
Was man essen kann *SZ*-Kolumne vom 22./23. August 2020
Trauer ist Widerstand gegen das Verschwinden
Newsletter »Prantls Blick« vom 3. November 2019
Recht zum Leben, Recht zum Sterben Vortrag vom
Juli 2021 für eine Online-Veranstaltungsreihe des Evangeli-
schen Bildungswerks und der Diakonie Oberschwaben.
Und Newsletter »Prantls Blick« vom 1. März 2020
Die letzten Dinge Newsletter »Prantls Blick« vom
12. Januar 2020, *SZ*-Kolumne vom 5. Juni 2019

EINE NEUE POLITIK

Hilde Domin, Fingernagelgroß. Aus: dies., Sämtliche
Gedichte. © S. Fischer Verlag GmbH, Frankfurt am Main 2009
Die Neugründung Europas *SZ*-Kolumne vom 9. März 2019
Wahlbeteiligung 91,1 Prozent *SZ*-Kolumne vom
20./21. März 2021

Menschen, die zum Vorbild werden Auf Basis der
SZ-Kolumne vom 1./2. August 2020
Eine Prise Plebiszit *SZ*-Kolumne vom 11./12. Mai 2019
und Newsletter »Prantls Blick« vom 28. Januar 2018
Wählen ab 16 Newsletter »Prantls Blick« vom 26. Juli 2020
Wohl und Wahn Newsletter »Prantls Blick« vom
15. Dezember 2019
Verbotspolitik *SZ*-Kolumne vom 11. September 2021
Was eine Demokratie braucht Newsletter »Prantls Blick«
vom 16. September 2018 und vom 4. Juli 2021
Ein Staat ohne Geheimdienst Newsletter »Prantls Blick«
vom 21. Juni 2021
Rinks & lechts *SZ*-Kolumne vom 7./8. Dezember 2019

EINE NEUE GESELLSCHAFT

Die Antwort auf den Hass Newsletter »Prantls Blick«
vom 25. Oktober 2020
Wo das Positive bleibt Newsletter »Prantls Blick«
vom 8. Dezember 2019 und *SZ*-Kolumne vom
14./15. September 2019
Was den Staat human macht *SZ*-Kolumne vom
23. Januar 2021
Reichtum verpflichtet *SZ*-Kolumne vom 31. August 2019
Knickrig, mickrig, löchrig *SZ*-Kolumne vom
25. September 2021
Das Kindergefängnis sprengen *SZ*-Kolumne vom
19./20. September 2020
Demokratie und Sozialstaat gehören zusammen
Newsletter »Prantls Blick« vom 1. April 2018 und *SZ*-Kolum-
ne vom 9./10. November 2019
Ein Anti-Egoismus-Jahr *SZ*-Kolumne vom 18. Juli 2020;
SZ vom 11. August 2018; *SZ* vom 7. August 2018
Gleichberechtigung: Mission erfüllt? *SZ*-Kolumnen

vom 4./5. August 2020 und vom 6./7. Februar 2021,
Newsletter »Prantls Blick« vom 8. September 2019
Wer wen zum Altar führt Newsletter »Prantls Blick«
vom 4. August 2019
Recht queer: Schwule und lesbische Paare als Eltern
SZ-Kolumne vom 24./25. Mai 2021
Formel der Gerechtigkeit: »m/w/d« Newsletter
»Prantls Blick« vom 6. Januar 2019

EINE NEUE HEIMAT

Wenn wir selbst Flüchtlinge wären Newsletter
»Prantls Blick« vom 8. März 2020, 13. September 2020,
22. Dezember 2020 und vom 20. Juni 2021
Medea heute Essay im Heft des Düsseldorfer
Schauspielhauses *Spielzeit 2016/17*, S. 80
Christliche Heimatkunde SZ vom 14. Juni 2019 und
SZ-Kolumne vom 30. April/1./2. Mai 2019
Insichnahme und Ansichnahme *SZ*-Kolumne vom
19. Dezember 2020
Stadt, Land, Kuss *SZ*-Kolumne vom 28. Oktober 2018
Wohnungsnot, Wohnungsgebot Newsletter
»Prantls Blick« vom 18. April 2021 und *SZ*-Kolumne vom
29./30. Mai 2021
Das Wohl der Schwachen Newsletter »Prantls Blick«
vom 26. April 2020

EINE NEUE ARBEITSWELT

1. Mai forever *SZ*-Kolumnen vom 27. April 2019 und
vom 21. November 2019, Newsletter »Prantls Blick«
vom 2. Mai 2021
Kerntruppe des modernen Staats Newsletter
»Prantls Blick« vom 7. November 2018

Digitale Klugheit Newsletter »Prantls Blick«
vom 24. März 2019

Synchronisation der Gesellschaft Vortrag vom
3. März 2021 in Berlin bei KAB Deutschland/Allianz
für den freien Sonntag

EIN NEUES RECHT

Orwell und Orwellness Newsletter »Prantls Blick«
vom 27. Mai 2018 und Vortrag bei den BvD-Verbandstagen
am 20. Mai 2021 in Berlin

Warum trägt Justitia eine Augenbinde? Vortrag zu
20 Jahren Aktionsbündnis gegen Frauenhandel am 28. April
2021 in München

Der mörderische Tod Newsletter »Prantls Blick« vom
25. Februar 2018 und 27. Juni 2021; *SZ*-Kolumne vom
23. November 2019

Legalize it *SZ*-Kolumne vom 25. Juli 2020

Abhängigkeit und Unabhängigkeit *SZ*-Kolumne
vom 1. Juni 2019

Der Leuchtturm der Gerechtigkeit Newsletter
»Prantls Blick« vom 27. Januar 2019

EINE NEUE SICHERHEIT

Wahnsinn, einfach Wahnsinn *SZ*-Kolumne
vom 23. April 2020

»... von deutschem Boden nur Frieden ...«
SZ-Kolumne vom 23. März 2019

Vertrauen wagen Newsletter »Prantls Blick« vom
6. Dezember 2020, 10. Februar 2019 und
vom 10. Juni 2019

Ein Impfstoff für den Frieden Newsletter
»Prantls Blick« vom 15. November 2020

Alles umsonst? *SZ*-Kolumne vom 17. Juli 2021
Bruder Esel *SZ*-Kolumne vom 24. Dezember 2020

EINE NEUE KIRCHE

Die letzten Tage der Volkskirche *SZ*-Kolumnen
vom 6. Mai 2018 und vom 2. Oktober 2020, Newsletter
»Prantls Blick« vom 21. März 2021 und vom 6. Juni 2021
Heiliger Rebell *SZ*-Kolumne vom 16. Januar 2021
Sex und Segen *SZ*-Kolumne vom 10. April 2021
Das Magnifikat der frommen Frauen *SZ*-Kolumne vom
25. Mai 2019, und Heribert Prantl, »Außer man tut es«.
Politische Porträts der Zeitgeschichte. Süddeutsche Zeitung
Edition 2019, S. 187ff. (unter dem Titel »Fromme Frauen.
Gegen die Männerbünde in der katholischen Kirche«).
Eine Korrektur fürs Vaterunser *SZ*-Kolumne
vom 27. Februar 2021